Cursos Sobre a Filosofia Grega

Henri Bergson nasceu em Paris em 1859. Estudou na École Normale Supérieure de 1877 a 1881 e passou os 16 anos seguintes como professor de filosofia. Em 1900 tornou-se professor no Collège de France e, em 1927, ganhou o Prêmio Nobel de Literatura. Bergson morreu em 1941. Além deste livro, escreveu também, entre outros, *Matéria e memória, Matéria e vida, A energia espiritual, Aulas de psicologia e de metafísica, A evolução criadora,* todos publicados por esta editora.

Henri Bergson

Cursos Sobre a Filosofia Grega

Tradução
BENTO PRADO NETO

SÃO PAULO 2019

Esta obra foi publicada originalmente em francês com o título
COURS IV SUR LA PHILOSOPHIE GRECQUE,
por Presses Universitaires de France, Paris.
Copyright © Presses Universitaires de France.
Copyright © 2005, Livraria Martins Fontes Editora Ltda.,
São Paulo, para a presente edição.
"Ouvrage publié avec le concours du Ministère Français chargé de la Culture – Centre National du Livre."
"Obra publicada com a colaboração do Ministério Francês da Cultura – Centro Nacional do Livro."

1ª edição 2005
2ª edição 2019

Tradução
BENTO PRADO NETO

Acompanhamento editorial
Luzia Aparecida dos Santos
Revisões
Sandra Garcia Cortés
Ana Maria de O. M. Barbosa
Dinarte Zorzanelli da Silva
Produção gráfica
Geraldo Alves
Paginação
Studio 3 Desenvolvimento Editorial

Dados Internacionais de Catalogação na Publicação (CIP)
(Câmara Brasileira do Livro, SP, Brasil)

Bergson, Henri, 1859-1941.
 Cursos sobre a filosofia grega / Henri Bergson ; tradução Bento Prado Neto. – 2ª ed. – São Paulo : Editora WMF Martins Fontes, 2019. – (Biblioteca do pensamento moderno)

 Título original: Cours IV sur la philosophie grecque.
 Bibliografia.
 ISBN 978-85-469-0310-8

 1. Bergson, Henri, 1859-1941 – Crítica e interpretação 2. Filosofia – História 3. Filosofia antiga I. Título.

19-31680 CDD-180

Índices para catálogo sistemático:
1. Filosofia grega antiga 180

Cibele Maria Dias– Bibliotecária – CRB-8/9427

Todos os direitos desta edição reservados à
Editora WMF Martins Fontes Ltda.
Rua Prof. Laerte Ramos de Carvalho, 133 01325-030 São Paulo SP Brasil
Tel. (11) 3293.8150 e-mail: info@wmfmartinsfontes.com.br
http://www.wmfmartinsfontes.com.br

ÍNDICE

Introdução à primeira edição francesa VII

I – Curso sobre Plotino VIII
II – Curso de história da filosofia grega XI
III – Lições sobre a escola de Alexandria XV
IV – O Caderno Preto XVII

1. CURSO SOBRE PLOTINO 1

I – Vida de Plotino 1
II – Obra e bibliografia de Plotino 11
III – A doutrina de Plotino. O lugar que ela destina à teoria da alma 15
IV – Plotino intérprete de Platão 24
V – A alma do mundo 32
VI – A processão da alma e o princípio da irradiação 40
VII – A alma universal considerada em si mesma. 48
VIII – A queda das almas 59
IX – Teoria da consciência 71

2. A FILOSOFIA GREGA 83

    I – A filosofia grega antes dos sofistas 83
    II – Os sofistas e Sócrates 92
    III – Platão 105
    IV – Aristóteles.. 117
    V – O cinismo e o estoicismo 130
    VI – A escola de Alexandria 158

3. HISTÓRIA DA FILOSOFIA.. 173

4. HISTÓRIA DA FILOSOFIA GREGA............................. 181

    Introdução 181
    I – A filosofia ante-socrática............................ 189
    II – Os jônios – Tales 190
    III – Anaximandro.. 192
    IV – Anaxímenes... 195
    V – Heráclito 197
    VI – Crátilo – Hípon – Ideu – Diógenes de Apolônia.. 202
    VII – Os eleatas 205
    VIII – Xenófanes... 205
    IX – Parmênides 207
    X – Melisso.. 215
    XI – Os pitagóricos 216
    XII – Empédocles 230
    XIII – Anaxágoras... 237
    XIV – Atomistas, Leucipo, Demócrito 244
    XV – Sofistas.. 252
    XVI – Sócrates... 266
    XVII – Platão 295

Notas 321

INTRODUÇÃO À PRIMEIRA EDIÇÃO FRANCESA

Os dois primeiros volumes de *Cursos* forneceram o essencial do ensino de Bergson sobre as diversas matérias filosóficas (psicologia e metafísica, moral e política)[1]. Outros dois propiciam uma idéia precisa de seu ensino em história da filosofia. Um deles, publicado em 1995, tratava da história da filosofia moderna e contemporânea[2]. O outro, que agora apresentamos, trata da história da filosofia grega.

As lições deste volume repartem-se em quatro conjuntos, que pertencem a momentos diversos da carreira de Bergson.

---

1. Henri Bergson, *Cours*, vol. 1, edição de Henri Hude e Jean-Louis Dumas, apresentação de Henri Gouhier, *Leçons de psychologie et de métaphysique*, Clermont-Ferrand, 1887-1888, Paris, PUF, 1990; Henri Bergson, *Cours*, vol. 2, *a b iisdem*, *Leçons d'esthétique à Clermont-Ferrand, Leçons de morale, psychologie et métaphysique au lycée Henri-IV*, Paris, PUF, 1992.

2. Henri Bergson, *Cours*, vol. 3, *Leçons d'histoire de la philosophie moderne et théories de l'âme*, Paris, PUF, 1995.

I – Curso sobre Plotino
(École Normale Supérieure, provavelmente por volta de 1898-1899)

Oferecemos de início um *curso* sobre Plotino, cujo manuscrito está preservado na biblioteca Victor Cousin da Sorbonne.

A autenticidade desse curso está fora de dúvida. As provas encontram-se:

1 – Nos assuntos escolhidos e na direção da investigação. É sem risco de ilusão retrospectiva que detectamos o autor de *Matière et mémoire** nessa leitura da teoria dos *lógoi*, fiel e simpática, mas insólita e repleta de reinterpretação tácita. O esforço intelectual de Bergson aplica-se à questão da alma do mundo em Plotino e de suas relações com as almas particulares. A questão com que nos defrontamos de saída é: "O que é um ser vivo?"[3] Bergson insiste na individualidade das Idéias e dos *lógoi* em Plotino, termina seu curso por uma lição sobre a consciência em Plotino.

2 – Na caracterização do método de Plotino: "Seu método metafísico é a introspecção profunda, que consiste em ir além das idéias por um apelo profundo a uma simpatia entre nossa alma e a totalidade do real. (...) Seu método é, portanto, psicológico. E, assim sendo, é natural que sua atenção, mais ainda que a de Aristóteles, tenha sido atraída pela psicologia, pela vida da alma."[4]

---

* Trad. bras. *Matéria e memória*, São Paulo, Martins Fontes, 2.ª ed., 1999.

3. É o tema de *En*. I, 1, mas Bergson declara que a ordem adotada por Porfírio é arbitrária e que não há indício de desenvolvimento no pensamento de Plotino. Ver pp. 12-3 (Manuscrito, pp. 23-4).

4. Ver p. 23 (Ms., p. 44).

3 – Pelo próprio estilo: *a*) as imagens/conceitos e seu tratamento (o cone[5], os raios difratados[6], a distensão[7], etc.); *b*) alguns termos, expressões e idéias bem características, como, por exemplo, "Quanto mais o *lógos* trabalha, mais se divide. Cada vez mais deposita as formas que mantinha unidas nele, etc."[8], ou ainda, quando descreve Plotino "não procedendo por justaposição, mas cavando sob essas idéias tão profundamente que fez jorrar a própria fonte de onde essas idéias haviam jorrado"[9]. Ou ainda o trecho sobre o método, citado acima. E essa lista poderia prosseguir.

Esses três tipos de provas internas amplificam a impressão de conjunto, de estarmos na presença do homem e de sentir a mão do mestre. O prof. Pierre Magnard expressou-o perfeitamente em uma conferência consagrada a esse curso de Bergson no Congresso de Clermont, em 1989[10].

Pelo assunto abordado, que não pertence nem ao programa da classe de *baccalauréat** nem ao de preparação para o concurso da ENS**, e por seu nível científico (tanto na erudição quanto na especulação), só é possível

---

5. Ver p. 19 (Ms., p. 36).
6. Ver mais abaixo, pp. XIX-XX (Introd.: Autenticidade da lição em Clermont).
7. Ver p. 22 (Ms., p. 43).
8. Ver p. 18 (Ms., p. 35).
9. Ver p. 16 (Ms., p. 30).
10. Pierre Magnard, Bergson interprète de Plotin, em *Bergson. Naissance d'une philosophie. Actes du Colloque de Clermont-Ferrand. 17 et 18 novembre 1989*, Paris, PUF, pp. 111-9. Com essa conferência, Pierre Magnard de certa forma conferiu cidadania aos *Cursos* de Bergson.

* Exame final do curso secundário, que confere ao estudante aprovado o direito de se candidatar ao ingresso na universidade.
** École Normale Supérieure.

tratar-se de um curso de ensino superior. Não pode ser um curso dado na Faculdade de Clermont-Ferrand, onde Bergson era encarregado de cursos* entre 1885 e 1888. De um lado, nenhum curso sobre o assunto consta dos programas publicados pela Academia de Clermont (e reproduzidos no volume dos *Mélanges*)[11]; de outro, o estilo e a autoridade do mestre, a escrita e a desenvoltura do ouvinte excluem que se trate da obra de um professor ainda iniciante dirigindo-se a novatos. O curso em questão, portanto, só pode ter sido dado na École Normale Supérieure, onde Bergson foi mestre de conferências de fevereiro de 1898 a novembro de 1900, ou no Collège de France, onde foi eleito (cátedra de filosofia grega e latina) em abril de 1900. Mas o curso não pode ter sido dado no Collège de France, devido ao seu caráter, apesar de tudo, excessivamente geral. A título de comparação, em 1901-1902, Bergson dá um curso no Collège sobre o 9.º livro da VI *Enéada*[12]. É forçoso, pois, que esse curso sobre Plotino tenha sido dado na École Normale e, provavelmente, ao longo de todo um ano escolar, o que leva a datá-lo, ao que tudo indica, em 1898-1899.

A título de confirmação, pode-se apontar, na p. 55 do manuscrito desse curso, uma clara referência à tese latina

---

* *Chargé de cours*, etapa da carreira acadêmica, antecedente à titularidade. (N. do T.)

11. Henri Bergson, *Mélanges. L'idée de lieu chez Aristote; Durée et simultanéité; Correspondance; Pièces diverses; Documents*; textos publicados e anotados por André Robinet com a colaboração de Marie-Rose Mossé-Bastide, Martine Robinet e Michel Goutier. Apresentação de Henri Gouhier, Paris, PUF, 1972, documentos reproduzidos pp. 332, 342-3.

12. Documento reproduzido em *Mélanges*, p. 512. Esse tratado VI, 9 tem como título Do Bem ou do Uno.

de Couturat sobre os mitos platônicos, que data de 1896. De qualquer modo, o curso é, portanto, posterior à publicação de *Matière et mémoire*[13] e contemporâneo da preparação de *L'évolution créatrice*[14]. Ele fornece um magnífico testemunho e um documento inigualável tanto com respeito à gênese de *L'évolution créatrice* quanto com respeito à sutura, tão delicada, entre *L'évolution* e *Matière et mémoire*.

II – Curso de história da filosofia grega
(Khâgne*, liceu Henri-IV)

Segue-se o curso de filosofia grega no liceu Henri-IV, que data do ano escolar de 1894-1895 e é reproduzido a partir das anotações de Antoine Vacher, do qual já falamos pormenorizadamente na introdução do volume II[15]. Permitimo-nos remeter o leitor a essa introdução no que diz respeito à história do texto e à sua transmissão, assim como à sua autenticidade.

Mas, com relação a este último ponto, digamos que basta uma simples leitura para nos convencermos da autenticidade desse curso. Por exemplo, pp. 80-4, lê-se: "Não é a mudança o estado de uma coisa que é e que não é, que já não é o que era, que ainda não é aquilo que será, idéia fugidia para nosso espírito, o qual só se pode fixar sobre aquilo que é fixo e imobiliza as coisas pelo simples fato de pensar nelas?".

O Curso sobre Plotino e o Caderno Preto, que, respectivamente, abrem e fecham este volume, apresentam

---

13. 1896.
14. 1906. [Trad. bras. *A evolução criadora*, São Paulo, Martins Fontes, 2005.]
  * Classe preparatória para a École Normale Supérieure. (N. do T.)
15. Henri Bergson, *Cours*, vol. II, pp. 7-9.

um real interesse filosófico, especialmente para a compreensão precisa de Bergson, e até mesmo para o estudo do pensamento grego. Em compensação, o interesse desse curso de *khâgne** sobre a história da filosofia grega poderá por vezes parecer mais parco. Seu estilo é freqüentemente menos contínuo, mais entrecortado, ou mesmo telegráfico nos resumos biográficos. O pensamento veiculado por vezes é também mais banal. A exposição inscreve-se nos grandes quadros do pensamento bergsoniano, mas, justamente, há autores que se lhes adaptam pouco. Vê-se Bergson exercer seu trabalho de professor. Exerce-o conscienciosamente, mas é um espírito por demais criativo para deter-se verdadeiramente em algo que não o alimenta.

Por seus limites mesmos, aprende-se a conhecer melhor Bergson. Vê-se o que conta para ele. A escola de Atenas, Platão e Aristóteles não estão no primeiro plano do quadro. Sua capacidade de simpatia, admirável quando se trata dos estóicos, permanece fria diante dos pré-socráticos, salvo de Heráclito, seca, quando se trata de Platão ou mesmo de Aristóteles. Isto se vê já nos comprimentos respectivos das diversas exposições: sobre Platão, 16 pp.; sobre Aristóteles, 18 pp.; sobre os estóicos, 32 pp.; sobre Plotino, 13 pp.

Aí está, sem dúvida, o principal ensino desse curso, que alguns acharão aborrecido como uma tarde chuvosa, até o momento em que entram em cena os cínicos e os estóicos. Nesse momento, o filósofo desperta, como se entrasse repentinamente em seu elemento, e assistimos a uma reflexão longa, profunda e viva, na qual o autor de

---

* Cf. penúltima nota. (N. do T.)

Matière et mémoire, ainda em gestação, dialoga com os autores nos quais foi buscar sua inspiração. Descobrimos, aqui, que o que agrada a Bergson na filosofia grega, pelo menos nessa época, é sobretudo o que provém de Heráclito, não aquele que inspirou Hegel, mas, antes, o filósofo-poeta do fogo e de sua evolução. É esse pensamento que reencontramos, diz Bergson, nos estóicos, e é ele que Bergson escava indefinidamente, ao mesmo tempo em que o transforma, que o transpõe. É também com base na segunda metade desse curso que podemos afirmar que o interesse de Bergson por Plotino só se torna central após a publicação de *Matière et mémoire* e no momento em que a preparação de *L'évolution créatrice* chama sua atenção para o que a teoria da alma de Plotino tem de específico, como luz que esclarece o problema da vida. Antes disso, ele tendia a reduzir a teoria da alma de Plotino à teoria da alma dos estóicos[16].

Outro elemento interessante desse curso, sua conclusão. A filosofia alexandrina, nos diz Bergson, é a síntese de todas as idéias filosóficas da Grécia, "mas síntese operada à luz de idéias tomadas de empréstimo ao Oriente, que se inspira visivelmente nas teologias judaica e cristã. Na alma do mundo, reconhecemos sem dificuldade a *psykhé* dos estóicos; na Inteligência, reconhecemos o Deus de Aristóteles e o de Platão; mas o Uno dos alexandrinos, o Uno superior ao pensamento é realmente o Deus inexprimível da teologia judaica"[17]. Mais tarde, Bergson mudará de opinião acerca das influências extragre-

---

16. "Na alma do mundo (de Plotino), reconhecemos sem dificuldade a ψυχή dos estóicos", curso de história da filosofia grega no liceu Henri-IV, ms., pp. 192 <117>.

17. *Ibid.*

gas em Plotino[18]. É um dos dois ou três lugares, que eu saiba, em que se fala de teologia judaica nos *Cursos* de Bergson[19]. A referência, aliás, não deixa de ser excessivamente geral e sua unicidade impede toda comparação. Resta que a síntese de toda a filosofia grega é aqui operada do ponto de vista do problema de Deus, que surge como o problema dominante. Por outro lado, é provável que não nos enganaríamos muito ao dizer que o elã vital de *L'évolution créatrice* é o correspondente da alma do mundo dos estóicos, mas profundamente transformada. Além disso, o elã vital não é Deus, mas criado por Deus. Deus está mais acima, como o Uno está muito acima da Alma. Quanto ao Deus de Platão e de Aristóteles, ele tenderia a desaparecer pura e simplesmente, como se não fosse mais que um concentrado de idéias gerais hipostasiadas. O sistema de Bergson, portanto, abarca, nesse momento, o Uno, depois, a Alma e o Mundo. E esse Uno, greco-judaico, é também judaico-cristão. A referência final ao êxtase[20] indica talvez uma outra via de investigação ulterior para nosso autor.

---

18. Bergson também atribui o nascimento do neoplatonismo à mística cristã, tanto alhures (Caderno Preto, p. 8) quanto nesse mesmo curso (ver *supra*, Curso sobre Plotino, início).

19. Ver também Caderno Preto, pp. 8, 10 (doutrina judaica da criação), p. 59. – Seguindo uma outra linha de raciocínio, assinalemos que, num curso (inédito) sobre "As idéias gerais", conservado na biblioteca Victor Cousin na Sorbonne e provavelmente pronunciado no Collège de France, Bergson critica discretamente o anti-semitismo da filologia renaniana e argumenta pela igual capacidade das línguas e famílias de línguas a exprimir as múltiplas relações que estão na natureza das coisas. Também, *Cours*, vol. I, p. 372.

20. Ms., p. 194 <118>.

III – Lições sobre a escola de Alexandria
(liceu Blaise-Pascal, Clermont-Ferrand, provavelmente cerca de 1884)

Oferecemos, em terceiro lugar, algumas páginas extraídas do *Curso* de classe terminal em Clermont-Ferrand, do qual se falou no primeiro volume dos *Cursos*[21]. Essas páginas foram escolhidas tanto pelo fato de que tratam da escola de Alexandria, tema central para a interpretação do pensamento de Bergson, quanto porque permitem reconstituir sua evolução a esse respeito, evolução, portanto, global. Se o corpo principal do Curso de filosofia em Clermont-Ferrand é de autenticidade certa, há, em compensação, uma dúvida possível acerca das lições complementares anexadas a esse curso. O manuscrito traz, com efeito, no início desse grupo de lições, a seguinte menção: "provavelmente de Bergson", o que tende, pelo menos, a autentificar, por contraste, o corpo principal do Curso. Ignoram-se as razões que impedem uma atribuição certa.

Essa dúvida, no entanto, não deve ser exagerada. Seria hipercriticismo e pouco razoável compreender "provavelmente não de Bergson" quando o texto traz "provavelmente de Bergson". Há, com efeito, razões de crítica interna que militam a favor da autenticidade bergsoniana de pelo menos uma parte dessas páginas (a primeira metade,

---

21. O texto, aqui publicado, encontra-se nas pp. 182-5, vol. 2, do manuscrito do *Cours* de Bergson em Clermont, conservado na Biblioteca Jacques Doucet, praça do Panthéon, 75005, Paris. Tomamos a liberdade de remeter o leitor à introdução do primeiro volume dos *Cours*, com relação a tudo o que diz respeito à história do manuscrito e à sua transmissão (*Cours*, vol. I, pp. 16-9).

até o fim do parágrafo que termina por "a idéia aristotélica dessa divindade"). O fim é mais surpreendente, mas, enfim, o verdadeiro nem sempre é verossímil.

Eis as razões.

1 – Página 148. Presença do exemplo do raio de luz, que é um *topos* nas lições de Bergson e encontra-se tanto aqui quanto, na mesma época, no *Caderno Preto*[22] ou, mais tarde, no Curso sobre Plotino, duas vezes[23] (e *La pensée et le mouvant*, p. 1456).

2 – Páginas 149-50, a síntese alexandrina é apresentada de um modo que permite sintetizar toda a história da filosofia grega. Vimos que essa síntese é retomada quase que sem alterações dez anos mais tarde, como conclusão do curso de filosofia grega no liceu Henri-IV[24], em 1894-1895 (p. 171). Ainda que nos defrontemos aqui, em certa medida, com uma tese escolar ou acadêmica, cabe acreditar que Bergson aderiu a ela de forma duradoura e a integrou em seu próprio pensamento. Temos aí, então, realmente uma tese que estrutura toda a exposição da história da filosofia grega e que prepara sua retomada crítica no quadro do próprio pensamento do filósofo.

3 – Além disso, num e noutro caso, as Idéias de Platão são evocadas sob a denominação implicitamente polêmica de "idéias gerais"[25], o que é bem bergsoniano e se vê confirmado no Curso no liceu Henri-IV (p. 109).

4 – O estilo preciso da primeira metade da lição é bergsoniano. O estilo edificante e retórico do final, em compensação, causa espécie. Seria surpreendente que esse fi-

---

22. *Lição sobre Anaximandro*, neste volume, p. 192 (Ms., p. 13).
23. *Cours*, pp. 60 e 65-6 (Ms., pp. 124 e 135).
24. *Cours*, p. 171 (Ms., pp. 193 '118').
25. Ver p. 175 (Ms., p. 183).

nal fosse autêntico, mas não se pode, todavia, excluir essa hipótese[26].

Temos, aqui, um exemplo de Curso de liceu que data bem do início da carreira do filósofo. Nele vemos, sem dúvida, como, a partir de notas tomadas nos cursos de seus próprios professores (provavelmente, aqui, Benjamin Aubé)[27], Bergson podia, ele próprio, ensinar, ora ditando sem mais aos seus próprios alunos o curso de seus próprios mestres, ora retomando seu pensamento para precisá-lo sem todavia corrigi-lo, ora, finalmente, elevando-se de um salto acima dessa honesta mediocridade e abrindo com vigor perspectivas de grande amplidão.

IV – O Caderno Preto
(Universidade de Clermont-Ferrand, 1884-1885)

Se há, no *corpus* dos *Cursos* de Bergson, um documento de grande interesse histórico-filosófico, é realmente o Caderno Preto[28]. Esse curso foi anotado, em um caderno de capa preta, por estudantes anônimos. André Ombredane[29] viu-se, em determinado momento, de pos-

---

26. De fato, as razões de fundo parecem antes combater as razões estilísticas. Veja-se, por exemplo, no Caderno Preto, p. 188, nota 10 (ms., p. 8).

27. Sobre Benjamin Aubé, professor de Bergson em classe terminal e em classes preparatórias à ENS, ver Henri Hude, *Bergson*, I, Paris, Éditions Universitaires, 1989, cap. 1, pp. 76-82.

28. Toda esta seção é a reprodução daquela que comparece, sob o título O Caderno Preto, no segundo volume de Henri Hude, *Bergson*, Paris, Éditions Universitaires, 1990, pp. 108 ss.

29. Filósofo, ingresso na École Normale em 1919, na promoção dos desmobilizados, André Ombredane morreu prematuramente em 1934. Jean Guitton conheceu-o quando estudante na rua de Ulm. Não

se desse caderno. Presenteou-o a Jean Guitton[30], que o transmitiu a nós. Ignora-se como e quando Ombredane tornou-se seu proprietário, mas a tradição é suficientemente clara, breve, séria e direta para que a atribuição a Bergson não seja duvidosa. A escrita não é a de Bergson. Ela não é, aliás, única. Vários escribas sucederam-se, cada um tomando nota de uma dezena de páginas, aproximadamente. Defrontamo-nos com um caderno de classe, nos moldes daqueles cujo uso Émile Boutroux impunha na École Normale Supérieure: cada curso é anotado por um estudante, que assume essa responsabilidade, e o todo é relido pelo professor. O texto é guardado em uma biblioteca de classe onde poderá ser consultado pelos estudantes. No entanto, não é um curso que Bergson teria recebido de Boutroux, uma vez que cita uma obra de Évellin publicada em 1881, depois que Bergson saiu da École Normale. Aliás, não é nem o estilo nem a filosofia geral de Boutroux. A influência principal que se manifesta aqui é a de Zeller[31], que Boutroux havia traduzido na época em que Bergson era seu aluno na École Normale.

---

se deve confundi-lo com seu parente longínquo, o dr. A. Ombredane, autor de uma célebre tese sobre a afasia.

30. Sabe-se que Bergson, em seu testamento, havia nomeado Jean Guitton assim como vários outros, dentre os quais J. Wahl e W. Jankélévitch, para zelar por sua memória.

31. E. Zeller, *Die Philosophie der Griechen in ihrer geschichtlichen Entwicklung*, 3 tomos, 1869-1881, trad. fr. É. Boutroux, *La philosophie des Grecs*, t. 1, 1877; Boutroux traduziu o tomo 2 em 1884. Bergson usa Zeller como roteiro e apóia-se nele em sua informação bibliográfica, o que não significa que ele se contentaria em repetir Zeller e trabalhar de segunda mão. Ver notas sobre o Curso sobre Plotino, notas 73, 89, 90, etc. Nossas referências à obra de Zeller remetem à 7.ª edição, 1963, reprint, para o tomo 1, da 6.ª edição de Leipzig, 1919, e, para o tomo 2, da 6.ª edição de Leipzig, 1922.

Quanto à forma, encontramos no Caderno Preto a maneira de Bergson professor, seu ritmo interior, seu modo de exposição. Quanto ao fundo, encontramos, em primeiro lugar, muitas de suas referências familiares. Por exemplo, Bergson faz referência a Évellin, *Infini et quantité*, 1881, que será citado no *Essai sur les données immédiates de la conscience*[32]. Seu curso sobre Sócrates inspira-se intensamente no de Boutroux sobre o mesmo assunto. A forte referência a Zeller[33] também vai no mesmo sentido. Mais ainda, encontramos os centros de interesse, as teses e as problemáticas do Bergson do *Essai*. Os jônios são apresentados como físicos. A maior parte dos pré-socráticos é estudada do ponto de vista da filosofia da ciência. Os eleatas são alvo de uma atenção particular (duas aulas). Os argumentos de Zenão são detalhados e examinados com o maior cuidado.

O final da lição sobre Zenão de Eléia no Caderno Preto é a seguinte: "Seja como for, é sempre preciso admitir, em presença do movimento, ou que a realidade é absurda ou que ela é ilusória" (p. 215), o que traz em baixo-relevo, ou como que invertida, a intuição seminal do bergsonismo. Temos aí o principal documento filosófico sobre o bergsonismo nascendo, ou melhor, a ponto de nascer. Sem excesso de romantismo, é lícito imaginar Bergson passeando pela grande praça de Clermont, virando e revirando em seu espírito essa espantosa fór-

---

32. *Essai sur les données immédiates de la conscience*, p. 76. Uma outra referência no curso de metafísica no liceu de Clermont-Ferrand, *Cours*, vol. I, p. 336, e, mais tarde, em *L'évolution créatrice*, p. 758, em nota.

33. Ver acima, nota 32, e abaixo, nas notas do curso sobre Plotino, a nota 76; nas notas do Caderno Preto, notas 1, 8, 24, 79, etc.

mula, até que surgisse para seu espírito a intuição da duração, cuja fórmula não era mais que o paradoxo indicador da presença[34]. Ele atesta também a data do curso, o mais antigo que possuímos de Bergson. Mas voltemos a essa questão da datação.

Henri Gouhier disse-me um dia: "Se esse curso é evidentemente posterior a 1881, data do livro de Évellin, é evidentemente, também, anterior a 1896, data da publicação de *Matière et mémoire*. Você há de notar, com efeito, que Bergson, no Caderno Preto, rejeita expressamente o quarto argumento de Zenão de Eléia, o do estádio, e só se interessa pelos três primeiros, únicos dignos de consideração a seus olhos. Ora, em *Matière et mémoire*, p. 328, uma nota importante reabilita o argumento do estádio e termina assim: 'Seu quarto argumento vale exatamente tanto quanto os três outros'. As notas do Caderno Preto foram, portanto, tomadas entre 1881 e 1896." Seria possível estreitar esse intervalo?

O nível e o tipo de ensino ministrado no Caderno Preto não conviria nem a alunos de classe de *baccalauréat*, nem aos de *khâgne**, para os quais seria excessivamente erudito e minucioso. Parece antes destinado a estudantes de filosofia. Mas, por outro lado, no que diz respeito à desenvoltura, ao brilho das fórmulas e à autoridade magistral, ele não se compara ao curso sobre Plotino, ministrado na École Normale. Portanto, não pode ter sido ali proferido, como tampouco no Collège de France. O único ensino universitário oferecido por Bergson que possa corresponder às características do Caderno Preto é o dos anos em que foi encarregado de cursos na Universidade de Cler-

---

34. *La pensée et le mouvant*, pp. 1.254 ss.
* Cf, acima, nota 15 da página XV (N. do T.)

mont, entre fevereiro de 1884 e junho de 1888. Podemos, portanto, datar o Caderno Preto desse período.

Releiamos, agora, a lista dos Cursos de que Bergson foi encarregado durante vários anos nessa universidade[35]. Bergson foi encarregado, entre outros, de um curso geral da história da filosofia e estendeu por vários anos um curso completo da história da filosofia grega. O Caderno Preto é muito provavelmente o início desse curso, cujo final se perdeu ou está agora extraviado, uma vez que ele escolheu ensinar a filosofia grega seguindo a ordem cronológica; o bom senso não nos indica que o Caderno Preto nos traz o primeiríssimo curso universitário de Bergson em Clermont? E é isso, a nosso ver, que a leitura torna extremamente verossímil. Concluamos que o Caderno Preto é de 1884, ou, ao mais tardar, de 1885.

Ele contém o terço inicial de um curso de Bergson consagrado à história da filosofia grega, de Tales a Platão. O caderno está inteiramente preenchido. A exposição de Platão começa nas últimas páginas e deveria continuar em outro caderno, pois não há vestígio de nenhum tipo de conclusão na última folha do caderno.

Tais são, portanto, os quatro textos e cursos apresentados neste volume.

Esses cursos foram editados acompanhados de notas cuja inserção obedeceu às seguintes regras: 1. Indicar, quando parecia necessário ou sugestivo, os trechos dos *Cursos* ou das *Obras* de Bergson em que se encontram paralelos. 2. Explicitar as principais referências e identificar as principais citações, sobretudo quando isso pode ajudar a melhor acompanhar a leitura, sem, no entanto, entrecortá-la mais do que devido. 3. Indicar os trechos

---

35. *Mélanges*, pp. 332, 342-3.

nos quais os *Cursos* permitem ou nos obrigam a precisar a interpretação das *Obras*. 4. Não soterrar o texto de Bergson sob um luxo ou uma massa de erudição helenística, o que correria o risco de desnaturar a empreitada de Bergson ao pretender esclarecê-la, pois Bergson nunca deixa de ser um pensador criativo e audacioso, para o qual o conhecimento das opiniões e das doutrinas é sempre apenas um meio para chegar ao conhecimento das coisas.

Este volume contenta-se em trazer textos e oferecer um alimento para a reflexão dos filósofos, e espera contribuir para o renascimento dos estudos bergsonianos.

Sua Introdução não é, portanto, o local adequado para apresentar as conclusões que ele poderia autorizar, conclusões que dizem respeito, em particular, à gênese e ao encadeamento lógico profundo das diversas obras publicadas por Bergson. Digamos, simplesmente, que ele extraiu muito dos estóicos; que, em Plotino, ele deixa de lado tudo o que é platônico (no sentido que atribui a esse termo, isto é, a teoria das idéias e a interpretação que ele lhe confere) e remete o pensamento do Uno à influência judaica ou cristã. O universo é um todo simpático e é um duplo processo de materialização/espiritualização, como se vê em *Matière et mémoire*. É também um processo de pluralização. Mas Bergson subverte o sistema plotiniano. A pluralização vai no sentido da espiritualização. O devir não é uma decaída do Absoluto, mas uma glória para Deus. Sobretudo, o sistema da necessidade deve dar lugar ao relato de uma história universal, onde a personalidade livre é o termo insuperável de toda evolução, que exprime ela própria um ato da liberdade divina: de onde *L'évolution créatrice*. Mas o êxtase é sempre visto, desde o início, como um cume a ser descoberto, de onde *Les deux sources de la morale et de la religion*.

Se tampouco cabe a essa Introdução apresentar em detalhe a imagem da história da filosofia grega que se depreende dos cursos de Bergson, ela não pode evitar dizer uma palavra a esse respeito, ainda que breve e feita a machado. Bergson interessa-se primeiro pelos jônios, e por Heráclito, como físicos. Opõe-se, desde o início, aos eleatas. Aprecia Sócrates, como místico e preocupado com a existência moral. Guarda muito pouco de Platão e contorna a filosofia das Idéias, excessivamente zenonizante. Aprecia Aristóteles, cujo realismo e cujas intuições esboçam uma aproximação de seu próprio pensamento. Volta, no entanto, aos jônios, *via* estóicos, mas os supera plotinizando. Ele é plotiniano, um pouco como Marx era hegeliano. Bergson parece ter pensado que o sistema de Plotino estava de cabeça para baixo, e o repôs de pé. A queda das almas torna-se a ascensão das almas. A ação não é uma diminuição mas uma realização na qual o próprio êxtase deve desenvolver-se para que o misticismo seja completo. O Uno inefável é tão pessoal quanto possível. O ponto de vista da cultura da personalidade livre leva decididamente a melhor sobre o da reabsorção no todo[36]. A inspiração geral é incontestavelmente mística, mas de um misticismo que se pretende, por outro lado, tão positivo quanto possível.

Esses cursos de Bergson ajudam-nos a conhecer o pensamento próprio de Bergson sobre um grande número de assuntos, sob a condição de que se estabeleça precisamente um método de interpretação apropriado. O princípio de um tal método reside primeiro na compreensão precisa da concepção bergsoniana do estudo das doutrinas filosóficas.

---

36. Henri Hude, *Bergson*, II, Paris, Éditions Universitaires, 1990, p. 83.

Tome-se uma doutrina estudada (por exemplo, a de Plotino, dos estóicos, etc.). Bergson sempre a apresenta como uma doutrina em si mesma impessoal e científica, no sentido amplo, isto é, com base em experiências teoricamente renováveis e em raciocínios criticamente analisáveis[37]. Não é um objeto de história, no sentido em que se trataria de um objeto morto: é um pensamento sempre possível, sempre possivelmente vivo, desde que se saiba revivê-lo[38], e considerado como sempre possivelmente verdadeiro de uma verdade racional. A exposição de Bergson, o mais das vezes, é "objetiva", mas quando ele se coloca do ponto de vista do autor estudado (por exemplo, Plotino), não é como se, para Bergson, se tratasse de coincidir com um processo de pensamento que seria constitutivo de seu objeto. Bergson, com efeito, é realista. Portanto, em suas leituras, adota antes o comportamento de um amigo do autor que gostaria de coincidir com a visão e a certeza que o próprio autor teve de certas coisas, que existem nelas próprias e que o amigo gostaria de conseguir ver como o autor ele próprio diz tê-las visto. Ao fim e ao cabo, portanto, poderá haver um acordo e um entendimento na comunidade de visão. A interpretação é assim um esforço para rever o que foi visto e para assegurar-se criticamente da identidade efetiva entre o que foi revisto pelo amigo e o que fora visto pelo autor.

Como a interpretação do que é dito só é possível através de uma visão da coisa de que se fala, a interpretação das idéias não pode ser separada de um juízo sobre a verdade ou a falsidade das idéias. A objetividade

---

37. O que é dito aqui acerca de Bergson não contradiz o que este escreveu em *La pensée et le mouvant*, p. 1431. Ver, por exemplo, Caderno Preto, pp. 2-3.

38. *La pensée et le mouvant*, p. 1351.

histórica, portanto, só é possível pelo juízo filosófico, desde que este último não seja o efeito de uma reconstrução *a priori*[39].

Freqüentemente há desacordo, o amigo (por exemplo, Bergson) compreendendo perfeitamente o que aparecia para o autor (por exemplo, Plotino), mas compreendendo também como e por que o autor disse que vira isto ou aquilo, quando não tinha visto exatamente isso. Todavia, a lei não escrita da explicação das doutrinas quer que o amigo do autor nem sempre exprima esse juízo próprio e, antes, se apague, por trás do pensamento do autor. E, no entanto, se se trata de uma exposição viva, o amigo tem seu juízo, e este não deixa de despontar no próprio modo pelo qual expõe o pensamento do autor. Para nós, amigos de Bergson, o problema consiste em descobrir o pensamento de Bergson acerca de certas coisas, reencontrando seu juízo tácito envolvido no modo pelo qual explica um outro autor falando das determinadas coisas em questão. Sem dúvida, temos aí uma regra muito geral em hermenêutica, mais particularmente exigente no caso do estudo de Bergson. Para compreender o realismo bergsoniano, cabe uma hermenêutica ela própria realista. Entregamo-nos, por vezes, em nossas notas, a exercícios desse tipo, a título de ilustração de um método possível e a título de sugestão.

Um tal método, é claro, pressupõe que estejamos diante de um curso pessoal e que seja realmente Bergson quem fale, engajando-se pessoalmente, ainda que de modo discreto, com sua autoridade de pensador. Ora, tal é, o mais das vezes, o caso.

---

39. Ver, por exemplo, no Curso sobre Plotino, p. 15 (Ms., p. 28) a crítica do livro de Kirchner, *Die philosophie des Plotin*, 1854.

Isso só nos surpreenderia se quiséssemos julgar os *Cursos* de Bergson professor subsumindo esses "cursos de filosofia de Bergson" sob uma idéia geral de "curso de filosofia", e a de "Bergson professor" sob a de "professor em geral", essas idéias gerais não sendo mais, então, do que o resumo de um conjunto de experiências que versam sobre um conjunto de individualidades cujo nível médio será, por definição, médio. Mas cabe julgar as coisas segundo seus mais bem realizados exemplares.

Após ter pretendido deduzir que um curso de Bergson seria necessariamente impessoal, uma vez que um curso haveria de ser geralmente bastante impessoal, e que um professor não pensaria muito, uma vez que, se pensasse demais, já não seria professor, cabe no final das contas consentir em constatar um fato, sempre forte o suficiente para derrubar o que se poderia imaginar ser um princípio: estamos, com Bergson, diante de um pensador que professa como pensador e pensa professando, liberdade soberana, admirável e exuberante criatividade, armado da plenitude indivisa do seu poder de ver e de julgar. As partes banais de seus cursos só existem para destacar as mais reveladoras, tal como é preciso madeira para fazer ressoar as cordas. O brilho de seu ensino não tem outra explicação senão a manifestação de seu gênio. Bergson nos lembra que um funcionário que ajuda um estudante a conseguir um diploma pode ser também um mestre que ajuda um discípulo a caminhar para a verdade. Ele lembra a todos os professores a nobreza de sua profissão. Tudo que é dito é esquecido, a poeira torna a baixar, restam apenas o fogo sagrado e a Vida.

Com este volume IV termina a publicação dos *Cursos* de Bergson, iniciada há quase quinze anos. Queria expressar minha gratidão, primeiro à sra. Annie Neuburger, sobrinha-neta do filósofo, sua digna herdeira; depois a Jean Guitton e à memória de Henri Gouhier, dois mestres inesquecíveis; a Françoise Vinel e Rémi Brague, cuja colaboração foi tão preciosa; a Jean-Louis Dumas, Catherine Brisson, Thibauld Collin, sempre fiel; a Pierre Magnard, amigo generoso; a Jean-Luc Marion, que acolhe esse trabalho na prestigiosa coleção "Épiméthée"; a Clara.

HENRI HUDE
15 de agosto de 2000.

1. CURSO SOBRE PLOTINO

<1>   I – Vida de Plotino

Plotino é um grego que se inspirou apenas nos gregos[1]. Cabe ver se o exame de sua vida confirma essa impressão que brota da leitura de seus textos.

A fonte quase que exclusiva é a *Vida de Plotino*, de Porfírio[2]. Devem ser acrescentadas algumas informações muito concisas de Eunápio[3]: *Vitae sophistarum* (Ed. Boissonnade, 1824), algumas palavras em Eudoxo[4]. As informações fornecidas por Porfírio devem ser aceitas, salvo algum exagero na expressão: pois abusava-se dos epítetos admirativos, nessa época, e Plotino fascinava os que o cercavam.

O nome de Plotino é latino: ele certamente pertence a uma família romana que se estabeleceu no Egito. Deve ter nascido em 209 após Jesus Cristo. Desprezando a vida material, não quis falar de seu nascimento, nem de sua família, nem de sua pátria, como tampouco admitia que se fizesse seu retrato. Segundo Eunápio, o <2> local de nascimento seria Lico, e os outros dois chamavam-no Licopolitano, sem que possamos saber se se trata de Licópolis na Tessália. Esse detalhe não tem muita importância.

Foi estudar em Alexandria; aos 28 anos, consagra-se exclusivamente à filosofia. É nessa época que foi apresentado a Amônio Sacas; até então, havia seguido, sem se convencer, todas as escolas. A partir desse dia, seguiu-o com fervor. Que escolas eram essas?

Em meados do século III, Alexandria já era há muito tempo a sede de um grande movimento científico. Cultivavam-se ali as ciências exatas e sobretudo as ciências de erudição. Inúmeros comentadores haviam surgido, notadamente para Platão e Aristóteles. Além disso, durante todo o período romano, havia filósofos representativos de praticamente todas as antigas escolas gregas. Era uma época de erudição e de ecletismo. Ensinavam-se até mesmo as doutrinas de Heráclito e de Pitágoras. O terreno, portanto, era propício para a eclosão de um sistema que iria reunir todas as idéias mestras da filosofia grega[5].

<3> Sem sombra de dúvida, esse ensino puramente grego teve uma influência decisiva sobre Plotino. Mas é preciso ainda citar as outras fontes onde ele pode ter se abastecido.

Para começar, a filosofia judaico-alexandrina, representada por Fílon. Teria ele lido Fílon? Não se pode prová-lo. Em todo caso, conhece um de seus discípulos, o neopitagórico Numênio. Porfírio protesta contra aqueles que pretendem que Plotino tenha pilhado Numênio, o que prova que ele o havia praticado. Por seu intermédio, Plotino pode ter conhecido Fílon.

Fílon havia realizado a fusão do platonismo e do judaísmo. Assinalemos algumas analogias entre Fílon e Plotino. Fílon havia falado de um Deus acima da ciência, κρεῖττον τῆς ἐπιστήμης. Logo abaixo, colocou o mundo das idéias, que confinou, é bem verdade, em um *lógos*. O importante é saber se essas idéias têm o mesmo sentido. Talvez a semelhança seja <4> puramente exterior. Talvez Plotino lhe deva apenas sugestões. Enfim, não há nada de comum entre Fílon e Plotino que este não possa ter colhido em Platão.

À margem disso, cabe assinalar uma doutrina importante da Síria, a gnose, mistura de dogmática cristã, mitologia oriental e especulação grega, uma teoria cabal das emanações sucessivas da divindade que se constituiu imediatamente em uma heresia no cristianismo. O livro 9 da II *Enéada* é uma refutação dos gnósticos, e uma refutação peremptória, que não preserva nenhum ponto comum.

Resta a doutrina cristã de Clemente e de Orígenes. Não há realmente vestígios dela em Plotino. Do cristianismo, ele provavelmente só conheceu o gnosticismo.

Assim, a filosofia grega, de um lado, e, de outro, a filosofia religiosa judaico-alexandrina e gnóstica, eis provavelmente o que ele conheceu e estudou de início. Nenhuma dessas formas, diz Porfírio, conseguiu fixar seu interesse. Apenas Amônio o cativou. Quem era ele?

<5> Sabemos pouco sobre ele. Plotino nunca o nomeou nem designou. Amônio nada havia escrito. Acerca de sua doutrina, não temos mais que dois testemunhos.

1 – O de Nemésio[6], bispo do século V (περὶ φύσεως ἀνθρώπου), que transmite duas séries de opiniões de Amônio.

2 – O de um neoplatônico do século V, Hiérocles, em um fragmento de seu tratado sobre a providência[7].

O que Nemésio nos preservou, foram os "desenvolvimentos" de Amônio sobre a imortalidade e as relações da alma com o corpo.

Em primeiro lugar, ele teria ensinado que a alma é indispensável ao corpo, pois o corpo, sujeito a mil vicissitudes, feito de elementos múltiplos e prestes a dissolverem-se, precisa de um princípio que o retenha, συνέχον τι (p. 29). É a expressão de Aristóteles; não há, nisso, nada de novo.

Em segundo lugar (p. 56), nos é dito que a alma entra no νοῦς quando deixa de raciocinar, λογίζεσθαι, para passar à intuição. Acrescenta que ela está unida <6> ao corpo como a luz do sol está unida ao ar. Não é a alma que está no corpo, mas o corpo que está na alma. Temos aqui teorias que reencontraremos sem alterações em Plotino não apenas quanto ao fundo, mas ainda quanto à forma. Seria preciso, então, admitir que Plotino lhe tomou de empréstimo não apenas idéias de primeira importância, mas ainda as próprias expressões empregues por Amônio, e isto sem citá-lo, logo ele que tanto gosta de citar. Mas esse tratado foi escrito mais de dois séculos após Amônio, que nada havia escrito. Nemésio, portanto, só poderia ter conhecido com tal precisão as idéias de Amônio se algum discípulo imediato de Amônio tivesse anotado suas palavras. Seria necessário que existisse, nessa época, um relato escrito das idéias desse filósofo. Ora, podemos ter certeza de que nunca houve algo desse tipo. Se houvesse um tal relato, teria tido tamanha importância, por conter as idéias fundamentais do alexandrinismo, que teria <7> sido citado, sobretudo por Plotino e por alguns dos filósofos de Alexandria. Ora, não é este o caso. Porfírio só o nomeia uma vez, de passagem, e justamente na *Vida de Plotino*[8]. Jâmblico e Proclo não o nomeiam nunca. Não se pode, portanto, admitir a existência de um tal relato. Mas podemos ir mais longe.

Há razões positivas para acreditar que Amônio nunca professou nenhuma das idéias que desempenham um papel importante em Plotino. Plotino não foi o único aluno de Amônio. Longino também o foi. Se Plotino tivesse aceitado sem alterações idéias importantes de Amônio, *a fortiori* encontraríamos seus vestígios em um pensador medíocre como Longino. Ora, em uma carta a Porfírio, o próprio Longino declara que, a despeito de sua admiração por Plotino, não admite suas teorias (*Vida de Plotino*, § 19). E, no § 21, Longino diz que Plotino tem sua própria maneira de filosofar[9].

Parece, na verdade, que o texto de Nemésio não é confiável. As opiniões e as expressões conferidas a Amônio foram tomadas em Plotino ou em algum alexandrino que tenha citado Plotino. No dia em que uma tradição tiver feito de Amônio o fundador da Escola, por ter sido seguido por Plotino, será naturalmente naqueles que passavam por seus discípulos que serão procuradas as idéias de Amônio.

Em segundo lugar, o texto de Hiérocles foi conservado por Fócio, patriarca de Constantinopla no século IX (ed. Bekker, pp. 171 e 460, *Tratado de Hiérocles, sobre a Providência*). Esse testemunho, por seu caráter mais vago, é menos suspeito. "Amônio introduziu o princípio que serve de regra comum para todas as opiniões comuns de Plotino, de Orígenes, de Porfírio, de Jâmblico e de Plutarco, ou seja, o de que a verdade sobre a natureza das coisas está inteiramente contida na doutrina purificada de Platão, ἐν τῇ Πλάτωνος <9>. Antes dele, os platônicos e os peripatéticos exageravam as oposições entre os dois sistemas, e essas discussões perduraram até Amônio, o Teodidata.

Parece, então, que, aos olhos da tradição, Amônio permanecia o grande conciliador dos sistemas de Platão e de Aristóteles. Quanto à purificação mencionada, não sabemos como nos pronunciar. Se Amônio demonstrava a concordância dos dois filósofos, era certamente ao interpretar Platão de uma determinada maneira. Notemos que essa fusão interna se encontra em Plotino e que, além disso, há uma semelhança exterior bem mais marcante com Aristóteles do que com Platão[10]. Kirchner pôde dizer que Plotino é um neo-aristotélico, não um neoplatônico. Trata-se de um exagero e de um erro. Mas cabe tirar a lição de que, nele, há a fusão dos dois filósofos. Então, o que ele teria tomado de empréstimo apenas de seu mestre teria sido esse método de <10> fusão, essa idéia de que Aristóteles e Platão, no fundo, estavam de acordo, em suma, a fé em um filosofia sempre no fundo a mesma, ensinada de início pelos primeiros filósofos, depois, conscientemente, por Platão, depois, um pouco desfigurada, por Aristóteles. Essa interpretação é confirmada pelo único testemunho de Porfírio: "Plotino trazia para suas investigações o espírito de Amônio" (*Vida de Plotino*, § 14), após ter dito: "As teorias dos estóicos e dos peripatéticos estão secretamente misturadas nos textos de Plotino; neles, a metafísica de Aristóteles é freqüentemente utilizada."

Não temos, portanto, nenhum motivo para atribuir a Amônio as grandes idéias da filosofia de Plotino. Parece difícil ver nele o criador da filosofia alexandrina. Na verdade, parece que é nessa escola que se formou o espírito de Plotino.

Por dez anos, contentou-se em ensinar de viva voz o puro e simples ensinamento de Amônio. Haveria, entre essa doutrina e a das *Enéadas*, uma afinidade mais íntima <11> que a de um método exterior? O silêncio de Plotino, de Porfírio e dos outros faz-nos pensar que o criador da doutrina, em suas teses gerais, é Plotino. O que ele pôde tomar alhures é uma matéria que trabalhou. Sua originalidade está em ter feito um grande esforço de concentração interior, que não poderia ser tomado de empréstimo.

Tinha trinta e nove anos quando seguiu o imperador Gordiano contra os persas, para estudar a filosofia da Pérsia e da Índia. Não conseguiu, e de Gordiano, não sem muito custo, em Antioquia[11]. Põe-se a questão de saber como conseguiu ele conhecer as filosofias do Oriente propriamente dito, das quais, segundo alguns, teria retirado tanto. Oriente pode aplicar-se à Pérsia, ou à Índia, ou finalmente ao próprio Egito. Ora, no que diz respeito à Índia, não há nenhuma alusão nas Enéadas e nada autoriza a crer que ele tenha conhecido seja lá o que for dessas doutrinas. Quanto à Pérsia, teve a curiosidade de ir conhecê-la; mas <12> não conseguiu; e nada nos permite supor que, na própria Alexandria, ele tenha travado conhecimento com a filosofia persa. Ora, não se encontra nele vestígio de emanação: ele chega a combater essa teoria nos gnósticos.

Sobra o Egito. Nada prova que ele tenha se aprofundado nos monumentos da sabedoria egípcia. Aborda-se uma vez o Egito, *Enéadas*, V, 8.6: nesse texto, faz-se menção à simbólica egípcia e aos caracteres hieroglíficos. Ele se limita a dizer que os egípcios encontraram um meio de figurar as coisas em vez de designar apenas os sons. Essa menção não tem caráter filosófico, salvo num ponto, ao qual voltaremos.

Não devemos admitir a influência oriental sobre Plotino, a menos que discirnamos nele algo que não se explique nem pela filosofia grega nem pelas origens de Plotino.

<13> Há um texto sobre o Egito, V, 8.6.

"Os sábios dos Egípcios, quer tenham recebido isto por uma ciência exata, quer por algum instinto inato, parecem sábios sobretudo por não se terem contentado, acerca das coisas que queriam comunicar, em tomar as letras que correm no encalço das palavras e das sentenças, ou as que imitam os sons e as enunciações de opiniões, mas, ao traçar imagens e gravar uma imagem distinta de cada coisa em seus templos, exibiram assim a composição de cada uma dessas imagens. De tal modo que cada imagem é também alguma ciência e alguma sabedoria, e uma sabedoria que se encontra subjacente a essa inscrição e que é concentrada e que não é nem ciência discursiva nem reflexão."

Trata-se dos hieróglifos puramente ideográficos. Plotino diz que há aí uma maneira profunda de <14> exprimir-se, por indicação das idéias. Era intuição, não reflexão: a sabedoria estava concentrada sob as palavras imediatamente. – Mas o que está em causa, aqui, não são as crenças egípcias, apenas sua simbólica. Não parece verossímil, portanto, que Plotino tenha sofrido uma influência desse tipo.

Assim, não encontramos nele nenhum vestígio de influência extragrega. Se o estudo de sua filosofia nos leva a crer que, nele, tudo se explica, seja pela filosofia grega anterior, seja por seu próprio gênio, diremos que era um filósofo puramente grego. No máximo terá sofrido a influência ambiente em seu estilo um pouco frouxo e prolixo.

É em seu retorno da Ásia que veio a fixar-se em Roma, aos quarenta anos. Abriu uma escola, e seu ensino teve um sucesso considerável. Seria interessante deter-se nesse período, estudar esse meio onde sua filosofia se desenvolveu plenamente, ver o entusiasmo que ele suscitou, a influência também que exerceu, notadamente sobre mulheres, como as duas Gemina de que fala Porfírio. Segundo Porfírio, o imperador Galieno e sua mulher Salonina admiravam-no tanto que pensavam em reconstruir, para ele, uma cidade em ruína da Campânia, para que a governasse, sob o nome de Platonópolis, segundo *As leis* de Platão. A coisa não se deu, segundo Porfírio, por causa da inveja dos cortesãos. Hegel (*História da filosofia*, século III) louva-os, pelo contrário, por seu bom senso[12].

Essa influência de Plotino deve ter sido considerável. Porfírio cita várias anedotas. Rogaliano, um senador, tendo seguido suas lições, desprendeu-se tanto das coisas da vida que renunciou a seus bens, seus domésticos e suas honrarias, e só comia dia sim, dia não – o que o curou da gota.

Dois personagens destacam-se no entorno <16> de Plotino, Amélio e Porfírio.

Amélio[13] era originário da Etrúria. Desejava ser chamado Amério (um trocadilho com o prenome Αμερία permite evocar a indivisão da natureza divina, ao passo que o nome Amelios evoca a negligência, ἀμέλεια). Tendo chegado em Roma em 246, ligou-se a Plotino e viveu em sua intimidade por vinte e três anos. Escreveu quarenta livros contra o gnóstico Zostriano, por instigação de Plotino. Foi também ele quem defendeu Plotino contra aqueles que pretendiam que este teria se apropriado das idéias do neopitagórico Numênio (o que prova que Plotino conhecia Numênio e, através deste, Fílon). Ao que parece, esse Amélio era um espírito medíocre, discípulo passivo e aplicado.

Porfírio é um filósofo. Em sua biografia de Plotino, fornece-nos detalhes acerca de si mesmo. Declara-se tírio. São Jerônimo apresenta-o como nativo de Balanéia, na Síria, mas seu testemunho é preferível. Declara chamar-se Malco, o que, em siríaco, significa rei. Foi Amélio <17> quem traduziu essa palavra para Porphyrios. Chegou a Roma por volta de 254 e prendeu-se a Plotino. Ninguém parece tê-lo compreendido tão bem. Durante seis anos, viveu com ele. Dele, chegou até nós, entre outros, um pequeno tratado, reunião de alguns comentários de algumas passagens das *Enéadas*, ἀφορμαὶ πρὸς τὰ νοητὰ. Neste, encontraremos uma exposição sucinta, de uma acuidade extraordinária, dos principais pontos de Plotino. Porfírio era um espírito pouco original, mas capaz de explorar a fundo o pensamento de outrem.

Liam-se em sua escola[14] as obras dos platônicos e dos peripatéticos. Após essa leitura e uma curta meditação, Plotino expunha suas reflexões. Discutia-se muito e Plotino expressava-se com eloqüência, mas sem correção. É sem dúvida dessas conversas sobre assuntos muito variados que surgiu, pouco a pouco, a doutrina de Plotino. Durante dez anos, não fez mais que desenvolver as idéias <18> de Amônio, ou seja, muito provavelmente, comentar Platão e Aristóteles para aproximá-los. Apenas aos cinqüenta anos começou a escrever. E escreveu como falava, sobre o primeiro assunto que aparecesse. Escreveu desse modo, segundo Porfírio, cinqüenta e quatro tratados. Tudo o que ele experienciava[15] chegou até nós.

Plotino não apenas inspirou a admiração dos que o cercavam, mas parecia-lhes um ser sobrenatural. Muito provavelmente, aplicava nas coisas práticas a mesma acuidade que em seus textos[16]. Porfírio atribui-lhe o que chamamos vidência, leitura dos pensamentos. Tendo Porfírio pensado em suicídio, Plotino adivinhou-o e ordenou-lhe uma viagem, o que o curou. Porfírio atribui-lhe até mesmo o poder de romper os encantamentos da magia. Um sacerdote egípcio propôs-lhe evocar um demônio, e foi um deus que apareceu; pois, com efeito, era um deus que o acompanhava. Convidado a ir a um sacrifício, disse: "Cabe aos deuses virem a mim."[17] Não parece <19> improvável que Plotino se sentisse em contato com o divino. Teve a experiência do êxtase. Durante os seis anos em que Porfírio esteve com ele, Plotino só a teve quatro vezes.

As últimas palavras de Plotino foram: "Esforço-me por reunir o que há de divino em mim e o que é divino no universo."[18]
<20>

II – Obra e bibliografia de Plotino

<21>   1. Obra de Plotino – As *Enéadas*

Porfírio nos conta que Plotino se punha a escrever após ter longamente meditado e escrevia sem se interromper nem se reler. Seu estilo traz as qualidades mestras de um grande escritor. Porfírio e Longino prestaram-lhe homenagem. Porfírio, *Vida de Plotino*, § 14: "Em seu estilo, foi sucinto, cheio de idéias, curto e mais abundante em pensamentos do que em palavras, o mais das vezes inspirado e exprimindo-se com paixão." Longino, *ibid.*, § 19, fim: "No que diz respeito ao estilo de sua escrita e à profusão compacta dos pensamentos desse homem, e no que diz respeito ao caráter filosófico da disposição de suas investigações, eu o admiro extraordinariamente e o amo, e creio que os investigadores devem contar seus livros entre os mais notáveis." Isso, quanto ao conjunto. Mas no detalhe ele é descuidado. A sintaxe é completamente incorreta. O desenvolvimento carece de continuidade. Há <22> frases emaranhadas. É um estilo que anota as impressões. Eunápio[19], *Vida dos sofistas*, p. 9, diz que Plotino é notável pelo caráter enigmático de seus discursos, que ele é árduo e difícil.

Assim se explicam as dificuldades do texto. Porfírio foi seu editor, pelo menos no principal. O médico de Plotino, Eustóquio, por sua vez, havia feito uma coletânea de seus escritos em uma ordem um pouco diferente. Em alguns manuscritos de Plotino encontra-se, em determinado momento, a menção a uma diferente distribuição das matérias, que se atribuía a Eustóquio: a tradição fora assim conservada. Temos apenas a edição de Porfírio.

Segundo ele, Plotino havia deixado cinqüenta e quatro tratados, dos quais fornece a ordem cronológica de redação. Em vez de mantê-la, seguiu o exemplo dado por Andrônico com relação a Aristóteles e Teofrasto; pôs junto os livros de temas análogos. Compôs grupos nos quais ia do mais fácil ao mais difícil e também, geralmente <23>, do mais curto ao mais longo. Formou, dessa forma, seis novenas e teve a felicidade de encontrar assim dois números perfeitos. Na verdade, ele deu uma mão para o acaso, pois é provável que, para tanto, tenha isolado determinados capítulos de determinados tratados. O nono tratado do livro I, *Do suicídio*, por exemplo, é muito curto e provavelmente foi destacado de um outro tratado; ou ainda, VI, pequeno sumário sem importância[20]. Por vezes, há dois ou três livros consecutivos de mesmo título e sem solução de continuidade. Provavelmente Porfírio fez essas divisões. Exemplo: IV *Enéada*, 3, 4 e 5. Enfim, é bem verdade que a I *Enéada* é sobretudo moral; a II e a III, sobretudo físicas; que a IV trata da alma; a V, da inteligência e do inteligível; a VI do Uno e das categorias do ser. Mas essa distinção está longe de ser rigorosa. Não há livro importante em que não se encontre mais ou menos todo seu sistema.

Em suma, o modo de classificação de Porfírio é arbitrário. E, além disso, Porfírio deixou uma lista desses tratados em uma ordem talvez cronológica. Apenas Kirchhof voltou <24> a essa ordem pretensamente cronológica. Mueller e Volkmann voltaram à ordem por *Enéadas*. Há razões, provavelmente:

1 – A ordem cronológica é desprovida de interesse. Não há indício de um desenvolvimento em Plotino. A razão disso é certamente o fato de que ele escreveu tarde.

2 – Acrescento que a ordem talvez não seja cronológica. Porfírio diz simplesmente que vinte e um desses tratados já estavam escritos quando encontrou Plotino, e fornece a lista. Acrescenta que compôs vinte e quatro livros quando estava junto a ele e os nomeia. Por fim, os outros nove tratados foram compostos após a partida de Porfírio. É bastante provável, mas não certo, que essa lista seja cronológica[21].
<25>

2. Bibliografia

O texto de Plotino chegou até nós em péssimo estado. Os manuscritos são bem numerosos, mas crivados de erros. Nenhum remonta a antes do século XIII e vários são bem posteriores. Mueller descreveu trinta e nove manuscritos de Plotino e declara que mal e mal um sexto disso merece alguma consideração (cf. Mueller, *Hermes*, t. 14, 1879). O melhor é o *Mediceus A*.

A primeira edição é da Basiléia, 1580. Um século antes, havia sido publicada a tradução latina de Marsílio Ficino, com um comentário utilizado por todos os editores subseqüentes. O comentário consiste sobretudo em aproximações com os sucessores de Plotino. A edição da Basiléia foi reproduzida em 1615. O texto era extremamente defeituoso e, por assim dizer, ilegível.

A edição seguinte é a de Oxford, 1835, *Plotini Opera Omnia*, de Kreuzer e Moser. Tipografia maravilhosa. O texto é extremamente defeituoso. A edição foi feita com a maior leviandade e está crivada de erros de impressão. Nela, a tradução de Ficino é reproduzida, e seu <26> comentário, ajeitado.

Depois, Paris, 1855, com a tradução latina de Ficino, editor Dubner, na coleção "Didot". Reproduz aproximadamente a precedente, mas a pontuação foi apurada.

O editor seguinte, Kirchhof, severo com as precedentes, fez sua edição de 1855 na coleção "Teubner". É o primeiro texto aceitável que se oferece de Plotino. Apresenta um arranjo segundo a ordem indicada por Porfírio em *Vida de Plotino*.

Em 1876, publica-se uma série de observações importantes de Vintringam, que foram utilizadas pelas edições seguintes.

Hermann Friedrich Mueller, 1878, Werdman. Texto realmente bom, estabelecido a partir de uma classificação metódica dos manuscritos.

Por fim, Volkmann, 1883, Teubner. O texto aproxima-se do de Mueller, mas é mais prudente na rejeição das glosas supostas por Mueller. É a melhor edição.

Citemos as edições separadas dos livros περὶ τοῦ καλοῦ, I, 6; περὶ τοῦ <27> νοητοῦ κάλλους[22]; *Contra os gnósticos*[23], II, 9.

Há uma tradução francesa de Bouillet, 1857-1861, em três volumes, com comentários e notas – em grande parte de Marsílio Ficino. É menos uma tradução do que uma paráfrase.

Em alemão, Engelhardt, tradutor da segunda *Enéada*.

Tradução completa por Mueller, 1878-1880, Berlim, o primeiro volume sendo melhor que o segundo.

Em inglês, Taylor traduziu excertos de Plotino.

Em 1840, Steinhart, *Melitèmata plotiniana*.

1845, Simon, *Histoire de l'École d'Alexandrie*.

1837-1846, Ravaisson, *La Métaphysique d'Aristote*.

1846, Vacherot, *Histoire critique de l'École d'Alexandrie*. Trabalho notável, ainda que um pouco vago. Além disso, idéias preconcebidas sobre <28> as origens orientais e filonianas das idéias de Plotino.

1854, Kirchner, *Die Philosophie des Plotin*. Trabalho completo, mas que parece feito em parte *a priori* e segundo o método hegeliano de reconstrução.

1858-1859 e 1895, artigos de Lévêque, no *Journal des Savants*, acerca de Bouillet, depois, de Chaignet.

Zeller, *Filosofia dos gregos*, III parte, 2.ª seção, segunda metade. – Medíocre.

1864-1867; Richter, *Neoplatonische Studien*, Halle. Trabalho conscencioso de análise.

1875, Von Kleist, *A crítica do materialismo por Plotino*, 1875.

– Do mesmo autor, *Plotinische studien*[24], Heidelberg, 1883.

1893, Chaignet, *Psychologie des Grecs*, t. IV.

Sem mencionar trabalhos de detalhe sobre os livros sobre o belo e contra os gnósticos.
<29>

III – A doutrina de Plotino.
O lugar que ela destina à teoria da alma

<30> Plotino, tendo chegado à Alexandria no século III de nossa era, em uma época de ecletismo intelectual e

de moralismo vago, pagão de religião, grego de espírito, profundamente preso à cultura clássica e, no fundo, cheio de desprezo pelas importações do Oriente, foi naturalmente levado a opor a essa invasão estrangeira as forças combinadas de toda a filosofia grega, não procedendo por justaposição, mas cavando sob essas idéias tão profundamente que fez jorrar a própria fonte de onde essas idéias haviam jorrado[25].

Seria interessante acompanhar essa filosofia em sua luta com o cristianismo, perguntar-se, sobretudo, por que essa filosofia e essa religião que tinham tantos pontos comuns se viram de imediato irreconciliavelmente inimigas e por que foi a filosofia que sucumbiu. Caberia também investigar como essa religião, após ter triunfado sobre essa filosofia, veio a absorvê-la, conservando-lhe a melhor parte (São Basílio, Agostinho), <31> e como esse pensamento tornou-se, por esse meio, algo de muito importante no pensamento moderno.

Limitar-me-ei a estudar a filosofia de Plotino em si mesma, em sua parte central, a teoria da alma[26], isto é, ao mesmo tempo a teoria da alma individual e da alma universal. O curso mostrará que esse é realmente o centro dessa filosofia. Mas como não há livro especial consagrado a essa teoria, será útil expô-la e, em conformidade com o método de Plotino, começar por uma exposição de conjunto, provisória e esquemática, da doutrina de Plotino.

O ponto de partida da dialética de Platão fora o espetáculo das contradições de que as coisas materiais são o palco, *República*, VII[27]. O filósofo, na presença das contradições apresentadas pela matéria, é levado a refletir e chega a dizer que as coisas que percebemos são apenas aparências e que o real deve ser procurado nas idéias imutáveis.

Plotino parece ter <32> sido marcado sobretudo pelas contradições das coisas humanas (*Enéadas*, III)[28]. As coisas que temos por sérias ou mesmo trágicas, guerras, etc., tudo isso é jogo pueril, brincadeira. Não é o homem interior, mas a sombra do homem que se entrega cá embaixo às lamentações e aos gemidos. A prova disso está na própria regularidade do mal físico, ritmado em uma dança pírrica. Não deveríamos nos comover mais do que, no teatro, com os gritos dos atores. Somos espectadores.

Cabe compreender cada um dos atores, seguir as linhas do mundo em todas as suas articulações. A análise pela qual a dialética platônica começa consiste em resolver o real em qualidades cuja mistura, justamente, engendra contradições. Segundo Plotino, é em seres vivos que essa análise desemboca, VI *Enéada*[29]. Uma pedra deve ser reposta na terra e veremos que a terra é um ser animado, e assim com relação a todos os elementos.

<33> O que é um ser vivo? Um microcosmos ordenado como o mundo. Ele é dividido, mas em cada parte está o todo. Passa por fases, cada uma implicada na outra. É preciso, portanto, um princípio que reúna essa multiplicidade: é o λόγος ἐν σπέρματι, a razão geradora.

O *lógos* é menos que uma idéia, porque trabalha; mais que uma coisa, porque uma coisa é inerte. É um "papel"*, uma idéia que se move, um pensamento em movimento.

Consideremos, então, todos os seres vivos constituídos por esse trabalho das razões geradoras. Cada um deles manifesta um *lógos* e, por isso mesmo, um certo amor pela vida. Daí o egoísmo e a luta. Mas, ao mesmo tempo que todos os seres vivos lutam entre si, assistimos tam-

---

* No sentido de "função". (N. do T.)

bém a um concerto. Uma harmonia fundamental revela-se[30]. Ao lado dos *lógoi* particulares, há um *lógos* universal do corpo do mundo na sua totalidade.

<34> Provas: 1 – Se a astrologia pode adivinhar os acontecimentos no céu, não é por causa da influência dos astros sobre os destinos, mas é porque há uma tal conspiração de todas as coisas que todo arranjo ou desarranjo tem sua repercussão alhures. A astrologia revela a harmonia fundamental de todas as coisas.

2 – A magia, meio de agir a distância, por produção de certas modificações da matéria.

3 – O amor, que é um pouco como um mágico. Essas afinidades reais das coisas, que se revelam na magia, revelam-se também no amor.

E também na música.

Então, há uma harmonia de todas as coisas e um *lógos* universal. Mas como explicar o acordo dos *lógoi* particulares com a razão do todo? Esse ponto foi mal resolvido pela maior parte dos intérpretes. Limitemo-nos, por enquanto, a constatar esse acordo. Além disso, cabe considerar essas razões individuais como situadas <35> no mesmo plano que a razão universal, a ela coordenadas, dela emanadas.

Convém considerar o ponto para o qual tendem todos esses *lógoi*. Essas razões terminam por modelar corpos vivos, isto é, sistemas de forças ou de qualidades organizadas entre si. Quanto mais o *lógos* trabalha, mais se divide. Cada vez mais deposita as formas que mantinha unidas nele e, por isso, distende-se no espaço e no tempo. Aquilo que, nele, era indiviso desdobra-se e, assim, constitui corpos e seres vivos.

Qual seu ponto de partida? O trabalho é < >[31]. Por conseguinte, seu ponto de partida é uma idéia que não trabalha, uma idéia platônica. Só que a idéia, para Plotino, representa um objeto individual. Idéias imóveis, portanto, eis o que encontramos na outra extremidade do *lógos*. Em cima, as idéias, embaixo, os corpos; estirado entre eles, o feixe dos feixes de idéias diretoras. Todavia, não estamos ainda nem na base, nem no topo. <36> Se nos representamos a realidade como um cone[32], diz Plotino, as idéias são uma seção mais próxima da ponta desse cone, as formas uma seção mais próxima da base.

As formas exigem um apoio, uma matéria; primeiro, para dar conta de sua ação recíproca; depois, para explicar sua decaída progressiva: pois a forma, pelo fato de que age, decai. Não se deve procurar definir a matéria, pois isso equivaleria a dar-lhe uma forma; e, por hipótese, ela é aquilo que não tem formas. É um fantasma que mente em tudo o que pretende ser, é a privação de toda forma, de todo nexo, o infinito, ἄπειρον.

Deve-se concluir daí que há um princípio realmente distinto da forma, que a ela se mistura? Não. Pois essa expressão, matéria, é inteiramente provisória. Podemos encará-la como o próprio esgotamento das razões, à medida que se distanciam de seu ponto de partida. Um cone divergente de luz mergulha na obscuridade: <37> modo de dizer que os raios divergentes não cessam de se enfraquecer. A matéria é um limite que não é nunca atingido.

Elevemo-nos novamente, agora, até o outro termo, às Idéias, essências imóveis. Essas Idéias são muito mais que as próprias razões, não estando nem no espaço, nem no tempo: infiltram-se umas nas outras e representam-se umas às outras. No entanto, há uma Idéia que, mais que todas as outras, é a representação do conjunto, como um *lógos* universal: é o νοῦς. Essa Idéia não é substancialmente distinta das outras, é sob ela que as outras se coordenam. Não é ainda a unidade pura: ela encerra uma multiplicidade.

Acima, portanto, havia a unidade pura. Como defini-la? Não se lhe pode conferir nenhum nome que seja digno dela. É superior a toda determinação. Comparada ao ser, é mais que ser; é mais que pensamento. Se as Idéias são <38> causas dos objetos, ela é causa de causa. Se for preciso nomeá-la, τὸ ἕν, τὸ αὔταρκες, τὸ πρῶτον, τὸ ὑπέρτατον. Mas ela é o ἄπειρον, mais uma vez.

Eis-nos entre o infinitamente menos que ser e o infinitamente mais que ser. É entre esses dois infinitos que se encontra estirada a cadeia das existências. No topo, aquilo que é mais que luz; depois, o ponto luminoso, unidade de um ponto que brilha mas envolve todos os raios luminosos que divergem; por fim, todos esses raios que divergem cada vez mais vão perder-se na escuridão.

Tais são as três hipóstases. O Uno. Basta pô-lo e põe-se todo o νοῦς. Não se pode pôr o Uno sem pôr uma contemplação do Uno, ὅρασις. As Idéias são, todas, visões do Uno. Mas essa multiplicidade das Idéias é eterna e indivisível. Vem então a refração de tudo isso no espaço e no tempo.

Essa terceira hipóstase é a alma. A alma <39> é uma mistura. Diríamos que há primeiro a idéia, depois a razão, depois a forma, depois a matéria. A alma é Idéia pelo topo, está na Idéia e a ela pode voltar; é *lógos* pelo meio, forma e mesmo matéria pela base.

Consideremos a Idéia por excelência, o νοῦς. Se nos concedemos o inteligível, concedemo-nos, por esse mesmo gesto, o inteligível último, trabalhando por distensão. É a alma do mundo. É o próprio pensamento que superabundou, que transbordou de si próprio como que por distração. Então, essa alma do mundo vai produzir o corpo do mundo, isto é, esboçar os corpos vivos possíveis.

Mas, então, cada uma das Idéias particulares, que também contêm virtualmente uma alma, irá prolongar-se por seu *lógos* até o corpo que a razão universal assim lhe preparou. Cada uma das almas particulares contidas em cada uma <40> das idéias particulares, percebendo o corpo que o *lógos* universal apenas esboçou à sua imagem, vê-se fascinada por essa imagem. E, seduzida pela idéia de ser algo separado do todo no espaço e no tempo, deixa-se cair. Daí a queda. A alma é tomada, então, no corpo, nessa grande fantasmagoria que é o mundo material. Ela leva a sério essa fantasmagoria. Sempre poderá voltar para Deus, que é seu pai. Mas, o mais das vezes, toma por realidade aquilo que não é mais que a sombra do real e torna-se atriz no drama que se desdobra diante de seus olhos.

Voltamos, portanto, ao nosso ponto de partida. Sabemos como se produzem as hipóstases. Gostaria, agora, de eliminar da doutrina de Plotino as idéias que não lhe são próprias.

Para começar, nas duas extremidades, temos o Uno superior à essência e ao pensamento, <41> e a matéria inferior a ambos. Pode-se perceber aqui uma exasperação dos dois princípios de Aristóteles, forma e matéria, esta última tornada menos que potência. Do mesmo modo, pôde-se aproximar o Uno de Plotino do Uno de Platão, e sua natureza é análoga ao princípio indefinido de que fala Platão. A semelhança é evidente quando os princípios são considerados em repouso; bem menos, quando se considera o percurso que vai de um para o outro. Há, aí, uma irradiação bem particular. Eliminemos, no entanto, esses dois termos.

Restam os *lógoi* e as Idéias. Os *lógoi* assemelham-se aos dos estóicos, as *eíde*, às de Platão. Mas a diferença é grande, sobretudo na passagem de um para o outro. Os *lógoi* dos estóicos são imanentes à matéria, não derivam de um princípio transcendente. As Idéias de Platão representam os gêneros. Pelo contrário, os *lógoi* de Plotino não são mais que o prolongamento das Idéias, e as próprias Idéias <42>, sendo individuais, estão inteiramente prontas para reviver nos *lógoi*. Então, o que é próprio de Plotino é a passagem, o esforço para libertar-se do dualismo latente em seus predecessores.

Se tomamos as Idéias e o Uno, temos o mundo inteligível de Platão e Aristóteles; e, embaixo, há o mundo sensível. Plotino quer derivar um desses mundos do outro, passar do *eîdos* ao *lógos*, do *Noûs* à *psykhé*. Essa é sua grande originalidade.

E como ele se representou, ao fim e ao cabo, essa passagem? O mundo material é o mundo da ação e da produção, o mundo das Idéias é o da contemplação. A questão torna-se então: como passar da especulação à ação? Do que está fora do espaço e do tempo àquilo que se distende e degenera? Plotino resolveu a questão psicologicamente, procurando tornar a passagem do inteligível para o sensível puramente analítica ao reduzi-la a <43> um simples enfraquecimento. Vejam a III *Enéada*, onde declara que a ação e a produção não são mais que um enfraquecimento da especulação[33]. Agir, para aquele que age, é enfraquecer seu pensamento, é estar distendido. Como o geômetra traça uma figura por distração enquanto pensa nela com intensidade, assim a contemplação pura se enfraquece em ação. Eis, então, o que há de capital na idéia da irradiação, que ele procurou estender, depois, a todas as transições entre as hipóstases.

Sua idéia é ainda mais psicológica. Essa idéia não é uma simples tese à qual podemos opor outras: é um fato, uma constatação. Na IV *Enéada*[34], descreve o estado em que se encontra quando, acordando de seu corpo, volta a si e tem então a visão de um mundo maravilhosamente belo, perto do qual o resto é um sonho. O corpo é sono. E a ação, da qual o corpo é o instrumento, é realmente uma diminuição de contemplação; é o espírito <44> dormindo.

O êxtase não é mais que o prolongamento desse estado bem mais científico que consiste em passar da esfera da alma à do inteligível. Seu método metafísico é a introspecção profunda, que consiste em ir além das idéias por um apelo profundo a uma simpatia entre nossa alma e a totalidade do real. O êxtase é uma das formas dessa simpatia, não a única[35]. Embaixo, há o esforço pelo qual a alma se eleva até o νοῦς e, segundo VI, 7, bem embaixo, um estado inteiramente especial ao qual devemos chegar se quisermos nos representar a matéria. Não se pode pensá-la, mas podemos nos colocar num estado de ἄνοια, que consiste em uma simpatia com aquilo, na realidade, que é verdadeiramente não-ser. Há, portanto, várias atitudes da alma que procura coincidir com aquilo que não é propriamente pensamento.

<45> Seu método é, portanto, psicológico. E, assim sendo, é natural que sua atenção, mais ainda que a de Aristóteles, tenha sido atraída pela psicologia, pela vida da alma. Plotino considera a máxima de Sócrates como cientificamente[36]. Ele nos diz, VI, que a alma é representativa do todo, que, ao conhecê-la, conhece-se o todo. Seus sucessores compreenderam-no perfeitamente. Em um fragmento de um tratado sobre o γνῶθι σεαυτόν, endereçado por Jâmblico a Porfírio, nos é dito que quem co-

nhece a alma conhece a essência das coisas³⁷. Do mesmo modo, Proclo, em seu *Comentário do Alcibíades*, e também no do *Timeu*, diz que conhecer a alma é conhecer o todo e elevar-se a Deus³⁸.
<46>

IV – Plotino intérprete de Platão

<47> Falaremos da relação da filosofia de Plotino com as filosofias anteriores.

Que Plotino tenha extraído idéias essenciais das filosofias precedentes é o que resulta de uma leitura rápida das *Enéadas*. Porfírio diz que as teorias dos estóicos e dos peripatéticos estão misturadas em seus escritos e que, nas conferências de Plotino, liam-se todos os filósofos, sobretudo os comentadores de Platão.

Em segundo lugar, é igualmente incontestável que, dentre as filosofias anteriores, aquela à qual ele remete todas as outras é a filosofia de Platão. Kirchner pretende que ele se teria inspirado em Aristóteles, mais ainda do que em Platão; mas reconhece que é na interpretação de Platão que Plotino emprega Aristóteles. De resto, Plotino cita muito os filósofos gregos e critica-os constantemente. Quanto aos primeiros filósofos, de bom grado veria neles homens inspirados³⁹. No entanto, <48> censurou Heráclito por ter-se esquecido de ser claro⁴⁰; Empédocles, por ter-se equivocado de modo bisonho sobre a natureza dos elementos, ao fazê-los materiais, isto é, destrutíveis⁴¹; Anaxágoras, por não ter sabido tirar partido de sua introdução do νοῦς⁴², uma vez que coloca todas as formas no μῖγμα primitivo e torna o *noûs* inútil; os pitagóricos, por terem tornado substanciais os números. Atacou Aristóteles em todos os pontos essenciais: a teoria da alma enteléquia, IV[43], que ele assimila à teoria materialista – a teoria das categorias, IV,1 –, a teoria do Deus (é um erro grosseiro ter posto o pensamento no topo, todo pensamento sendo conversão em direção a algo), V[44]. Do mesmo modo, critica, nos estóicos, sua concepção da alma, sua teoria das categorias, etc. Só há um filósofo contra o qual nunca dirigiu sequer uma objeção de detalhe: Platão.

Platão é o filósofo divino, o mestre, aquele que não é sequer preciso nomear ao citar. Plotino põe todas <49> suas idéias essenciais sob a invocação de Platão. Acontece-lhe até mesmo de não confessar suas divergências com ele, de sutilizar, de dizer que Platão escondeu seu pensamento por trás de imagens. No começo da V *Enéada*, declara não ser mais que o "intérprete" da filosofia platônica[45]. Interpretar Platão e, à luz dessa interpretação, recolher o que há de melhor em toda a filosofia grega, eis o que Plotino quis fazer.

Mas essa interpretação de Platão é bem nova e diferente da de Aristóteles e seus sucessores. A novidade dessa interpretação caracteriza a época de Plotino, as influências posteriores ao platonismo que ele pode ter sofrido, sua idéia da filosofia grega em geral, sobretudo sua originalidade pessoal. Qual é essa interpretação?

Nos diálogos de Platão, devemos distinguir dois lados: 1 – O aspecto que mais nos chama a atenção é o aspecto dialético[46], a teoria das Idéias. Esta edifica-se inteiramente <50> por meio de um duplo método de análise e de síntese, de análise sobretudo, que é a dialética. O filósofo parte das contradições que nota na sensação, agregado de qualidades contrárias. Separa essas qualidades e, percebendo em cada uma delas os contornos de uma essência imutável, estuda por outro lado essas essências à parte, procura suas afinidades, seu parentesco, sua filiação, restabelece-lhes a ordem verdadeira, dispõe as Idéias em séries hierárquicas até a superessência, à qual todas as essências devem sua clareza e sua existência.

2 – Um segundo aspecto dessa filosofia é o mito. Com freqüência, há mitos em Platão. Eles são de natureza e de importância muito diversas. *a*) Alguns, patentemente, não são mais que imagens poéticas exploradas mais ou menos a fundo – por exemplo, no *Fedro*[47], os homens encantados pelas Musas dão origem às cigarras; ou na *República*[48], III, os metais com os quais as almas são formadas. *b*) Mitos já mais importantes: alegorias que são facilmente transpostas. Por exemplo, no *Fedro*[49], a comparação da alma com uma carruagem atrelada a dois corcéis. Novamente, <51> trata-se apenas de jogos de imaginação. Mas, ao lado desses mitos acidentais na filosofia, há alguns que são essenciais, pois sem eles a filosofia de Platão seria algo inteiramente diferente daquilo que ela é.

Pode-se reconhecê-los, em primeiro lugar, por sua extensão (*República*, X; o grande mito do *Fedro*, o mito do *Fédon*); em segundo lugar, por seu tom: este é mais sério, mais solene, parece que Platão queira nos iniciar em algum mistério; em terceiro lugar, indício menos geral, Platão põe seus mitos na boca de um estrangeiro ou de um pitagórico, ou pelo menos haverá pitagóricos no diálogo (Er, o armênio; Diotima, Timeu...). Eis aí signos exteriores.

Eis agora signos internos, essenciais. Se aproximarmos todos esses mitos, veremos que o assunto central é sempre a alma, e particularmente a alma humana. À sua volta, com freqüência, há detalhes cosmogônicos, mas orientados para a alma; há teologia, mas em sua relação com a alma humana. *República*, X, <52> Er ressuscitado viu as almas dos maus punidas e os bons recompensados. Viu o fuso da necessidade e os oito anéis com as oito Sereias. *Fédon*: as almas dos homens após a morte são escoltadas até suas moradas respectivas e a terra é descrita em função da alma. Nesses dois mitos, trata-se do destino da alma após a morte: em outros, da alma antes da vida (*Fedro*: almas humanas perseguindo as almas divinas; *Protágoras*: os deuses formando as almas mortais).

No que diz respeito à vida propriamente dita da alma, enquanto distinta da contemplação das Idéias, enquanto tem como molas propulsoras a reminiscência e o amor, a reminiscência e o amor são novamente apresentados miticamente: o amor (*Fedro, O banquete*), a reminiscência (*Mênon*, onde se encontram expressões míticas). Por fim, no *Timeu*, trata-se da formação da alma do mundo e, de forma simétrica, das almas humanas, e, em volta, detalhes cosmogônicos.

Assim, o devir da alma e, <53> de um modo geral, o devir em geral, mas orientado para o devir da alma – eis os assuntos dos mitos de Platão.

Mas por que Platão tratou esses assuntos sob a forma do mito? Parece que não havia outra forma à sua disposição. Pois fora disso só lhe restava a forma dialética. Mas a essência da dialética é precisamente de tomar a mudança e resolvê-la em formas que não mudam. Ela é um modo estático de explicação: é uma análise, em suma. O devir, enquanto devir, fica, por hipótese, de fora de uma explicação dialética[50].

Então, o devir fica de fora – e, no entanto, trata-se de algo; Platão não é um eleata. Ele admite a realidade da mudança. A mudança existe, mas não é objeto de idéia. Era preciso, portanto, encontrar um modo de explicação, ou antes de expressão, calcado no devir, participando também do ser e do não-ser, do <54> verdadeiro e da mentira.

Resumindo, se partimos das coisas, podemos, pela dialética, subir de volta às Idéias, das Idéias inferiores às superiores, daí ao Bem. Se partimos do Bem para descer às Idéias, mas sobretudo às coisas sensíveis, por hipótese, nenhuma explicação científica dará conta desse processo e é aí que o mito intervém. Para empregar os termos já alexandrinos, πρόοδος e ἐπιστροφή, na filosofia platônica, tudo que é conversão explica-se em termos dialéticos e tudo que é processão explica-se em termos míticos.

Tais são os dois aspectos, bem diferentes, do platonismo. Do ponto de vista filosófico, esses dois aspectos não apresentam a mesma força de resistência. O elemento dialético endereça-se à faculdade geral e impessoal de conceber e de raciocinar. O mito, à fantasia pessoal de cada um de nós: cada um pode interpretá-lo a seu bel-prazer. Ele constitui, ao <55> lado da ciência impessoal, um modo de aproximação que tem algo de subjetivo.

Esses dois elementos são, um deles, absolutamente estável e, o outro, instável conforme as pessoas. A teoria das Idéias, facilmente exprimível por palavras, deveria necessariamente deslocar o outro, excessivamente pessoal. E é o que ocorreu logo em seguida. Aristóteles imediatamente deixou de lado esse elemento mítico da filosofia platônica e é por isso que não viu nenhuma transição do inteligível para o sensível: por isso fez a Idéia descer nas coisas. E essa interpretação tornou-se a interpretação tradicional: Platão tornou-se, antes de tudo, o filósofo da teoria das Idéias.

Há na sua teoria da alma algo que choca quem apresenta a explicação sistemática das idéias de Platão. Em alguns trabalhos, dispensa-se, sem pestanejar, tudo o que não concorda com ela. Couturat disse que o que não é teoria das Idéias não deve ser levado a sério[51]. <56>

Filósofos houve que levaram esses mitos a sério e puseram a filosofia mítica de Platão no mesmo patamar que a outra. Era natural que isso ocorresse em um meio religioso no qual todas as religiões estavam em conflito. Compreende-se que Plotino tenha sido marcado pela exposição que Platão dava de certas idéias no fundo mitológicas, que tenha buscado nele uma justificação do paganismo e que, justamente para isso, tenha atribuído a essa filosofia uma importância capital e interpretado todas as filosofias gregas à luz dela.

Nessa época, a vida interior havia se tornado intensa. Matizes inteiramente novos de sentimentos haviam vindo à luz. As pessoas estavam mais aptas a procurar uma trilha do verdadeiro ao lado da idéia. Enfim, a idéia de ter que apreender o mito por uma via outra que a da razão nada mais tinha de chocante.

<57> Na filosofia de Plotino, vejo sobretudo um esforço para recuperar o platonismo em sua integralidade. Plotino aceita toda a dialética platônica e, para além das Idéias, põe mesmo algo que é mais que idéia e que se pode atingir. Mas aceita também a teoria platônica da origem das almas, de sua descida no corpo, do amor e da reminiscência, do destino das almas.

Como operou ele essa reconciliação dos dois aspectos? Por um compromisso que tornou a mitologia mais dialética e a dialética mais mitológica.

1 – Consideremos os mitos. Em um trecho da *Enéada*, IV, 2, fim[52], Plotino nos lembra a teoria da relação da ψυχή com o νοῦς e, mais particularmente, da alma enquanto situada no espaço e no tempo com a alma enquanto si-

tuada no inteligível. E termina essa exposição oferecendo uma interpretação do *Timeu*.

<58> Ele cita uma frase do *Timeu*[53], onde se fala de uma mistura, operada por Deus para formar a alma, entre a essência indivisível e a essência divisível. Platão nos apresenta essa mistura como um fato histórico. Ora, segundo Plotino, a doutrina dele não é diferente. E, no entanto, em Plotino, a relação da alma com o inteligível é de natureza metafísica: não é a de um artista com sua obra, mas uma derivação metafísica. Posto o νοῦς, segue-se a alma. Assim, no *Timeu*, há uma história que ocorre no tempo com personagens, tudo sendo contingente[54]. Em Plotino, o processo é intemporal e metafísico. E, no entanto, Plotino oferece essa teoria como sendo a do *Timeu*.

Seria isso um acaso ou [um] método de interpretação? Plotino oferece, III, uma interpretação dos mitos. Não há como evitar, diz ele, que os mitos dividam no tempo o que contam e separem umas das <59> outras muitas coisas que são dadas uma na outra, mas que diferem pelo nível e pelas potências*. Quando ensinaram do modo pelo qual podem ensinar, deixam àquele que se os representou o cuidado de fazer a síntese[55]. Assim, o papel do mito é o de apresentar sob a forma de uma história no tempo aquilo que, em si, é uma necessidade intrínseca do ser.

Exemplo: a origem das almas, sua descida.

As almas, de início, existem por si mesmas e são invariáveis. Mas isso significa que o corpo não é aquilo que recebe a alma, é o corpo que está na alma como uma imagem que esta se representa. E, a esse título, está nela, de certa forma, desde sempre.

---

* Na edição francesa, "mais qui diffèrent le rang et les puissances". (N. do T.)

Quanto às existências sucessivas (havendo para) cada uma recompensas e punições – todas essas existências sucessivas são complementares umas às outras e todas reunidas formam algo que (não é mais) que a idéia da alma.

<60> Assim, Plotino considera como um processo intemporal aquilo que é oferecido no mito como uma história. O que equivale a dizer que essa interpretação implica uma certa concepção do tempo e das relações do tempo com o eterno. Pois se a mesma realidade que é vista de um lado como sucessão no tempo é vista também como dada de um só golpe na eternidade, isto só pode ocorrer porque o tempo é desenvolvimento na forma sucessiva de algo que, em si, é intemporal. O tratado 7 da III *Enéada* (περὶ αἰῶνος καὶ χρόνου) exprime essa teoria do tempo. O tempo é para a eternidade aquilo que a alma é para o νοῦς. O espírito, o νοῦς, é o eterno. Se a alma é idêntica em si mesma e fora do νοῦς, o tempo na alma é o movimento, a vida da alma na medida em que passa de um ato a um ato, de um estado a um estado. Posta esta teoria, a interpretação dos mitos platônicos segue-se dedutivamente, pois esses mitos remetem à alma, e aquilo que, na alma, é o devir coincide com o eterno. Vemos assim como o mito coincide, em certa medida, com a dialética.

2 – Assim, também, a dialética de Plotino tem algo de mais mítico. Ela já não é tão abstrata. Para Platão, a alma que se eleva à contemplação das Idéias sai de si mesma e a idéia é algo um tanto distanciado da alma: ela representa um gênero, a alma é individual. Para Plotino, muitas idéias são individuais. Há uma Idéia de Sócrates que, no eterno, é o mesmo Sócrates que, desenvolvido no tempo, é a alma. Assim, a alma entra na região das Idéias. A importância atribuída por Plotino aos estudos psicológicos vem, em grande parte, desse nexo estabele-

cido entre a alma e o inteligível, a alma sendo mergulhada na idéia à proporção em que é galgada. A idéia de uma ciência do indivíduo assume uma importância <62> capital na filosofia de Plotino[56].

Assim, quer se considere a doutrina de Plotino nela própria, quer como interpretação de Platão, somos reconduzidos, como a um centro, ao estudo da alma.

V – A alma do mundo

<63> Falaremos primeiro da alma do mundo. A teoria da alma particular e a da alma universal são, em Plotino, constantemente misturadas. A idéia de começar por um estudo da alma do mundo e de oferecer, como preâmbulo à psicologia do indivíduo, uma psicologia do universo é menos estranha do que parece, se nos reportamos ao sentido que os Antigos e, sobretudo, Plotino conferiram a estas palavras: ψυχὴ τοῦ παντός. É o princípio da ordem e da natureza, que cria a matéria e as leis da matéria. Ao assim procedermos, simplesmente tratamos da natureza em geral antes do espírito consciente, recolocamos a consciência nas condições da vida antes de tratar da questão da consciência: no fundo, é a marcha moderna[57]. A questão das relações entre o físico e o moral é uma e a mesma questão que a das relações entre a alma universal e a alma individual[58].

Desse <64> enunciado geral, ele tirou conseqüências muito especiais, como a teoria da hereditariedade física que vemos esboçada em Plotino. Ele a explica determinando precisamente qual é a contribuição da alma universal e qual a da alma individual na geração do corpo. Ele irá nos mostrar a alma universal esboçando o corpo e conferindo-lhe assim traços gerais, transmissíveis, hereditários, por conseguinte. A alma individual intervém então e remata essa obra. Escolhe tal corpo, aliás, porque este lhe convém, e adapta-se a ele. O problema, em que pese ter sido posto sob uma forma antiga, é resolvido sob uma forma um tanto moderna.

A própria questão de uma alma universal não é tão estranha quanto se poderia crer. Será concedido que há uma certa unidade da natureza; os finalistas vêem no desenvolvimento das coisas o desenvolvimento de uma única idéia; seus adversários admitem o desdobramento de um grande teorema mecânico. A unidade, sob essa dupla forma, mascara aquilo que a alma do mundo explicava sob uma forma concreta[59].

Mas qual é a origem dessa terminologia que assimila a unidade <65> do todo à da alma? Provavelmente pitagórica, ainda que não haja textos precisos. O único citado por Estobeu, de Filolau, é inautêntico[60]. Mas outros textos atribuem aos pitagóricos certas idéias que, sintetizadas em um espírito, iriam traduzir-se na concepção precisa de alma universal.

Aristóteles, *Física*, N, 2 *b**. "O céu, para os pitagóricos, está cercado de espaço vazio; o mundo respira." O mundo, para eles, era um ser vivo. Mas haveria, para eles, um centro da vida?

Estobeu, *Eclogae philosophorum*, 1.488. "Filolau pôs o fogo no centro. Chamava esse fogo de foco do universo e ainda de casa de Zeus e mãe dos deuses." Portanto, fala-se realmente de um centro. Seria uma alma?

Aristóteles, *Metafísica*, 986 *a* 2. "O mundo inteiro é harmonia e número." Ora, essas palavras são, para os pitagóricos, a própria definição da alma. Os pitagóricos de-

---

* Cf *Física*, IV, 213b. (N. do T.)

vem ter acreditado que o mundo é manifestação de uma alma. Pensamos, além disso, na eficácia que atribuíram ao número e, sobretudo, à década. É pelo número que tudo se liga e é ele que torna as coisas cognoscíveis. No *Timeu*[61], é pelo número que a alma <66> é caracterizada. De onde se pode concluir que os pitagóricos não designaram o mundo como número e harmonia sem ter feito dele algo de animado. Os pitagóricos devem ter acabado pondo o mundo como vivo.

Por essa análise, vemos que a alma, para Pitágoras, era apenas um princípio de ordem e de medida. A alma ainda é isso para Platão, mas também algo a mais. Não vou tentar explicar a formação da alma do mundo, *Timeu*, 39 *a*: texto que foi imediatamente tomado como modelo de obscuridade (Cícero, Sexto) e que Proclo, Plutarco, Plotino interpretaram diferentemente. Trata-se ali de uma mistura operada entre a essência divisível e a essência indivisível. Iremos apenas definir o papel e a função da alma segundo as indicações de Platão.

A alma do mundo é para ele o que a alma individual é para o corpo, princípio de movimento. *Leis,* X, 896 *a*: "O movimento capaz de mover-se a si próprio", *Fedro*, 249 *c*: "Apenas aquilo que se move a si próprio é fonte e princípio de <67> movimento." Assim, a alma tem por função primeira dar impulso às coisas.

Em segundo lugar, ela é princípio de medida e de harmonia. No *Timeu*, a alma compõe-se em conformidade com os números que exprimem a harmonia, os harmônicos e também os sistemas astronômicos.

O que é, então, a alma em si mesma, que lugar ocupa entre Idéias e coisas sensíveis? εἶδος ou αἰσθητόν? Nem um, nem outro. Coisa sensível ela não pode ser, uma vez que os αἰσθητά são inertes, são algo que já vem pronto, e não princípios de devir. Tampouco uma Idéia: a idéia é, primeiro, eterna e intemporal, depois, não sujeita ao devir, e representa o gênero. Ora, a alma do mundo: 1. Devém, sendo princípio mesmo do devir; 2. é um indivíduo. A alma é algo intermediário, o que é natural, dado seu caráter matemático. Ela toma assento entre essas existências de ordem matemática que Platão põe logo abaixo das Idéias (*Metafísica*, 987 *a* 14).

<68> Por que são necessárias uma ou mais essências intermediárias entre a Idéia e o sensível? Na filosofia de Platão, a passagem do sensível ao inteligível é clara enquanto dialética, mas a passagem inversa é coisa obscura e que só pode ser expressa miticamente. Nos mitos platônicos, que, todos, exprimem esse movimento descendente pelo qual passamos das Idéias às coisas, esse movimento precisa de balizas: as almas, os deuses, sobretudo a alma do mundo desempenham esse papel. São os objetos dos mitos platônicos. – É uma definição vaga: mas a idéia não é mais distinta em Platão, o qual, por sua própria concepção, não podia clarificá-la.

Essa idéia, Plotino a retirou da obscuridade. Pois é única e exclusivamente em Platão que foi buscá-la. Faz-se, às vezes, a aproximação dessa alma de Plotino com o fogo estóico. A analogia é inteiramente superficial, as diferenças, profundas[62]. Nos estóicos, o fogo basta-se a si mesmo, não deriva de uma essência superior extratemporal. Em Plotino, trata-se de uma <69> derivação do νοῦς. Não se pode nem mesmo vê-la de perto sem vê-la contrair-se e, finalmente, fundir-se no νοῦς. Além disso, a alma dos estóicos torna-se material, e a matéria, alma. Em Plotino, se a matéria sai da alma, isto não se dá por transformação; é uma derivação que não impede a alma de permanecer em si. A origem de sua concepção está inteiramente em Platão.

Plotino trouxe a teoria de Platão para a luz do dia. Extrai dela uma teoria dos corpos, uma teoria implícita do espaço, uma teoria explícita do tempo, até mesmo uma teoria da consciência. Essa hipótese*, última do ponto de vista metafísico, é a primeira quanto à importância para o conhecimento: Plotino só falou das outras por extensão e depuração dessa concepção da alma.

Lembremos o modo pelo qual, progressivamente, ele acaba por atribuir uma alma ao universo. É pela consideração das analogias entre o mundo e tal ou qual ser vivo. Um ser vivo manifesta uma alma, primeiro sob a forma de razão <70> geradora. Um corpo vivo é uma multiplicidade de partes entre as quais há κοινωνία; um animal é um todo uno e simpático a si próprio (ὁμοπάθεια, συναίσθησις = consenso). Por conseguinte, é preciso que haja um princípio dessa harmonia. *Enéadas*, III, 2.2: "No *lógos* gerador, tudo é dado junto e no mesmo." *Ibid.*, VI, 7.14: "O *lógos* é uma unidade múltipla, um esquema, um esboço que contém esboços..., um centro indiviso que contém e resume em si toda a circunferência." Portanto, um ser vivo é a manifestação de um *lógos*.

O *lógos*, aliás, não é inteiramente Idéia. A Idéia é o arquétipo fora do espaço e do tempo. O *lógos* é aquilo que sai dessa Idéia para trabalhar, descendo no espaço e no tempo: é a idéia tornada força. Justamente porque a Idéia se torna trabalho, expõe-se a encontrar resistências à imperfeição. Se em todo corpo vivo há *lógos*, há ao mesmo tempo algo que resiste. O *lógos* de um homem <71> não quer que ele seja manco. É, portanto, que algo lhe resistiu (V, 9, 18), algo que não estava no *lógos* gerador. Mas, nesse defeito de produção no devir, o *lógos* não tendo prevalecido, o que levou a melhor foi uma deterioração, pelo acaso, da idéia que o *lógos* trazia consi-

---

* Trata-se, certamente, de um lapso para *hipóstase*. (N. do T.)

go⁶³. É que a matéria está aí, trazendo (I, 8.8) para a forma sua falta de forma, para aquilo que é a medida seu excesso e sua deficiência, até que tenha levado o ser em formação a ser não de si, mas dela. Portanto, a matéria opõe-se à enformação do *lógos*. Veremos, aliás, que a matéria não é mais que um enfraquecimento ou esgotamento do *lógos* à medida que trabalha.

Digamos, então, que um ser vivo é a alma enquanto *lógos* e, pelo próprio efeito desse trabalho, diminuindo-se; acrescentemos: estendendo-se no <72> espaço. O *lógos* expande-se no espaço pelo próprio fato de trabalhar. Porfírio (ἀφορμαί, 37)⁶⁴ divisou bem essa idéia: "O volume é uma diminuição da potência do ser incorporal, que é o único real."

Resumindo, em um ser vivo, há o *lógos*, esse aspecto do *lógos* que é a materialidade, por fim, uma distensão no espaço que sempre implica uma harmonia. Quanto à alma universal, nos perguntamos: teria o universo o aspecto exterior de um ser vivo assim definido?

Há, de fato, no universo, simpatia de todas as partes. A astrologia estabelece esse ponto. Ela seria impossível se não se supusesse que aquilo que se apresenta em um ponto qualquer do universo é simbólico daquilo que ocorre em um outro ponto qualquer. Os astros não têm influência, mas uma significação (IV, 4, 6). E mais (IV, 4, 33), o universo é comparado a um dançarino, do qual todos os movimentos <73> estão tão bem ligados que o homem de ciência que percebesse um só deles poderia reconstituir o movimento total graças a essa interpenetração dos movimentos uns pelos outros. Assim procede a astrologia.

A magia, do mesmo modo, é o poder de agir sobre um ponto determinado do universo ao agir sobre outro ponto.

Por fim, por que as preces são realizadas? Não é porque os deuses as escutam. É porque é possível, por um efeito simpático, influenciar o universo enquanto animado.

O universo, portanto, é um ser vivo e, como tal, é a manifestação de uma razão geradora. Cabe agora determinar essa alma das coisas. Nós a determinaremos primeiro com respeito àquilo que está sob ela, à matéria que ela enforma, depois com respeito ao νοῦς acima dela, depois, finalmente, tentaremos determiná-la em si mesma.

<74> A primeira questão é a seguinte. Se partimos da alma, isto é, de algo que sai do νοῦς, mas que por seu aspecto superior ainda é algo uno, como explicar que dessa alma saia a indefinida multiplicidade das coisas no espaço e no tempo? Platão teve que falar de um não-ser ao lado das Idéias. Plotino quer fazer esse não-ser sair das próprias Idéias. De que modo algo que, por sua natureza, parece repugnar à inteligência – a totalidade das coisas – sai da alma, a qual, pelo alto, ainda está no Espírito?

A alma é primeiro assinalada como uma força que, enquanto tal, tem a necessidade e o poder de produzir, que retira de si mesma tudo aquilo que contém e que, em virtude do princípio segundo o qual o engendrado é inferior àquilo que o engendra, produz um corpo imperfeito, no fundo do qual está a matéria, que seria a lia amarga de um ser inferior (II, 3.17)[65].

<75> Mas por que a alma, que é forma, vai produzir algo de informe?

"A alma do todo é uma grande luz que radia fora de si, tende a tornar-se trevas à medida que se distancia de seu foco" (IV, 3.9). – "Mas, pelo próprio fato de que as vê, a alma penetra nessas trevas e confere-lhes uma forma." Assim, ao deixá-las escapar de si, a alma deixa-as escapar mais e mais descoloridas, até o limite, nunca atingido, em que seriam trevas. Querer apreender a matéria pura seria o mesmo que querer apreender a sombra absoluta sem luz.

Sob essa forma, a matéria seria ainda puramente negativa; no entanto, ela deve, apesar de tudo, ter alguma eficácia, caso contrário, por que a alma permaneceria afastada[66] de sua unidade original? (cf. III, 6, lá pelo fim)[67]. A matéria é primeiro apresentada como um não-ser platônico. Seu papel é o de deter a processão das coisas saindo do νοῦς <76>; ela a compara à < >[68] que permanece sem cessar. Mas, sobretudo, III, 6.14, a matéria é comparada a um espelho enganador que devolve uma imagem ilusória; e esse espelho é, ele próprio, uma imagem, uma miragem que é fonte de miragens. E "se as imagens emanassem diretamente dos seres, subsistiriam sem necessidade de estarem em outra coisa, mas, como os seres verdadeiros permanecem encerrados neles próprios, é preciso que haja algo que forneça a elas um lugar onde não subsistem". Em outros termos, se as imagens, as coisas sensíveis, fossem um efeito imediato da Idéia, a Idéia tornar-se-ia imediatamente sensível, não haveria necessidade de matéria. Mas cabe dizer que toda imagem precisa se apoiar em outra imagem. V, 9.5: Aquilo que é imagem está, por sua própria natureza, em algo diferente dele próprio. Apenas a Idéia está em si mesma. IV, 8.6: O processo deve continuar até os limites do possível. II, 3.18: O mundo <77> é uma imagem que se forma continuamente. O que significa que se a alma permanecesse onde está originariamente, não haveria nada que fosse sensível. Se supomos uma causa que a faça sair do νοῦς, pomos as coisas totalmente, pois uma imagem não pode produzir-se sem colocar-se em outra imagem, e assim por diante. Assim se engendra o indefinido de espaço e tempo, a matéria. A matéria não é mais que a indefinidade das coisas, das imagens criando-se sem cessar.

Comparemos essa teoria com a de Kant. Plotino põe, de um lado, a Idéia e, do outro lado, a realidade fenomenal e, como Kant, faz a realidade fenomenal consistir em um progresso indefinido. Para Kant, a experiência é isso. E as duas antinomias matemáticas provêm do fato de que nos equivocamos quanto ao caráter da experiência, que é um progresso e um movimento, e queremos apreendê-lo como atualmente infinito. – Mas a diferença é grande <78>, também: para Kant, nem o espaço, nem o tempo, que condicionam o fluxo dos fenômenos, nem a causalidade, que os liga, podem ser engendrados: são dados como formas puras e um esquema. Pelo contrário, em Plotino, temos um esforço por deduzir o espaço, o tempo e mesmo a causalidade temporal. O espaço e o tempo são deduzidos do fato de que aquilo que está no espaço e no tempo é a manifestação incompleta da idéia, a imagem. E então a imagem procura completar-se. E é assim que são engendrados o espaço e o tempo. Do mesmo modo, a causalidade, para nós, é o esforço de uma coisa para expelir aquilo que ela tem em si. Para Plotino, é o esforço de uma coisa para buscar uma outra coisa sobre a qual possa assentar-se e, mal se apresenta, essa sede esquiva-se. Assim, também a causalidade se explica pela jornada de um ser incompleto à procura de si mesmo. Tudo isso deduz-se do extratemporal e extra-espacial.

<79>

VI – A processão da alma e o princípio da irradiação

<80> Vimos como a alma universal engendra as imagens que se dispõem no espaço e no tempo porque as imagens, por sua mera multiplicidade, engendram o tem-

po e o espaço. O indefinido no tempo e no espaço é simplesmente a tradução da pobreza da imagem que procura acostar-se a uma outra imagem.

A alma universal é aquela que ele chama ἡ ἐν κόσμῳ ou ἐν σώματι ψυχή. Mas, por vezes, acima dessa alma, ele coloca outra, que opõe à primeira: a alma divina, ψυχὴ θειοτάτη.

II, 3.9: O mundo é feito de um corpo e de uma alma, mas acima <81> uma alma que ilumina aquela, a alma pura, καθαρά, que, se a juntamos ao mundo, faz com que o mundo se torne um deus. Mas se a retiramos, resta apenas um demônio. II, 3.18: A alma universal, voltada para Deus, contempla o melhor, e a alma geral não é mais que a imagem dessa alma superior e contemplativa[69].

Haveria então, segundo Zeller, duas almas universais em Plotino, a segunda sendo a imagem, a redução da primeira. O que pensar disso?

Em primeiro lugar, fala-se sempre em apenas três hipóstases: o uno, a inteligência, a alma. – Por outro lado, se supomos uma alma superior cuja única função seja a contemplação, não se vê por qual aspecto essa alma irá diferir do νοῦς. Pelo visto, então, há o um, acima de toda <82> contemplação, o νοῦς que o contempla, por fim, um ser que é menos que contemplação, isto é, ação. No entanto, Plotino parece dizer que há duas almas.

Cabe reportar-se à função da alma universal. É preciso pôr primeiro o uno superior à essência e ao conhecimento. Todas as Idéias que compõem o νοῦς são então postas como diferentes visões do uno. Tudo isso está fora do tempo, unidade e multiplicidade igualmente intemporais. Embaixo, só pode haver uma multiplicidade no espaço e no tempo: as imagens ou coisas. A função da alma universal será a de ir buscar as Idéias na Inteligência e fazê-las descer no espaço e no tempo sob a forma de razões geradoras. A alma será como que o veículo das Idéias no espaço e no tempo. <83> Ela toma as Idéias e as divide: III, 9.1: μεριστὴν ἐνέργειαν ἔχει ἐν μεριστῇ φύσει[70].

Daí vem que a alma universal tomada em sua fonte não se distinga do νοῦς, do mundo das Idéias. Concedamo-nos esse mundo inteligível e admitamos que dessas Idéias devam sair as coisas sensíveis. Como hão de sair do mundo inteligível, a não ser pela ação dessa força especial que dele sai pouco a pouco? A alma coincide de início com a inteligência, mas chega um momento lógico no qual a alma sai para materializar-se. E, por conseguinte, podemos dizer que em um certo momento ela está na inteligência e é sua irradiação: V, 1.3. Não há duas almas do mundo; mas uma só, tomada no momento em que está a ponto de sair da inteligência e no momento em que já saiu. <84> Quando Plotino opõe a alma divina à alma inferior, diz que se a primeira é pura é porque foi tomada na sua saída do νοῦς. E, II, 3.18, a alma superior é qualificada de celeste e a alma inferior é dita decorrente do alto. Por fim, há textos que dizem que essas duas almas são aspectos de uma mesma alma universal. V, 1.10: Uma parte da alma procede no mundo sensível, ao passo que uma parte permanece no mundo inteligível. V, 2.5: A alma deve ser una, sem sê-lo absolutamente, caso contrário não produziria uma pluralidade tão afastada da unidade. IV, 2.2: A alma é ao mesmo tempo una e múltipla, dividida e indivisa. IV, 1.1; IV, 3.19; VI, 4.4; IV, 7.9.

Mas caberia elucidar essa idéia. Plotino fala de uma alma única: mas as duas potências da alma nem por isso deixam de ser diferentes, a ponto de se excluírem logicamente. A alma é divisível <85> infinitamente e absolutamente una – infinitamente móvel e dispersa no espaço e no tempo, e absolutamente imutável fora do espaço e do tempo. Esses atributos contraditórios podem ser justapostos: então, apesar de tudo, é de duas almas que se trata. De que modo Plotino reconciliou na alma universal duas séries de atributos que, logicamente, parecem excluir-se? Essa é toda a questão da alma universal e, por conseguinte, da alma individual. Trata-se de saber se Plotino triunfou sobre o dualismo platônico. O problema posto por Platão, segundo Plotino, é o da passagem do inteligível ao sensível e da Idéia às coisas; e a alma universal tem justamente por função tomar as Idéias para multiplicá-las e diluí-las em coisas. É ela, portanto, que está destinada a resolver o problema platônico, a nos oferecer uma tradução metafísica dos mitos de Platão, que exprimiu <86> apenas miticamente o processo da descida, através de histórias que se desdobram no tempo.

Se Plotino se limitou a tomar esses dois atributos contraditórios, unidade intemporal e multiplicidade no tempo, e justapô-los em uma alma que ele diz una, mas que é, na verdade, duas, o problema não foi resolvido.

O problema é ainda mais importante. O processo pelo qual as Idéias descem é de mesmo gênero que a operação pela qual o uno se refrata a si mesmo em Idéias. V, 2.1: A operação é a mesma, o princípio é o mesmo.

Qual é esse princípio? No caso que nos interessa, derivação da alma, esse princípio deve nos fazer compreender como as coisas sensíveis procedem das Idéias. É, portanto, de uma espécie de causalidade que se trata.

Mas a causalidade pode assumir duas formas[71], conforme se trate <87> de uma geração no tempo ou de uma causalidade lógica e intemporal; quando um ser engendra um outro ser ou quando conseqüências saem de seu princípio. O primeiro processo implica sucessão, o segundo não implica tempo. – Ora, a causalidade da qual se trata em Plotino não é nem um nem o outro: mas a causa está fora do tempo, e o efeito, no tempo. A alma inferior e geral é o próprio tempo, a alma superior que coincide com o νοῦς é definida justamente por sua eternidade. – Mas essa definição poderia ser generalizada. Cabe dizer que a causa é una e indivisível, o efeito a própria multiplicidade; e a Causa não participa em nada e em grau nenhum da multiplicidade à qual dá origem.

Isto se prende ao fato de que a causalidade de substância a substância, de hipóstase a <88> hipóstase, é unilateral. O vínculo da causa com o efeito, para nós, é, como todo vínculo, uma relação entre dois termos tal que se B se vincula a A, A também se vincula a B. Em Plotino, o efeito vincula-se à causa, e não inversamente. O Uno engendra a multiplicidade das Idéias, mas sem cuidar dela, e as Idéias não existem para ele. Do mesmo modo, a alma engendrada volta-se para a inteligência. Mas para a inteligência, a alma não existe. A inteligência está absolutamente encerrada em si mesma. Se nos colocamos no efeito, a causa existe. Se nos colocamos na causa, para ela pelo menos, o efeito não é.

A causa é ora uma fonte que permanece em si, ainda que alimentando caudais, ora a vida de uma planta que permanece nas raízes, mas alimentando-lhe os ramos, ora é um foco <89> que irradia (ἔκλαμψις, ἐπίλαμψις, περίλαμψις). Mas Plotino não se ateve a imagens. VI, 8.8: "O primeiro princípio é a causa, ainda que em um outro sentido não seja a causa. Pois falar de causa, aqui, seria o mesmo que falar de uma ação sobre outra coisa; ora, não se deve remeter a causa a nada." VI, 9.3: "Quando falamos da causalidade do princípio, não falamos de algo que se acrescenta a ele, mas a nós, visto que derivamos algo dele, mas ele permanece em si mesmo." VI, 8.18: "Desdobra-se sem desdobrar-se." Plotino, portanto, define metafisicamente a causalidade entre as hipóstases.

Antes de examinar esse princípio da irradiação, digamos que ele tem uma origem fácil de determinar. Vacherot e alguns outros sustentaram que esse <90> princípio só poderia provir de alguma influência oriental; e essa é a única prova de uma influência do Oriente sobre Plotino citada por Vacherot. Será que essa idéia não é grega? – Mas Plotino procura examinar Platão e saber como a Idéia procede. Ora, em Platão, o inteligível é o imutável; o sensível, aquilo que muda. Apenas a Idéia tem uma realidade absoluta. A realidade que possui, o sensível só pode devê-la à Idéia. Portanto, a Idéia o produziu. Mas a Idéia não pode sair de si mesma sem deixar de ser a Idéia. Portanto, será uma causa, vista do lado do efeito, mas, vista de si mesma, não será mais causa.

Assim o princípio da irradiação não é de modo algum a solução, mas o enunciado de um problema. É a simples constatação da necessidade de que as <91> coisas múltiplas saiam das Idéias, sem que as Idéias saiam de si mesmas. Inútil recorrer ao Oriente. É o próprio problema enunciado sob sua forma precisa. Não há, nisso, sequer um esforço original de Plotino e, se Plotino ficasse nisso, não teria feito lá grande coisa.

É a censura que Zeller lhe endereça. As imagens, segundo este último, não fazem mais que mascarar uma contradição, a afirmação de uma causa à qual não pertence a causalidade, que não tem nenhuma relação com seu efeito e basta-se perfeitamente a si própria. É essa contradição que é contrabandeada sob as imagens que a recobrem. O que pensar disso?

Suponho que haja, no espírito de Plotino, uma certa experiência que lhe permitiu flagrar, <92> apreender, de um lado, o sensível, de outro, o inteligível, e a passagem de um para o outro, que lhe mostrou simultaneamente a "alma desperta" e a "alma que sonha", e que lhe provou que a vigília existe para o sonho, mas não o sonho para o despertar. – Como Plotino poderia fazer com que a compreendêssemos, a não ser por imagens, aliás destinadas a nos sugerir um estado de alma análogo àquele pelo qual teria passado o filósofo? Os conceitos que Zeller opõe a Plotino são imagens, é bem verdade que familiares: é preciso que uma causa esteja nela ou fora dela, que o vínculo da causa com o efeito seja recíproco. Tais coisas só são verdadeiras no espaço e no tempo. Todo fato novo que ultrapasse o conceito só pode ser vertido em imagens. Plotino talvez tenha se esforçado <93> para estender os limites da inteligência[72].

É exatamente isso. IV, 8, início, Plotino invoca realmente a experiência em um texto notável[73]: "Freqüentemente acordo de meu corpo, tornado exterior a todo o resto, interior a mim mesmo, vivendo da vida superior, coincidindo com o divino; quando desço então da razão que contempla à razão que raciocina, pergunto-me como pode efetuar-se essa descida."[74]

Há portanto uma passagem constatável pela experiência na descida, durante a qual a questão não se põe; mas ela é reposta quando estamos embaixo. – III, 8.10, fim: Plotino aconselha-nos a intuição para apreender o princípio. – Enfim, a idéia de que Deus é causa relativamente a nós, não relativamente a ele, prova-se pela experiência, VI, 9[75].

<94> Isso não prova que Plotino tenha querido tornar a passagem inteligível. Terá ele, pelo menos, se es-

forçado por explicar por que não podemos compreender? Zeller trata desdenhosamente a teoria das categorias, VI, 1.3. Trata-se, ao contrário, de uma parte muito importante[76]. Porfírio colocou esses três livros na *Enéada* final. A idéia-mestra é a de que Aristóteles estava errado ao acreditar que as categorias do sensível são as mesmas que as do inteligível, visto que as determinações gerais do ser sensível não podem ser as mesmas que as determinações gerais do ser inteligível. Há, aqui, a indicação de algo que anuncia a filosofia crítica. Aliás, não é tão grande a diferença entre o misticismo e o criticismo, <95> o misticismo reservando o absoluto para um conhecimento supra-empírico.

Não podemos, portanto, aplicar as categorias ao ser em si. No primeiro livro, ele estuda o ποιεῖν e o πάσχειν e estabelece que essa categoria só pertence ao sensível e não pode concernir o inteligível. Por outro lado, uma espécie de experiência nos mostra o sensível derivando do inteligível[77]. Portanto, se nos colocamos no sensível, temos o direito de aplicar a categoria de causalidade. Se nos colocamos no inteligível, perdemos esse direito.

Por esse simples fato, Plotino viu perfeitamente como sua doutrina da intuição superior exigia uma espécie de complemento lógico que, sem tornar inteligível uma idéia que não o é, permite-nos <96> compreender pelo menos por que não compreendemos. É o máximo que se pode pedir de um filósofo no fundo místico. Mas deve-se constatar em Plotino esse esforço por aproximar, em certa medida, o misticismo do racionalismo.

VII – A alma universal considerada em si mesma

<97> Determinamos sucessivamente a alma universal relativamente ao que a segue e ao que a precede. Ela engendra a natureza ao criar o espaço e o tempo, pois a imagem, uma vez produzida, exige ser completada. Por outro lado, ela está, por seu topo, no νοῦς, mas, além disso, ou antes aquém disso, possui uma tendência a sair dele; sai graças a uma certa forma de causalidade, uma causalidade de mão única. Cabe agora determinar a alma universal relativamente a ela própria, encarada em si mesma. Como Plotino se a representou? Seria por analogia com nossa própria alma, com a consciência? Seria ela, assim, uma alma consciente?

Se Plotino se representou a alma do mundo como uma consciência mais alta, que criaria o mundo sensível como criamos <98> nossos sonhos, então essa concepção será ainda semimítica. Plotino não terá ultrapassado o ponto de vista de Platão. Procurávamos nele uma explicação metafísica da processão. Ora, estaríamos ainda na mitologia.

Se, pelo contrário, Plotino, em vez de se a representar como uma alma humana intensificada, construiu o conceito de alma universal por si mesmo e, descendo por via de empobrecimento, chegou à idéia da consciência, encontraremos nele: para começar, uma teoria nova da consciência, já que esta não será mais algo simples, mas produzido, algo ao qual se chega por dedução ou síntese; depois, não poderá mais ser pela consciência que a alma universal será definida e é esse interior da alma universal que caberá atingir. Qual dessas duas soluções ele adotou?

Se examinamos superficialmente os textos, a impressão que deles emana é a de que a alma <99> universal é uma alma consciente; e por isso muitos se equivocaram e acreditaram que a alma universal teria consciência ao modo da nossa. Kirchner sustenta até mesmo que ela tem por atributo essencial o raciocínio, τὸ λογίζεσθαι. Zeller, sem ir tão longe, vale-se de um texto no qual Plotino fala de συναίσθησις, que traduz por consciência, mas admite que há textos e, sobretudo, teorias que se opõem a isso: conclui que Plotino se contradisse e oscilou.

A verdade é que Plotino é o único dos filósofos antigos que procurou elucidar esse conceito de consciência, estudar o fato da consciência independentemente do pensamento, e teve que criar para si mesmo uma terminologia: daí algo de canhestro e algumas hesitações. Mas seu pensamento é claro. Se damos à palavra consciência seu sentido de algo que tende para a forma pessoal[78], seu sentido corrente, então está fora de dúvida que a alma universal é inconsciente.

<100> Mais tarde veremos em detalhe o que é a consciência para Plotino. Indiquemos apenas as funções da ἀντίληψις. Há

1 / a inquietude do corpo,
2 / o prazer e a dor,
3 / a percepção dos corpos externos,
4 / a memória,
5 / a διάνοια, a inteligência discursiva.

Ora, nenhuma dessas funções pode pertencer à alma universal.

1 – A inquietude do corpo. Nós, que somos almas conjugadas a corpos parciais, estamos expostos a peri-

gos. O corpo humano sofre a influência dos outros corpos, está exposto à decomposição. A inquietude é a lei mesma da vida. Mas o corpo da alma universal é a totalidade da matéria. Nada pode ameaçá-lo. Escoa-se, mas interiormente a si mesmo. E, enquanto encerrado na alma do mundo, é eterno.

2 – Produz-se a dor quando o corpo é ameaçado de perder a imagem da alma, isto é, quando uma separação entre corpo e alma <101> se torna possível. Em outros termos, é um começo de morte. Produz-se o prazer quando (IV, 4.19) o equilíbrio é restabelecido, quando a alma se readapta ao corpo. "A dor é consciência de uma separação do corpo, o qual é privado da imagem da alma; o prazer é consciência de uma readaptação da alma ao corpo."[79] Ora, o corpo do mundo está indissoluvelmente ligado à alma, sendo seu desdobramento necessário sob forma de espaço e de tempo.

3 – A percepção externa é um fenômeno puramente interno à alma: exige o encontro de dois elementos opostos. De direito, temos todos a percepção de todas as coisas sob a forma de νόησις, isto é, sob forma latente. Para que aquilo que é assim virtual se torne atual, é preciso que uma impressão se produza no corpo. Então o pensamento toma a frente e, no encontro, produz-se a φαντασία. Mas isso não é mais que um fenômeno de simpatia <102> com um fenômeno exterior.

A percepção supõe, portanto, em primeiro lugar, corpos múltiplos exteriores; em segundo lugar, no corpo percipiente, um órgão de percepção. Ora, não há corpo exterior ao corpo do mundo. E (II, 8.2) a alma do mundo não tem órgão.

4 – A memória. Plotino destrinchou a relação entre a consciência e a memória e viu que não haverá consciência ali onde não houver um prolongamento do passado

no presente, uma memória. Mas a memória pertence a um ser que progride, que decaiu e se procura a si mesmo (IV, 4)[80]. Nessa mesma *Enéada*, em IV, 4, 6[81], ele explica as condições da memória: esta tem por condição o tempo. Ora, a alma do mundo não ocupa tempo. O tempo está nela, sai dela, mas ela não está nele, domina-o, exprime-o, mas eminentemente, sob forma de eternidade.

5 – Resta o raciocínio. Kirchner pretende que a alma universal raciocine e tenha <103> por função essencial o λογισμός. Ele cita V, 3.3: ψυχὴν ἐν λογισμοῖς εἶναι. Mas o contexto prova suficientemente que não se trata da alma universal, mas da alma humana. É um erro factual.

Vemos, por esse exame, que a alma do mundo não exerce nenhuma das funções próprias da consciência. Caberia concluir que ela é inconsciente? Um texto parece indicar o contrário, IV, 4.24: συναίσθησιν μὲν αὐτοῦ ὥσπερ ἡμεῖς ἡμῶν συναισθανόμεθα[82]. Mas συναίσθησις não significa consciência. Analisemos essa palavra, que nos esclarecerá sobre a natureza da alma universal.

Citemos alguns textos. IV, 5, 5 ὥσπερ ἐλέγετο... (Trata-se da audição, isto é, da percepção exterior): "Pode-se dizer da afecção da audição o que dissemos da visão, que é uma espécie de συναίσθησις, como em um animal." <104> A palavra designa, aqui, a simpatia de um órgão com o corpo que ele percebe, como em um animal, no qual todas as partes são concordantes. E, com efeito, a alma é um vivente. IV, 4.45: "Em todo animal, cada uma das partes concorre para o todo e há uma συναίσθησις do todo com relação ao todo." O sentido da palavra, aqui, é realmente o de consenso, acordo recíproco. É o sentido fundamental da palavra.

Voltemos ao nosso texto: "Cabe atribuir à alma universal a συναίσθησις de si mesma, assim como temos, nós, nossa συναίσθησις; mas com relação à sensação, αἴσθησις, como é sempre sensação de algum objeto alheio, não lhe deve ser atribuída." Não podemos atribuir a sensação à alma universal, mas devemos conferir-lhe a συναίσθησις. A συναίσθησις que nos é própria é um acordo de αἴσθησις, é, portanto, uma consciência. Mas a συναίσθησις do todo não pode ser <105> consciência, já que não há αἴσθησις. A συναίσθησις só poderá, então, significar consciência por acidente, apenas no caso em que os elementos unificados são elementos de consciência. Traduzimos essa palavra por "unidade sintética interna".

Se não é consciência, o que é? V, 3.13: "A unidade sintética do todo, para mim, tem todo o jeito de ser, quando um múltiplo converge para a unidade, o pensamento, τὸ νοεῖν." Plotino repete incessantemente: a alma universal tem por função inferior produzir, a função superior é contemplar. Sua parte divina está na inteligência.

Mas o que é esse pensamento? Seria consciência? Veremos que a νόησις, para Plotino, é uma função superior da alma humana, mas que não lhe pertence propriamente. A função verdadeiramente humana é o λογίζεσθαι. Pelo <106> νοεῖν, saímos de nós. O νόημα não é, então, consciente, se mantivermos o sentido humano do termo. Ele retrai-se no tempo: a consciência produz-se quando ele consegue criar uma imaginação, φαντασία, na qual ele se reflete como em um espelho. Em outros termos, só há consciência ali onde há uma diminuição do νοῦς, um progresso que testemunha uma decaída, ali onde há ação e uma debilidade da contemplação. A consciência produz-se em decorrência de uma queda: enquanto for pensamento puro, a alma não será consciente; mas, quando cair no corpo, irá substituir a eternidade do pensamento pela continuidade de um progresso no tempo, isto é, pela consciência.

Então, a συναίσθησις da alma universal é a unidade do todo, essa convergência de todas as partes que é característica da Idéia <107> pura. Cada alma humana contém a razão de seu corpo. Essa razão está inclusa na razão universal. Todas as almas particulares estão encerradas na alma universal. Cada uma delas é consciente. Mas se as tomamos todas sinteticamente na alma universal, não há mais consciência. Essa inconsciência pode até ser algo ao qual se chega, partindo da consciência, mas apenas por via de enriquecimento e supondo no eterno aquilo que nossa consciência desenvolve no tempo. Em sendo dada a alma no νοῦς, não há nada a acrescentar para que ela se torne consciente, mas sim algo a perder.

Para nos representarmos essa forma de ser, é preciso um grande esforço. Mas não é impossível consegui-lo. Será de fato preciso perceber que o pensamento se explica pela Inteligência. Já se disse que as Idéias platônicas eram pensamentos <108> de Deus, mas baseando-se em Plotino. Muito pelo contrário, o ato de pensar, segundo Plotino, só se pode esclarecer se nos reportarmos ao inteligível, ao νοῦς. Como? Tenho a imagem consciente de um triângulo. Ela é consciente, uma vez que eu me a represento durante um certo tempo e em um certo espaço. Para passar à idéia do triângulo, farei abstração das imagens particulares. Mas sempre que eu me a represento no tempo, subtendo uma imagem geral sob a idéia. Se quero representar-me a idéia pura, saio da consciência, coincido com o inteligível, não sou mais eu[83].

E mais. Eis Sócrates consciente. Ele não é mais que o desdobramento no espaço e no tempo da idéia eterna de Sócrates e, por conseguinte, se quisermos passar de Sócrates à sua Idéia, será preciso supor uma coincidência com o inteligível puro, no qual toda consciência <109> será abolida. Para passar à idéia de Sócrates, à do triângulo, é preciso intensificar infinitamente a imagem do triângulo ou de Sócrates. E, de modo inverso, para descer da Idéia à imagem, do pensamento à consciência, nada há que acrescentar, só há que empobrecer. Aristóteles diz que não se pode pensar sem imagem. Pode-se. Mas não se trata mais do pensamento consciente. É esse pensamento supraconsciente que Plotino atribuiu à alma universal.

Essa concepção da consciência opõe-se absolutamente à concepção moderna. Para nós, a consciência é coisa simples. O estado de consciência é o tipo da individualidade. Já Platão fez da alma uma μίξις. Para Plotino, ela é uma mistura, algo que se produz entre pensamento, limite superior, e materialidade, limite inferior. Um triângulo está entre a idéia do triângulo e o indefinido do espaço e do tempo. <110> Do mesmo modo, uma alma pode resolver-se em materialidade pura e na idéia dessa alma. Há, por fim, o movimento desse limite inferior a esse limite superior, e esse movimento é a consciência.

E compreendemos então ao certo por que Plotino chamou de alma essa hipóstase que desdobra as Idéias no espaço e no tempo. Se a consciência fosse sua essência nua, poderia nos espantar que ele tenha dado o nome de alma para um ser que não é consciente: e é por isso que o termo de alma universal nos espanta. Mas a consciência é um acompanhamento. A alma poderia, a rigor, passar sem ela. A essência da alma é sua função de veículo das razões geradoras.

<111> Após ter resolvido esse problema, Plotino resolve outros, a ele conexos, necessários para o problema fundamental da origem da alma individual.

Em primeiro lugar, o problema da vida. Qual é, na formação de nossa pessoa física, o quinhão da natureza e o de nossa pessoa moral?

O corpo vivo é colaboração da natureza e da alma. É a natureza que produz o corpo. E, por outro lado, a alma individual faz seu corpo. O corpo vivo está no ponto de encontro dessas duas operações. Quais são as partes respectivas dessas duas causas?

Textos essenciais: VI, 4, 15. O corpo humano existia antes que a alma viesse <112> apossar-se dele, mas possuía uma aptidão a recebê-la, estava em sua proximidade, dela recebera uma chama e uma iluminação. Estava preparado para ela por ser um corpo não inteiramente livre de alguma participação da alma. Pois a natureza já esboçou o corpo. – VI, 7.7: "O que impede que a alma universal prepare um esboço, e isto porque ela é o *lógos* universal, antes que as almas particulares venham inserir-se? Esse esboço seria como que uma iluminação prévia da matéria e, então, a alma individual, vindo repassar por essas pegadas, as organiza parte por parte. E, assim, cada alma se torna o corpo ao qual veio acrescentar-se, tendo assim realizado sua figura, assim como aquele que faz parte de um coro <113> de dança se conforma ao papel que lhe foi designado." Interpretemos.

Representemo-nos uma pessoa que, olhando nuvens, nelas percebe figuras, ou um tapete formado por linhas geométricas que correm em todas as direções. Num sentido, ele não está inteiramente livre de alguma participação da alma, pois foi preciso um geômetra para traçar essas linhas. Se olho para ele, poderei discernir nele uma figura determinada, um hexágono, e então é só ela que verei. Num sentido, fui eu quem a traçou, no outro sentido, foi o fabricante do tecido. O desenho estava aí; mas é ao projetar no tecido algo de mim que produzi esse desenho, e poderia mesmo ter projetado por imaginação todo o desenho; mas encontrei o desenho já pronto e escolhi aquilo que era mais conforme à minha imaginação. É num sentido <114> análogo que o corpo é produzido ao mesmo tempo pela natureza e pela alma individual. No primeiro sentido, ele é simplesmente parte do todo; no segundo sentido, a alma, ao inserir-se nele, nada acrescenta, mas o destaca do todo. Há, como diz Plotino, superposição do homem sensível ao homem inteligível.

Procuremos superar essas comparações e ir até aos princípios teóricos. O princípio foi deslindado por Porfírio, *Elevações*[84], § 14: "Há duas espécies de geração; uma, por causalidade, a outra, por composição. As substâncias simples são engendradas por via de causalidade, assim a ψυχή pelo νοῦς. Mas há também a gênese por composição. Ora, os corpos vivos são engendrados dos dois modos ao mesmo tempo, tanto por uma causa quanto por composição." A via de composição é a via física: dizemos que um corpo <115> é formado fisicamente por via de composição. O outro modo é aquele pelo qual uma causa superior desce na matéria, é a processão.

Distinguimos, hoje em dia, para explicar a vida, duas teorias[85]. Em primeiro lugar, a explicação mecanicista. Supõe-se que as forças físico-químicas levem a combinações de moléculas tais que os fenômenos da vida se realizem. Plotino refutou o princípio dessa teoria ao sustentar que a organização não pode vir da inércia. Em segundo lugar, a teoria segundo a qual um princípio de ordem psicológica desceria para a matéria, conseguiria arrastar suas moléculas em sua órbita, imantá-las em seu sentido.

A solução de Plotino consiste em não aceitar nenhuma dessas duas explicações extremas[86]. A matéria sozinha não pode constituir um vivente. A alma individual tampouco pode produzir a vida, pois encontra-se <116> em presença da obra da alma universal, de uma matéria constituída, ela não pode outorgar-se um organismo. Haverá cooperação das duas forças. A alma deve sujeitar-se às leis da natureza: para tentar obter um corpo, não poderá fazer mais que se inclinar para a matéria; mas, ao mesmo tempo, o corpo aspira à vida por ser a obra da alma universal. É no ponto de encontro que se constitui a vida.

Solução extremamente profunda. Se esse problema pode ser enfrentado teoricamente, descobrimos que as forças físico-químicas podem engendrar algo que já imita a vida de forma bem próxima; os corpos organizados quimicamente conseguem ladear a vida, falta um estopim. E parece realmente que é necessário algo vindo de cima. Mas esse algo nada faria se a matéria já não estivesse, por <117> si mesma, pronta para organizar-se. Tudo se passa como se a vida só se pudesse acrescentar a essas forças se estas já estivessem inteiramente preparadas, tomassem a dianteira.

De modo mais geral, a causalidade concebível entre os diferentes graus da natureza parece realmente ser algo desse gênero. Não concebemos nem como forças inferiores conseguiriam, por si mesmas, criar propriedades novas, nem como forças superiores conseguiriam impor-se a uma matéria refratária. Tudo se passa como se as forças superiores estivessem ali, espreitando o momento em que as forças inferiores tiverem esboçado a forma a ser recebida. Então, as forças superiores, atraídas por sua imagem, descem nas forças inferiores para continuar o movimento[87].

<118> A primeira conseqüência a ser extraída disso diz respeito ao problema da liberdade. Acabamos de investigar como a vida pode conciliar-se com as forças naturais. Precisamos investigar como a liberdade, que ele atribui à alma, concilia-se com a necessidade da natureza. A solução está na teoria da formação do corpo.

IV, 3.13. A questão é posta sob uma forma estreita: Em que medida a escolha de um corpo é livre? Ela não é nem necessária nem voluntária. "As almas não descem nem espontaneamente nem enviadas. Não é a necessidade, uma vez que a descida se faz em virtude de uma inclinação interior que leva a alma a descer como nos sentimos inclinados ao casamento. É realmente a necessidade, mas pode-se dizer com a mesma propriedade que o νοῦς obedece à necessidade quando permanece onde está."[88] – Em outros termos, se ser livre consiste em permanecer inteiramente aquilo que se é, a descida não é liberdade pura. Mas, se ser necessitado consiste em sofrer uma influência externa, então a descida não é necessária, pois ela é conforme a uma inclinação natural da alma.

Plotino generaliza o problema. Uma vez o corpo escolhido, em que medida somos independentes da natureza em que estamos inseridos? III, 1.7: "Há uma doutrina – a dos estóicos[89] – segundo a qual só existe um único princípio, o qual ligaria todas as coisas umas às outras e determinaria cada uma delas por razões geradoras. Próxima dessa doutrina está aquela que diz que todo estado e todo movimento, seja nosso, seja do conjunto, deriva da alma universal – Heráclito. Nessa doutrina, todas as nossas representações e todas as nossas tendências se produzem <120> por causas necessárias, de modo que nossa liberdade não seria mais que uma palavra." Assim, a fórmula da necessidade é: uma única causa desenvolve todos esses efeitos. "Trata-se de encontrar a so-

lução que, em primeiro lugar, não deixe nenhum fenômeno sem causa, preserve a seqüência e a ordem das coisas e que, em segundo lugar, nos permita ser algo."[90] Assim, o problema está posto: salvaguardar a causalidade sem sacrificar a liberdade.
<121>

VIII – A queda das almas

<122> Passamos da alma universal à alma individual. O que é esta última? Que relações tem com a alma do mundo, com a inteligência, com o uno? Que relações entretemos nós com a natureza, a inteligência e Deus? A questão que se põe imediatamente é a da relação da alma humana com a alma do todo. Trata-se de saber se a solução mais natural é a verdadeira: a de Vacherot, de Kirchner[91]. Segundo eles, a alma humana derivaria pura e simplesmente da alma do mundo como o efeito da causa e a parte do todo.

Sabemos que o Uno engendra a inteligência, e a inteligência, a alma do mundo. Parece natural dizer que a alma do mundo < > as almas individuais[92]. E essa solução aproxima-se da solução estóica. <123> Por fim, Plotino falou de três hipóstases: Uno, inteligência, alma universal. Parece natural, uma vez que não há nada além disso, fazer as almas individuais saírem, como a natureza, da alma universal.

Caso se pretenda que a alma humana foi engendrada pela alma do mundo, caberá dizer qual é a natureza dessa derivação. Seria uma derivação no tempo, como uma causa temporal engendra seu efeito? Não. Pois nossa alma é anterior ao nascimento, anterior ao corpo, já que sobrevive a ele, é eterna como a alma do mundo. Então, nada de derivação no tempo.

Sobra a hipótese da derivação fora do tempo; ela sairá da alma do todo como teoremas da definição. Essa solução também é inaceitável. Pois, em Plotino, há um critério desse tipo de derivação metafísica: nesse caso, a coisa derivada é inferior e, por conseguinte, possui outras funções. Ora, Plotino não disse em parte alguma que há uma inferioridade desse tipo; as <124> funções da alma humana são as mesmas que as da alma universal. Ele chega a dizer que cada alma individual poderia ter criado o mundo e não o fez porque foi antecipada pela alma universal. Se o sistema parece exigir uma derivação panteística, Plotino exprime-se em termos que excluem essa derivação.

Richter declara a dificuldade insolúvel. Segundo Zeller, há pelo menos duas hipóteses, entre as quais ele flutua: identificar a alma universal e a alma humana; distinção das almas humanas e da alma universal. Mas a contradição é um tanto brutal.

A relação das almas com a alma do todo não é simples. Certamente não há independência; mas tampouco derivação. Quando a luz vermelha sai da luz branca pelo prisma, não se pode dizer que tenha na luz branca sua causa: não é uma relação causal.

Antes de apresentar essa solução, <125> cabe resolver uma outra questão: como e por que as almas individuais se destacam da alma universal, pois, de início, estão nela ou com ela. Será que a abandonam?

Há, em primeiro lugar, respostas míticas. A alma universal deriva do νοῦς e, em decorrência, é-lhe inferior. Resulta disso que, na natureza, que é a manifestação da alma no espaço e no tempo, não há a mesma harmonia que na inteligência: a unidade do mundo não é perfeita. III, 2.16: "A alma universal é um *lógos* que opõe umas às outras algumas de suas partes e, em decorrência, engendra na natureza a luta e a guerra. Ela é semelhante ao roteiro de um drama que, em sua unidade, contém mil combates." Então, se os corpos infinitamente numerosos que a alma do mundo desenha e anima trazem em si vestígios de discórdia, é natural que as almas individuais, que neles virão se inserir, sigam a via da inclinação <126> que os corpos desenham. III, 2.17: "Cada parte do todo reclama para si tudo o que pode", e seria o egoísmo que dominaria assim o mundo das almas encarnadas: pois o que domina em cada parte é o desejo de viver. O egoísmo é a lei da vida, uma vez que, no espaço e no tempo, cada parte visa ser o todo; a harmonia desapareceu.

É, com efeito, primeiro por razões morais que Plotino explica a queda das almas nos corpos. V, início[93], ele se pergunta "por que e como puderam esquecer Deus seu pai, elas divinas, e desconhecer-se a si mesmas? O princípio de todos os males é a audácia, isto é, o desejo de só pertencer a si mesmo." Daí um desejo de existência por si, origem de separação.

Em que consiste essa audácia? e de onde advém às almas? É que, por um efeito de miragem, exageraram para si mesmas sua importância.

<127> IV, 3.12: "As almas dos homens, tendo contemplado sua imagem no espelho de Baco, lançaram-se cá embaixo." Esse espelho é a matéria em geral, refração da alma universal, matéria que oferece para cada alma humana um corpo que se parece com ela. Atraída por essa promessa de independência, a alma se precipita: e então ela é prisioneira, agrilhoada; é a punição por ter querido viver.

Plotino pretende que essa doutrina atravessa os tempos. IV, 8.1, ele a atribui a Empédocles, "segundo o qual é uma lei, para as almas pecadoras, cair cá embaixo e ele próprio sabe que é após ter fugido de junto a Deus que veio aqui se tornar escravo da discórdia furiosa". Do mesmo modo, Platão. Ele disse que a alma está agrilhoada e como que enterrada no corpo. Plotino acrescenta que isso não é apenas teoria, mas um dado da experiência. Conhecemos o trecho de IV, 8[94], no qual ele fala da passagem da alma à inteligência, <128> e depois ao uno. Saindo desse estado, a alma se sente descer, καταβαίνειν. A queda é, portanto, um fato que a experiência pode nos franquear.

Então, em um sentido, a alma caiu no corpo por sua livre escolha e por um equívoco. Qual é, para ela, o resultado de sua queda? Ele é duplo.

Em primeiro lugar. Quando mora no seio da alma universal, participa da administração do mundo inteiro e, como o mundo é eterno, a alma individual, enquanto repousando na alma universal, está livre de toda preocupação. Mas quando cai em um corpo colocado entre os outros corpos e por eles destruído, então começa a preocupação do corpo e a inquietude da vida.

Em segundo lugar. Na alma universal, que está, ela própria, encaixada por sua parte superior com a totalidade da inteligência, a alma humana possui todas as Idéias. Mas, assim que toma um corpo, já não possui mais que uma parte delas. Possui, de direito, <129> a totalidade das Idéias, sempre pode, mediante esforço, reinserir-se nessa totalidade; mas, de fato, concentra-se em uma parte do inteligível refratado no espaço e no tempo. VI, 4, 16: "Do todo do inteligível, saltou para uma parte. É como se o homem de ciência que possui a ciência completa doravante só considerasse uma única proposição." Aliás, para Plotino, cada proposição reflete a ciência inteira. "A alma tornou-se assim um ser particular, uma vez que concentrou sua atividade no corpo." Nos ἀφορμαί de Porfírio, mesma idéia, energicamente expressa, § 39: "A alma, inclinando para a matéria, é reduzida à privação e ao esgotamento de sua força própria. Pelo contrário, quando sobe novamente ao νοῦς, reencontra a plenitude de sua força. São os estados de pobreza e de abundância."

Assim, é por um efeito de sua audácia que as almas individuais saltaram do seio da alma universal <130> para os corpos. Em decorrência, experimentaram uma diminuição de si mesmas, uma vez que se concentraram no corpo e já não possuem senão uma parte do mundo inteligível que, de direito, lhes pertenceria por inteiro.

É o ponto de vista moral. Mas, IV, 3, já vemos despontar uma nova explicação – § 6[95]: "Talvez seja o elemento múltiplo das almas que, puxado para baixo, arrastou consigo as próprias almas, elas e suas representações." Em IV, 7[96], ele explica que a alma individual fez o seu corpo. Haveria então um ponto de vista físico: a queda não seria o efeito de uma escolha e o castigo de uma audácia, seria um processo natural, necessário, automático. A alma não cairia mais em um corpo que ela deve padecer: seria produtora dele. Audácia, queda, castigo seriam o aspecto moral de um processo que seria natural, a alma sendo algo que, embora participe da idéia, <131> traz em si uma multiplicidade que, como um peso excessivamente pesado, a atrai para o espaço e o tempo; de modo que ela se torna, por essa atividade divisora, criadora de um corpo.

Cabe voltar um pouco à alma universal e à sua relação com o conjunto da natureza. Ela é a razão geradora do mundo. Ela desabrocha no espaço e no tempo, criando a natureza que, assim, é um grande organismo do qual todas as partes são simpáticas. Por outro lado, cada uma das partes componentes da natureza é, ela própria, um organismo, com a condição de que saibamos distinguir corretamente as partes. E deve haver razões geradoras de todas essas partes componentes. Há, portanto, um *lógos* universal fabricador do mundo e *lógoi* particulares criadores das partes do universo.

Esses *lógoi* são Idéias, de algum modo decaídas, saídas da eternidade ou <132> antes prolongando-se no espaço e no tempo. Então, a raiz dos *lógoi* está nos inteligíveis.

Quais são as Idéias que correspondem respectivamente às almas fabricadoras dos corpos e à alma universal? Quanto às almas individuais, a cada uma corresponde no mundo inteligível uma certa Idéia que o representa eternamente. – Quanto à alma universal, Plotino é menos preciso. Mas não há dúvida. A alma universal, diz ele, é engendrada pelo νοῦς, que é a totalidade dos inteligíveis. Então a alma universal é representada no inteligível pela totalidade das Idéias, ela é o prolongamento do inteligível considerada na sua totalidade.

Agora, para Plotino, cada uma das Idéias é de certa forma representativa do νοῦς por inteiro, contém todas as outras, traz em si sob forma virtual a totalidade das outras: assim como na geometria uma proposição contém em germe a ciência inteira. <133>

Tiremos as conseqüências. Tomemos uma alma humana representada no mundo inteligível por uma certa Idéia. Essa alma, prolongando uma Idéia que é representativa, enquanto idéia, do inteligível inteiro, poderia, a rigor, fazer tudo o que fez a alma universal, prolongamento de todo o inteligível. A alma de Sócrates, prolongando a idéia de Sócrates que, em certo sentido, é o νοῦς, poderia criar o mundo. IV, 3, 6: "Por que é que foi a alma universal, que é de mesma natureza que as almas particulares, quem produziu o mundo, e não cada uma das almas particulares, quando cada uma delas também contém tudo em si?" Idéia que nada tem de paradoxal: se houvesse apenas minha alma, minha alma seria o mundo inteiro; se eu não o crio, é que me encontro em presença de um sonho universal que desloca meu sonho. À questão colocada, Plotino responde que isso se deve ao fato de que ela foi antecipada <134> pela alma universal. Não se trata de tempo; mas as almas individuais são antecipadas de direito pela alma universal que lhes é superior no grau. E se uma única alma pode criar o mundo, será essa daí. Cada alma exprime o todo de um ponto de vista particular, ao passo que a alma universal se coloca em todos os pontos de vista ao mesmo tempo.

Cada alma humana tende a fazer o mundo, mas tende mais particularmente a criar para si o corpo particular que exprime seu ponto de vista. Então, a alma universal, que fabrica tudo, vai fabricar também o corpo de Sócrates; mas, ao mesmo tempo, a idéia de Sócrates tende a constituir para si seu corpo. Esse corpo pode então ser considerado enquanto produzido mecanicamente pela natureza e enquanto criado pela própria idéia de Sócrates. A queda da alma não é senão o processo que faz com que a alma, seguindo sua inclinação natural, se veja repentinamente encontrar um corpo já feito pelo <135> *lógos* universal. Há inserção natural e, em certo sentido, queda.

Suponho um raio branco caindo sobre um prisma e refratando-se em mil raios multicores. Escolho o raio vermelho. A luz branca será a alma universal, os raios multicores, os corpos; o raio vermelho, o corpo de Sócrates. Em um sentido, ele é a obra da luz branca que produziu todo o espectro; mas, noutro sentido, não é mais que o prolongamento de um raio vermelho que já existia na luz branca. Em um sentido, prolonga a luz branca, em outro, a luz vermelha. No mesmo sentido, cada corpo vivo é ao mesmo tempo a obra da alma universal que cria todos os corpos, mas enquanto inseridos na totalidade da matéria, e da alma particular que vem transportar-se para dentro de um desses corpos para radiar sobre todo o resto e, nesse sentido, criá-lo.

<136> Compreende-se, então, em que sentido os corpos são obras naturais das almas humanas manifestando sua potência e em que sentido essa inserção é uma queda, uma vez que a alma, ao refugiar-se neles, diminui seus poderes. A inserção é ao mesmo tempo um processo natural e uma espécie de queda.

<137> Começamos o estudo da operação graças à qual a alma toma um corpo e descobrimos que Plotino se colocava sucessivamente em dois pontos de vista, o ponto de vista moral da queda, no qual a posse de um corpo tem por causa a audácia, por meio imediato o egoísmo e por resultado uma decaída, e o ponto de vista físico, no qual a ensomatose aparece não mais como um ato moralmente qualificável, mas como um fato físico, natural e, em um sentido, necessário, que entra na lei geral da processão, pela qual toda unidade se irradia.

Haveria no espírito de Plotino uma transição de um ponto de vista ao outro? Entre a ensomatose considerada como um ato moral e a ensomatose considerada fisicamente haveria uma passagem?

Ela certamente existe no espírito de Plotino. <138> IV, 3.12-13, a descida é apresentada, de início, como uma espécie de operação mágica: "A alma é atraída para o corpo como que pelas forças e pela atração poderosa da magia. É uma espécie de fascinação, portanto é ainda o ponto de vista moral*. Mas, além disso, há uma necessidade que faz com que, chegado o seu momento, cada alma desça como se fosse chamada por um mensageiro." E depois: "A alma desce em seu corpo como que automaticamente."

Mesma diferença no que concerne à escolha de um corpo.

"A alma vai para o corpo que é a imagem de sua preferência e de sua disposição original" – "ao corpo que foi preparado pela semelhança de sua disposição" – "ao corpo adaptado e análogo". É o ponto de vista moral.

Mas, outra expressão: "A alma vai inserir-se no corpo que é necessário."[97]

No 8.º livro da IV *Enéada*, Plotino fala constantemente <139> do corpo como se ele fosse fabricado pela alma: é o *lógos*, ao acrescentar-se à matéria, que faz o corpo. Há, assim, uma transição insensível, em seu pensamento, de um ponto de vista ao outro.

Mas seguir-se-ia disso que haja parentesco lógico entre as duas idéias? Seria possível uma conciliação entre a idéia de que a alma escolheu um corpo ao pecar e a idéia de que uma necessidade interna faz com que ela entre no espaço e no tempo? Não se pode encontrá-la explicitamente nas *Enéadas*. Mas será fácil obtê-la, se nos reportarmos ao sentido desses diferentes termos em Plotino: idéia, alma, tempo e espaço.

No mundo inteligível, todas as Idéias são dadas umas nas outras. Cada Idéia é representativa de todas as outras. No mundo inteligível, tudo está junto; tudo é o mes-

---

* Essa frase, posto que inserida entre aspas na edição francesa, parece ser atribuída a Plotino; no entanto é obviamente uma observação de Bergson. (N. do T.)

mo e tudo é diferente. Assim, todas as Idéias das almas individuais são <140> dadas umas nas outras.

É que estamos fora do espaço e do tempo. No tempo e no espaço, é diferente. No mundo inteligível, a harmonia vem precisamente do fato de que cada parte é o todo: mas, como um lugar do espaço só pode conter um único objeto, e um momento do tempo, um único acontecimento, cada alma, ao tomar um corpo, vai excluir todas as outras almas de um certo lugar e de um certo tempo e, como traz em si a representação confusa do mundo inteiro, vai aspirar a ocupar todo o espaço. Não pode fazê-lo, sendo limitada pelas outras almas, sobretudo pela alma do mundo, que a precede. A alma individual encontra-se, então, comprimida. Ora, essa compressão é precisamente a definição mesma do pecado. Aquilo que, concebido fisicamente, é queda natural da alma no espaço e no tempo, <141> interpretado moralmente, vai chamar-se pecado ou queda por definição mesmo.

I, 8.14: "Entrar na matéria, é exatamente isso que constitui a queda da alma. Ela fraqueja, uma vez que todas as suas potências não podem mais entrar em ação, e o que a impede é a matéria que a força a enrodilhar-se sobre si mesma, a comprimir-se." Em outros termos, pode-se dizer que o pecado é uma causa, mas também que é um efeito. Na verdade, é ao mesmo tempo uma e outra coisa, é a mesma coisa que a descida necessária, física, da alma no corpo. Há aí dois aspectos de uma mesma operação: moral, se a qualificamos, física, se simplesmente a descrevemos.

A teoria da ensomatose é, portanto, muito complexa.

<142> Vamos aproximar essa concepção da de Platão. O objeto da filosofia de Platão foi a resolução do sensível em inteligível, das coisas em Idéias. É a marcha dia-

lética. O processo inverso, a descida do inteligível no sensível só fora indicada por Platão sob forma mítica. Aquilo que Plotino fez foi tomar os elementos da filosofia platônica e restabelecer uma continuidade entre eles por um processo que parte do Bem e desce às Idéias, terminando no mundo sensível. A parte importante dessa processão é a processão das Idéias ao mundo sensível, e aquilo que efetua a passagem é a alma. Daí a importância da teoria da alma em <143> Plotino.

Há a alma do mundo e as almas individuais. Elas desempenham o mesmo papel: fazer descer o inteligível no sensível. Os pontos principais dessa teoria, Plotino acreditava encontrá-los em Platão. Eles se acham indicados neste último, com efeito, mas sem serem conectados entre si; são apenas estações ao longo da processão.

A alma universal é uma mistura da essência divisível e da essência indivisível (*Timeu*)[98]. Platão, segundo Plotino, teria querido dizer que a alma é o veículo das Idéias, sendo Idéia pelo topo, mundo sensível pela base. Com efeito, Platão não a apresenta nem como criadora nem como organizadora das coisas: é uma potência conservadora do movimento. Para Plotino, a alma universal cria o mundo sensível, é verdade: mas Platão (*Leis*, X) já dizia que a alma do mundo é anterior a todos os corpos. Mesmo no <144> *Timeu*, ela é composta matematicamente, de modo que teríamos o direito de colocá-la junto a essas essências intermediárias entre inteligível e sensível. Desse ponto de vista, Platão prepara Plotino.

Além disso, encontramos no *Timeu* a indicação de uma teoria do tempo, imagem móvel da eternidade[99]. Ora, para Platão, o tempo é antes de tudo o movimento do céu, o qual é mantido pela alma do mundo: ela já é, senão a criadora da duração, ao menos o seu suporte.

Em Plotino, a alma do mundo é aquilo que desenvolve a idéia eterna na duração.

No que diz respeito à alma humana, há menos correlações. Em Platão, ela já é algo de intermediário entre a idéia pura e a coisa sensível, menos que uma, mais que a outra. E já encontramos a teoria de uma queda da alma no <145> corpo e a idéia de que essa encarnação se faz por um processo natural: só que, em Platão, essas duas teorias são ambas indicadas sem que haja conciliação, uma no *Fedro,* a outra nas *Leis*[100]. Além disso, não se vê a relação exata da alma humana com a idéia: ela lhe é aparentada; mas a idéia é um gênero, a alma é individual. O que falta é a indicação da processão.

Aqui, também, Plotino completou Platão: mas teve de se separar dele. Em primeiro lugar, como fazer com que a alma saia da Idéia? Será preciso que a Idéia já seja individual; essa é a solução de Plotino. Então, a passagem torna-se fácil. O Bem, por irradiação, engendra as Idéias: se estas devem conter virtualmente as almas, são individuais. Bastará supor uma queda no tempo e no espaço <146> para passar da Idéia à alma.

Além disso, cada alma individual vai desembocar em um corpo. Por outro lado, a alma universal desabrocha em mundo material. Ora, é preciso que tudo aquilo que sai da alma individual para desabrochar no espaço e no tempo esteja perfeitamente coordenado àquilo que sai da alma universal. Ora, a alma individual prolonga um inteligível; a alma universal, a totalidade dos inteligíveis: em outros termos, cada inteligível é representativo de todos os inteligíveis, cada idéia particular, de todas as outras idéias. Ora, é um ponto essencial de Platão que tudo não participa de tudo.
<147>

IX – Teoria da consciência

<148> Iremos, agora, tomar a alma humana encarnada em um corpo e estudar suas principais propriedades. No primeiro plano está a consciência.

Plotino é o único filósofo antigo que tenha apresentado uma teoria da consciência, que tenha, mesmo, divisado a idéia da consciência. Por essa razão, não encontrou uma terminologia definida: de onde grandes dificuldades, e compreende-se que os historiadores da filosofia se tenham equivocado a esse respeito.

Richter reconhece que o conceito de consciência está no fundo de muitas teorias de Plotino, mas crê que este não o tenha esclarecido. Zeller pretende, também nesse caso, que Plotino se <149> contradisse e ora disse que a Inteligência pura se pensa a si mesma – V *Enéada* –, ora – I *Enéada* – que a consciência só é possível pela imaginação. Pensamos exatamente o contrário. O νοῦς é o único que se pensa a si mesmo e a consciência supõe um jogo de imagens: isto quer dizer simplesmente que pensar-se a si mesmo não é ser consciente. Veremos isso em detalhe.

Tentemos compreender direito os textos, levando em consideração este fato de que a terminologia de Plotino não é definida.

Entre os termos que foram traduzidos por consciência, encontramos a palavra συναίσθησις. O que significa essa palavra? IV, 5.5: "Pode-se dizer da audição aquilo que dissemos da vista; sua afecção é uma συναίσθησις como a das partes de um animal."[101] A palavra, aqui, tem um sentido claro. Ora, para Plotino, a <150> percepção é uma simpatia do órgão com o objeto, com o qual vibra em uníssono. A palavra significa simpatia. Do mesmo modo, I, 1.9: "A inteligência discursiva, fazendo uma seleção das impressões vindas da sensação, contempla as Idéias e as contempla como que por uma συναίσθησις, pois a διάνοια verdadeira é uma similitude e uma comunicação do interno com o exterior." Aqui, ainda, o sentido é claro. Plotino atribui à διάνοια o papel de ir buscar no νοῦς uma Idéia que ela aproxima da sensação, ela tem esse papel na percepção. A palavra designa, aqui, a comunicação simpática entre a διάνοια e o objeto material que vai ser retratado na representação. Simpatia é realmente o sentido fundamental da palavra. Degrau por degrau, nos encaminhamos para o sentido de consciência.

Se é uma simpatia, pode ser mais particularmente a simpatia das <151> partes de um ser umas pelas outras, seu acordo mútuo. IV, 4.45: "Em um animal, há simpatia de cada órgão por todos os outros e do todo pelo todo." IV, 4.9: "A alma universal não será mais inteira; haverá potências diversas nas partes diversas do mundo; não haverá mais συναίσθησις." Já é o sentido mais particular de consenso, de harmonia interna.

Desse segundo sentido, iremos passar para o sentido de consciência. Suponhamos que a consciência seja, para Plotino, de um certo ponto de vista, uma simpatia, uma harmonia das diferentes partes da alma entre elas; então, a palavra poderá significar consciência. III, 8.4, Plotino atribui à natureza uma espécie de consciência adormecida: "A natureza permanece em seu <152> equilíbrio próprio e em uma espécie de συναίσθησις." Essa consciência, aqui, é um consenso interno, um equilíbrio. V, 3.13: "A συναίσθησις é a αἴσθησις de uma pluralidade." A palavra pode, portanto, significar consciência, mas não é o sentido fundamental da palavra.

Já se pode perceber uma certa concepção da consciência. De saída, Plotino caiu em uma concepção inteiramente moderna da consciência. A consciência seria antes de mais nada síntese, assimilação, comunicação simpática de todas as partes da alma. A psicologia contemporânea admite, cada vez mais, estados de alma inconscientes. Para que um estado se torne consciente, é preciso que haja assimilação, que o façamos entrar na corrente de nossa personalidade. É algo desse gênero que Plotino disse. A consciência seria uma potência de posse pela alma. <153>

Plotino emprega, o mais das vezes, a palavra ἀντίληψις. V, 1.12, ele se pergunta "como se dá que possuamos algumas Idéias (justiça e beleza) sem tomar consciência delas". Quando a parte da alma que age não comunica com a parte da alma que sente, então não atravessa a alma inteira; só tomamos consciência de uma parte da alma quando há transmissão e, em conseqüência, ἀντίληψις. IV, 8.8: "Não conhecemos aquilo que ocorre em uma parte da alma: é preciso que tenha penetrado a alma inteira." Eis o primeiro sentido de Plotino.

Mas essa não é senão a parte menos importante de sua teoria. A consciência é, primeiro, uma certa unificação de impressões vindas de baixo, mas é muito mais uma divisão <154> de elementos que, em vez de subir, descem. A alma é uma essência intermediária entre o νοῦς e o corpo. Ela tem, portanto, dupla função: em primeiro lugar, unir as impressões que vêm do corpo, de onde a conseqüência, a consciência; em segundo lugar, fazer descer as Idéias e, em decorrência, novamente, a consciência. A consciência produz-se quer pela unificação do que vem de baixo, quer pela divisão do que vem de cima. Nesse segundo sentido, ela é análise das Idéias.

IV, 3.30. Participamos constantemente do puro pensamento, do νοῦς, mas não temos consciência disso, "pois uma coisa é o pensamento, outra coisa a consciência do pensamento. Pensamos sempre, mas nem sempre temos consciência disso". O que é necessário para que a consciência se junte ao pensamento? "O ato puro do pensamento esconde-se no interior, não tendo ainda procedido para <155> fora. Mas, o *lógos*, tendo-o desenvolvido e lançado sobre a potência imaginativa, revela-o como em um espelho: produz-se, então, a percepção consciente do pensamento."[102]

Assim, para que a Idéia chegue à consciência, é preciso que se duplique em uma imagem, que se reflita na imaginação, faculdade de formar imagens a partir de sensações e, sobretudo, de mantê-las sob o olhar da consciência.

Trecho capital: I, 4.10. A consciência não é algo indispensável nem para o pensamento, nem para a virtude, nem para a felicidade. O herói não sabe que ele age com coragem; a consciência de um ato só faz enfraquecer sua energia. "A vida intensa é aquela que não se dissolve em sentimentos." Como e quando a consciência se produz? "A consciência do pensamento parece nascer quando <156> o pensamento se encurva sobre si mesmo e quando esse pensamento, que se coloca na direção da vida da alma, é como que repelido para trás, assim como, no espelho, a imagem repousa ao longo da superfície livre e brilhante... Na alma, quando há tranqüilidade da superfície sobre a qual se revelam as imagens do pensamento, nós as percebemos e, por assim dizer, temos delas um conhecimento sensível." A consciência só se produz quando o pensamento puro se divide, cai como que em um espelho.

Já encontramos essa imagem do espelho na teoria da ensomatose. A alma, percebendo na matéria sua imagem, como que em um espelho, é seduzida e deixa-se cair. É a mesma imagem e, no fundo, é a mesma idéia. A consciência é, para ele, <157> um estado transitório, o estado da alma após a queda. A consciência é menos que o pensamento, mais que a simples materialidade. A esfera da consciência recobre a mesma extensão que a da alma. E é porque a alma é consciente que ela é superior à materialidade e inferior ao puro pensamento.

Resulta daí que a consciência recobre a mesma extensão que a vida da alma. A alma toma assento na esfera intermediária entre o sensível e o inteligível; o mesmo para a consciência. Ela permanece, ela também, no plano intermediário; é um devir, um progresso.

Por essência, ela é, portanto, algo de instável. Ela não é ser, mas mutação. É um movimento que pode tomar duas direções: ora aspiração às alturas, ora descida. Essa oscilação perpétua na alma é a consciência. I, 1.11: "É preciso que a consciência se produza, pois não usamos sempre o que possuímos: só o usamos quando dirigimos nossas potências médias seja para o alto, seja para baixo." A consciência é essencialmente instabilidade.

O que significa, como sempre, que é uma decaída: é o efeito e também o signo da queda. "Tomar consciência é permanecer fora daquilo que se apreende", diz Plotino. V, 8.11. Plotino explicou que, para compreender a beleza, é preciso confundir-se com o belo ele próprio; é uma união íntima e uma simpatia. As coisas que caem mais claramente sob a consciência são precisamente aquelas que nos são mais alheias: assim temos mais consciência da doença do que da saúde. "Mas de nós mesmos e das coisas que são verdadeiramente nossas, somos inconscientes. Mas, nesse estado de inconsciência, estamos, nós mesmos, <159> na mais completa posse de tudo o que nos pertence, conseguimos* fazer coincidir nosso ser e a ciência de nós mesmos." IV, 4.4: "Podemos possuir inconscientemente melhor do que se soubéssemos; pois se o soubéssemos, possuiríamos como uma coisa alheia, ao passo que, ignorando, tendemos a formar uma unidade com aquilo que possuímos." A consciência implica sempre uma exterioridade do sujeito com relação ao objeto.

Essa concepção é diametralmente oposta à concepção moderna, segundo a qual o conhecimento adequado é a consciência, onde há coincidência perfeita do sujeito cognoscente e do objeto conhecido. Ora, para Plotino, a consciência implica a exterioridade.

Que conseqüências tirar daí? O ser que apreende pela consciência não pode apreender-se a si mesmo. Por outro <160> lado, ela é o atributo da alma e, como esta, toma assento entre o sensível e o inteligível. Então, a alma não se conhece a si mesma. Em segundo lugar, se algum ser se conhece a si mesmo, não deve ser pela consciência. Essas conseqüências, Plotino as tirou.

Em primeiro lugar, a alma não se conhece a si mesma. V, 3.9. Por que devemos recusar à alma o poder de se pensar a si mesma? "É porque lhe reservamos a função de olhar para fora e de entregar-se à agitação." A alma é condenada a viver exteriormente a si mesma, não sendo nunca inteiramente ela própria, aquilo que ela quis ser.

---

* Na edição francesa encontramos "nous sommes avivés à faire coïncider notre être et la science de nous-mêmes", o que daria algo como "somos *avivados* a fazer coincidir nosso ser e a ciência de nós mesmos". O mais provável é que "avivés" (avivados, verbo que, também em francês, não comporta objeto indireto) seja um lapso para "arrivés" (de "arriver à", conseguir). Nada, nem no texto de Plotino nem no de Bergson, parece sugerir essa idéia de "avivar". (N. do T.)

Em segundo lugar, o ser que se conhece a si mesmo é a Inteligência pura. Esta pensa-se a si mesma e é única a pensar-se.

O que é que Plotino entende <161> por νοῦς? Não é uma faculdade da alma. A alma pode erguer-se até a Inteligência, mas sob a condição de elevar-se acima de si mesma. A Inteligência não toma assento nas almas, mas basta-se, existe em si. É algo do qual as almas individuais podem participar, mas que não está nas almas. A Idéia é independente da alma: a alma pode voltar, mediante esforço, à Idéia de onde desceu. V, 3.3, Plotino explica-o claramente: "A alma abaixa-se para a vida sensitiva, ergue-se até a Inteligência, mas não é a Inteligência que vem nela, somos nós que subimos até a Inteligência."

É, no fundo, a concepção de Platão. De modo que é espantoso ver a opinião de Zeller (2.ª ed., p. 518). Segundo ele, não se vê como o νοῦς possa ser ao mesmo <162> tempo nossa razão e um ser acima de nós, nem como a alma possa se distinguir radicalmente dela e, no entanto, definir-se por ela. – As almas participam do mundo das Idéias na medida em que podem participar; mas distinguem-se delas porque delas saíram; e, no entanto, explicam-se por elas porque são sua imagem. A verdadeira dificuldade está muito mais em compreender como essa Inteligência superior e exterior à alma, alheia, por isso mesmo, a toda consciência, pode pensar-se a si mesma, mais ainda, ser a única a pensar-se a si mesma. Como isso é possível?

Lembremos, primeiro, a razão pela qual Plotino põe o νοῦς acima de qualquer consciência. I, 4.10: "A atividade do νοῦς mantém-se escondida de nós porque nada tem a ver com os sensíveis, pois é por <163> intermédio da sensação que ela deve trabalhar na consciência. Mas o νοῦς, ele próprio, e a alma que o envolve, por que não agiriam antes da sensação e, de modo geral, antes da consciência? Pois é preciso, no final das contas, que haja um ato anterior à consciência, uma vez que pensar e ser são uma só e mesma coisa." Assim, para o νοῦς, pensar e ser são uma só e mesma coisa e o νοῦς não tem consciência porque não tem sensação. Como entender isso?

O νοῦς é o κόσμος νοητώς. Esse mundo contém todas as Idéias, que se relacionam todas entre si. Cada Idéia é um νοητόν, portanto um objeto de pensamento. – Mas, por outro lado, cada Idéia contém, como que nela encasuladas, todas as outras Idéias possíveis. Portanto, cada inteligível, de um lado, é *um* objeto de pensamento <164> e, de outro, contém todos os outros inteligíveis. Mas, a esse título, não se poderia dizer que os pensa? O que é pensar, senão conter Idéias em si?

Plotino nos diz que na Inteligência há movimento; mas esse movimento é um "movimento imóvel e tranqüilo", uma evolução que, para cada inteligível, consiste em percorrer toda a série dos inteligíveis; mas essa vistoria não toma tempo: tudo isso toma um único instante, que é a eternidade. Há, portanto, uma reflexão da Idéia sobre si mesma, enfim, um pensamento que nada tem em comum com a consciência e seus momentos distintos, heterogêneos e sucessivos. É esse percurso do pensamento por ele próprio que é o pensamento do νοῦς pensando-se a si mesmo.

Textos. V, 3.13: "O pensamento <165> parece ser, quando uma multiplicidade de termos vem coincidir, uma συναίσθησις do todo, no momento em que uma determinada coisa se pensa a si mesma, o que é, propriamente falando, νοεῖν."

A palavra συναίσθησις significa, aqui, síntese interna. Quando todos os inteligíveis vêm fundir-se uns nos outros, então há pensamento do pensamento. É a presença de todos os inteligíveis em cada inteligível que constitui o pensamento do pensamento por ele próprio, o νοῦς pensando-se a si mesmo. Se Platão não deu o nome de νοῦς ao seu mundo inteligível, é porque não admitiu a participação de todas as Idéias umas nas outras. Se a tivesse admitido, poderia ter chamado esse mundo de νοῦς, uma vez que, por toda parte presente a si mesmo por inteiro, teria realmente havido pensamento do pensamento. É por isso que Plotino falou de um pensamento.

<166> Assim, pensamento significa penetração dos inteligíveis uns pelos outros. Esclareçamos um pouco mais essa idéia e, ao mesmo tempo, a teoria da consciência.

V, 3. Plotino procura a condição requerida para conhecer-se a si mesmo. Vê que isso só é possível por uma coincidência daquilo que conhece com aquilo que é conhecido. Se há apenas uma marca impressa, então o conhecimento é imperfeito. Para conhecer-se a si mesmo, é preciso, portanto, ser um princípio absolutamente simples, é preciso identidade do sujeito e do objeto. Na sensação, há conhecimento de modificações exteriores ao ser que sente. Na inteligência discursiva, ou esta sintetiza sensações, e então é mais que a sensação, ou materializa Idéias; mas é sempre distinta daquilo que ela conhece. O conhecimento de si <167> só pode surgir para o ser que é ao mesmo tempo νόησις e νοητόν, isto é, para o νοῦς.

Havíamos abordado as dificuldades levantadas por esse problema da consciência. Para compreender a Idéia de Plotino, é preciso primeiro fazer tábua rasa de nossas concepções atuais. Representamo-nos uma Idéia como algo de posterior à consciência; representá-la como independente é projetá-la para fora da consciência. A Idéia é o centro em torno do qual a consciência gravita, aquilo que é dado primeiro. A consciência é apenas uma sua diminuição. Como poderíamos conseguir nos recolocar nesse estado de alma que é o dos Antigos?

Eis a idéia, importante, de uma identidade: A = A. Tenho consciência disso <168> como? É que eu mudo constantemente, presto constantemente atenção em mim mesmo ao mesmo tempo que nessa idéia. Além disso, vejo essa idéia sob forma de imagem. Por fim, sou exterior a ela, ela me é alheia. Então, é por essas três razões que tenho consciência ao mesmo tempo em que penso. – Faço abstração daquilo que, a todo momento, reconduz minha atenção a mim mesmo, dessa instabilidade que me reconduz a mim mesmo, dessas imagens, dessa exterioridade em face da Idéia: terei a Idéia pura, mas terei, por assim dizer, coincidido com ela; participarei de sua eternidade, inconsciente em um sentido, e coincidindo, no entanto, com meus pensamentos: ela pensa-se a si mesma no inconsciente.

Os gregos tomaram uma idéia, tomaram-na no estado <169> puro, e desde então não viram na consciência nada além de algo que dela sai por via de diminuição. Pois se essa Idéia é o pensamento pensando-se fora do tempo, para passar da eternidade ao tempo nada há que acrescentar, é preciso que a Idéia degenere em imagem, a eternidade em tempo, a interioridade em exterioridade.

O que equivale a dizer que os Antigos não atribuíram à consciência e à pessoa essa dignidade eminente que nós lhes atribuímos[103]. É uma idéia inteiramente moderna esta, de pôr o pensamento pessoal no centro das coisas. Para os Antigos, a consciência é intermediária entre o inteligível, que é hiperconsciente, e o sensível, que é inconsciente. V, 9.7: "Não é porque a Inteligência pensa que a Idéia existe, é porque a idéia existe que <170> a Inteligência pensa." A consciência é como que um acessório. Uma palavra a designa incessantemente: παρακολούθημα, acompanhamento. Ela junta-se à Idéia em sua descida, mas no sentido contrário àquele que lhe conferem os materialistas modernos, para quem a consciência se acrescenta aos movimentos mais complexos da substância cerebral, a algo, por conseguinte, inferior a ela. Pelo contrário, para Plotino ela é uma atenuação de algo superior a ela. Não é uma fosforescência que ilumina o movimento, é uma obscuridade, uma sombra que a Idéia projeta embaixo de si.

2. A FILOSOFIA GREGA
1894-1895
LICEU HENRI-IV
(VACHER)

I – A filosofia grega antes dos sofistas

1. A escola da Jônia

Teria a filosofia grega origens orientais? Teria, pelo contrário, nascido apenas do esforço do pensamento grego[1]? A primeira solução está hoje afastada. Parece que os primeiros pensadores da Grécia simplesmente buscaram a solução de um problema que se põe naturalmente logo que o homem começa a refletir: O que é o universo? Como se formaram as coisas que nos cercam? Enfim, esses primeiros filósofos foram físicos, φυσικοί, pois é o mundo material que atrai primeiro o olhar e, de fato, só bem mais tarde a filosofia irá elevar-se até o mundo das Idéias. E, mais, não foi levada a tanto diretamente, mas pela impossibilidade em que se viram [78-2] os filósofos de resolver fisicamente o problema físico. Os filósofos jônios preocupam-se, então, com a determinação do princípio material das coisas.

Para Tales de Mileto, nascido por volta de 640, esse princípio é a água. É da água que saíram todas as coisas.

Talvez Tales divinizasse esse princípio úmido: "Tudo está repleto de deuses, πάντα πλήρη θεῶν."

Anaximandro de Mileto, seu discípulo, substitui a água por um outro princípio, que chama de indefinido, τὸ ἄπειρον. Desse princípio, dizia ele, saem os contrários.

Anaxímenes de Mileto faz do ar o princípio universal. É por condensação e rarefação, πύκνωσις e μάνωσις, que todas as coisas saem desse elemento primordial.

Mas o filósofo da Escola da Jônia por excelência foi Heráclito de Éfeso, denominado o obscuro, ὁ σκοτεινός, em razão da profundidade de sua doutrina. Segundo Heráclito, o princípio, o elemento primordial é o fogo, mas o fogo mais puro, a luz, um fogo eterno e eternamente móvel. Desse elemento saíram a água, a terra e todas as coisas, pelo jogo de uma força de dissociação, como diríamos hoje, que Heráclito chama de guerra, πόλεμος, ou discórdia, ἔρις. Πόλεμος, dizia ele, é o pai de todas as coisas, πόλεμος πατήρ. As coisas são produzidas pelo efeito da discórdia, πάντα κατ' ἔριν γίγνεται. Essa [79-3] produção de todas as coisas efetua-se à nossa vista. Vemos o fogo, o elemento primordial, materializar-se cada vez mais. Mas, por outro lado, assistimos ao movimento inverso, a terra voltando a ser água, a água voltando a ser ar sutil e retornando, assim, à forma ígnea. Esse processo duplo de solidificação e de evaporação (espiritualização) Heráclito o chamava ὁδὸς κάτω e ὁδὸς ἄνω, o caminho para cima e o caminho para baixo, e o duplo movimento de descida e de subida constituía, segundo ele, um ritmo, παλίντροπος ἁρμονία. Assim, é a guerra que engendra a própria harmonia. Pelo efeito desse duplo movimento, tudo muda, nada permanece. Πάντα χωρεῖ καὶ οὐδὲν μένει. A mudança não é apenas contínua, ela é a própria vida das coisas. Os contrários sucedem-se, metamorfoseando-se um no outro, e metamorfoseando-se em tudo, dizia ele, como as mercadorias em ouro e o ouro em mercadorias, ὥσπερ χρυσοῦ χρήματα καὶ χρημάτων χρυσόν.

O mortal e o imortal são uma só e mesma coisa. Tudo é um e tudo torna-se tudo. Essa idéia da mudança radical e eterna está de tal modo enraizada em Heráclito que este chega a pôr a contradição no fundo das coisas. O dia e a noite, dizia, são a mesma coisa. É o mesmo ser, ora luminoso, ora obscuro. O caminho que vai para cima e aquele que desce são um só e o mesmo. Não se é banhado duas vezes pelo mesmo rio [80-4].

Qual será o fim desse movimento? Se, pelo caminho que desce, as coisas afastam-se de sua forma primitiva, do fogo, pelo caminho que sobe, em compensação, voltam a essa mesma forma. Virá um dia em que o fogo terá reconquistado tudo. Nesse momento, certamente, o mundo recomeçará a evoluir.

A Escola da Jônia, como se pode ver, é uma escola hilozoísta. Falou-se em panteísmo materialista. É evidente que esses filósofos se representam o universo como uma espécie de ser vivo que passa por fases, que se transforma e se transforma radicalmente, se metamorfoseia. O que marcou esses filósofos, e sobretudo Heráclito, o maior dentre eles, é o fluxo incessante das coisas, a mudança universal, o movimento, como ele próprio diz. Essa idéia de movimento, de mudança é de todas a mais obscura para nosso espírito. Não é a mudança o estado de uma coisa que é e que não é, que já não é o que era, que ainda não é aquilo que será, idéia fugidia para nosso espírito, o qual só se pode fixar sobre aquilo que é fixo e imobiliza as coisas pelo simples fato de pensar nelas?[2] Os jônios não recuaram frente à idéia de fazer dessa mudança radical, ininteligível para nosso espírito, a essência das coisas, fiando-se antes de mais nada nos sentidos, na experiência imediata. Por essa razão, foram levados a pôr a contradição nas coisas, a unir os contrários, e compreende-se que alguns filósofos tenham aproximado Heráclito em [81-5] especial daquele que afirmou claramente a identidade dos contrários no real, Hegel[3]. Mas é profunda a diferença entre eles. Heráclito limitou-se à constatação de um fato. Concebe-se, no entanto, que, em face dessa filosofia que fazia do universo e de seu princípio uma coisa absolutamente alheia à natureza do espírito, cuja natureza choca as exigências de nosso pensamento, uma outra escola se tenha constituído, que insiste não sobre o caráter aparente e exterior do ser, a saber, sobre a mudança, mas sobre o caráter essencial que nosso pensamento lhe empresta, a imutabilidade. Tal foi o alvo da filosofia eleática.

2. A escola de Eléia

Os principais filósofos dessa escola foram Xenófanes de Colofão, que se mudou para Eléia e ali fundou uma escola que florescia por volta de 540; Parmênides, seu discípulo, nascido em Eléia por volta de 515; Zenão de Eléia, nascido por volta de 490, e, por fim, Melisso.

Xenófanes parece ter indicado sob uma forma um tanto mitológica e religiosa o princípio ao qual Parmênides e Zenão conferiram uma forma abstrata e filosófica. Esse princípio é: o não-ser não é, τὸ μὴ ὄν οὐκ ἐστίν, o que significa que não há meio-termo entre o ser e o não-ser, ἔστιν ἢ οὐκ ἐστίν. Uma coisa é ou não é. Com efeito, não concebemos que haja meio-termo entre a existência e o nada. Posto esse princípio, deduz-se dele, em primeiro lugar, a impossibilidade da mudança, isto é, do movimento, a mudança participando do não-ser, a [82-6] mudança não sendo nem o ser puro, nem o nada absoluto. Portanto, todo movimento, toda mudança é ilusória. Cabe distinguir, segundo Parmênides, as coisas segundo a verdade, τὰ πρὸς ἀλήθειαν, e as coisas segundo a aparência, τά πρὸς δόξαν. As coisas segundo a aparência são aquelas que chamamos, desde Kant, de coisas fenomenais; as coisas segundo a verdade são as existências, cuja essência é a imutabilidade. Uma segunda conseqüência é a unidade absoluta do ser. Toda multiplicidade é uma aparência, pois atribuir a partes uma realidade qualquer é abrir espaço para o não-ser.

Foi Zenão quem trouxe a demonstração desse princípio, ao mostrar o absurdo do movimento. Seus quatro argumentos contra o movimento ficaram famosos: o primeiro argumento é a dicotomia. Um corpo que precisa ir de A para B terá antes que passar pelo meio A' da linha AB. Mas, para chegar em A', teria primeiro que passar pelo meio, A'', de AA'. E, como esse raciocínio pode ser repetido indefinidamente, o móvel não poderá nunca deixar o ponto A. – O segundo argumento é o Aquiles. O mais lento não será nunca alcançado pelo mais rápido, uma vez que, antes de alcançar aquele que foge, aquele que persegue deve primeiro alcançar o ponto de partida do outro, e esse raciocínio pode ser repetido indefinidamente. Assim, suponhamos Aquiles no ponto A e perseguindo a tartaruga, que parte do ponto B. Quando Aquiles chegar em B, a tartaruga estará no ponto C. Durante o tempo que Aquiles gasta para ir de B para C, a tartaruga irá para C′, e esse raciocínio continua indefinidamente. – Em terceiro lugar, a flecha. Tomemos um movimento, uma flecha que [83-7] voa. Em cada instante de seu pretenso trajeto, ela está imóvel, uma vez que o instante é indivisível e que um movimento, ocupando várias posições, exige vários instantes. Se a flecha está imóvel em todos os momentos, não pode se mover. – Em quarto lugar, o estádio. Sejam três séries de pontos eqüidistantes. A primeira série está imóvel. A segunda série move-se em bloco na direção da flecha. A terceira série move-se em bloco em sentido contrário, mas com a mesma velocidade. Quando C4 chegou embaixo do ponto A, o ponto B4 e o ponto C1 chegaram embaixo do ponto A4. Ora, durante esse trajeto, o ponto C4 passou por todos os pontos B4, B3, B2, B1. Portanto, percorreu a distância B4B1. Mas, por outro lado, só percorreu a metade dessa distância, já que veio postar-se imediatamente embaixo do ponto A. Portanto, se o movimento fosse coisa real, desembocaríamos nessa conseqüência absurda de que uma linha pode coincidir com uma outra igual ao seu dobro.

A filosofia da Escola de Eléia é, como já se disse, uma filosofia idealista. Mas não se deve confundir esse idealismo com o de Platão, por exemplo. Os eleatas afirmam a unidade do ser, sua imutabilidade, em outras palavras, a conformidade do ser com nosso pensamento. Tendem mesmo a confundir o ser com o pensamento. Mas nada prova que tenham feito do ser algo [84-8] absolutamente imaterial e, quando identificavam o ser e o pensamento, talvez estivessem dissolvendo o pensamento no ser. Antes de falar das reconciliações que foram tentadas entre os dois princípios opostos da Escola da Jônia e da Escola de Eléia, falemos de uma escola contemporânea que irá encontrar representantes em todo o resto da filosofia grega e que, talvez de origem estrangeira, exerceu uma influência sobre todos os filósofos antigos, ao mesmo tempo em que, por assim dizer, se manteve fora da evolução da filosofia grega propriamente dita. Estamos falando dos pitagóricos.

3. Os pitagóricos

Pitágoras, nascido em Samos por volta de 582, veio estabelecer-se, por volta de 542, em Crotona, na Magna Grécia (de onde, às vezes, [o nome de] Escola Itálica). É difícil fazer a partilha exata, no pitagorismo, daquilo que cabe ao próprio Pitágoras. É Filolau, contemporâneo de Sócrates, que parece ter conferido à doutrina uma forma mais regular e ter contribuído para disseminá-la. Há, no pitagorismo, toda uma religião que não deixa de ter vínculos com as religiões do Oriente, uma moral muito elevada, por vezes mística, mas há também uma filosofia. A idéia pitagórica por excelência é a da excelência em si e do poder dos números. Os jônios [85-9] notaram a mudança constante e, de modo inverso, os eleatas compreenderam e deslindaram as propriedades lógicas do Ser. O que impressionou os pitagóricos foi a ordem regular, matemática, das coisas. Trata-se, aliás, de matemáticos. Essa ordem que notamos no universo e que é de mesma natureza que a da geometria, da aritmética, da matemática em geral, não pode ser explicada a menos que o número seja a própria essência das coisas. De onde a idéia de identificar as coisas com números, números arbitrariamente escolhidos, aliás. A justiça é o número 4 porque a justiça é análoga ao quadrado, cujos quatro lados são iguais, etc.

4. Empédocles

Falta passar em revista os filósofos que, por suas tendências, ocupam um lugar intermediário entre o dinamismo dos jônios e o mecanicismo dos eleatas[4]. Empédocles, Anaxágoras e Demócrito têm em comum o fato de que proclamam de direito a imutabilidade da substância, no que estão na direção eleata; mas, por outro lado, têm a preocupação de explicar o fenômeno da mudança ressaltado pelos jônios. E é por isso que, em vez de afirmar a unidade da substância, imaginam uma pluralidade de substâncias que, em si mesmas imutáveis, dão-nos a impressão da mudança pela diversidade de seus [86-10] arranjos.

Empédocles, nascido em Agrigento entre 500 e 490, explica todas as coisas por meio de quatro substâncias: o fogo, πῦρ, o ar, αἰθήρ, a água, ὕδωρ, e, por fim, a terra, χθών ou γῆ. Esses elementos combinam-se e separam-se sob a influência de duas forças, a amizade, φιλότης, e o ódio, νεῖκος. No início, estavam conjuntamente fundidos naquilo que Empédocles chama de σφαῖρος. Dali saíram pelo efeito do ódio. Nós assistimos aos efeitos do ódio. Mas, pouco a pouco, a amizade reconquista seu lugar. Encontramos em Empédocles o princípio que foi retomado pelos evolucionistas modernos. Ele disse que as formas superiores saíam das formas inferiores graças à eliminação dos seres que não eram capazes de sobreviver.

5. Anaxágoras

Nascido em Clazômenas, na Ásia Menor, por volta de 500, construiu todas as coisas com aquilo que chama de homeomerias, τὰ ὁμοιομέρεια, ou germes, τὰ σπέρματα. Cada um desses elementos, em quantidade infinita, possui todas as qualidades do todo, mas em proporções diferentes. Primitivamente, todos esses elementos estavam juntos, ὁμοῦ πάντα χρήματα ἦν. Separaram-se e agruparam-se sob a influência de uma força que Anaxágoras chama inteligência, Νοῦς. Assim, pela primeira vez na história da filosofia, o pensamento é erigido em organizador das coisas. Por que se faz necessária a intervenção do pensamento? É que, para agrupar os germes segundo [87-11] suas qualidades dominantes, é preciso discernimento. Assim, o νοῦς de Anaxágoras é provavelmente uma força física, mas capaz de discernimento. É o espírito operando fisicamente.

6. Leucipo e Demócrito

São os dois chefes da escola atomística. O princípio foi provavelmente posto por Leucipo de Abdera (Escola de Abdera). Mas Demócrito, nascido em Abdera por volta de 460, é verdadeiramente o chefe da escola. Segundo Demócrito, os elementos das coisas são os átomos, em quantidade infinita. Esses átomos são corpos desprovidos de qualidades sensíveis, pois as qualidades sensíveis são aparências. Só existem para nossos sentidos, νόμῳ γλυκὺ καὶ νόμῳ πικρόν, νόμῳ θερμὸν καὶ νόμῳ ψυκρόν; os átomos não têm, portanto, nenhuma propriedade além das propriedades puramente geométricas: a forma, σχῆμα, a (dis)posição, τάξις, e a orientação, θέσις. Conforme as diferentes formas que possuem, sugerem-nos a idéia de qualidades diferentes nos corpos. Ao se deslocarem, fazem variar as qualidades dos corpos. É desse modo que, ao mudar de lugar as letras de uma palavra, mudamos radicalmente a própria palavra. Os átomos possuem apenas um pequeno número de figuras, σχήματα, e, assim como escrevemos tragédias e comédias com o pequeno número de letras do alfabeto, assim também [88-12] podemos reproduzir a imensa variedade dos fenômenos e das qualidades com um número limitado de formas de elementos. Os átomos estão em movimento desde sempre; percorrendo o vazio infinito, entrechocam-se ao acaso, formam, assim, corpos: aglomerações e dissoluções de átomos, eis os fenômenos a que assistimos.

II – Os sofistas e Sócrates

Concorda-se, desde Hegel[5], em fazer começar nos sofistas o segundo período da filosofia grega. Até os sofistas, o problema físico é o único que se coloca. Os sofistas chamam a atenção para o homem e para as coisas humanas. A sofística abarca um período de cerca de meio século, 440-400. Essa transformação da filosofia, ou antes esse deslocamento de ponto de vista, prende-se a diversas causas: primeiro, a causas políticas; é o período da hegemonia de Atenas. A vida política concentra-se em Atenas, a democracia triunfa, o papel da eloqüência torna-se preponderante e, para agir sobre os homens, é preciso conhecê-los. É, portanto, para o lado prático, é para a ação secundada pelo conhecimento dos homens que se voltam os espíritos. Além disso, as idéias religiosas estão num processo de transformação. As guerras médicas fizeram com que a Grécia conhecesse novos deuses. De onde comparações que servem antes para diminuir a fé ingênua dos primeiros tempos, de onde um certo ceticismo. Por fim, a especulação propriamente dita, praticada pelos jônios, pelos eleatas e seus sucessores, havia desembocado em dificuldades incontornáveis. Nem Empédocles, nem Anaxágoras haviam conseguido conciliar essas duas filosofias opostas e, ao que parece, igualmente legítimas do ser e do devir. Compreende-se que, por essas diferentes [90-14] razões, o ponto de vista do pensamento grego tenha-se deslocado, que se tenha desviado da especulação pura para abordar as questões da vida prática, as questões morais. É aos sofistas que se atribui, desde Hegel, a iniciativa desse movimento. Nesse sentido, prepararam a filosofia de Sócrates e, por meio do próprio Sócrates, a teoria das Idéias, da qual irá decorrer toda a filosofia grega.

Por vezes, distinguem-se períodos na sofística. Supondo que existam, não são claramente demarcados. Digamos, simplesmente, que quatro sofistas parecem, pelo que nos resta dessa filosofia, ter exercido uma influência marcante: Protágoras, Górgias, Hípias e Pródico. (Protágoras, o individualista – Górgias, o niilista – Hípias, o polímata[6] – Pródico, o moralista.)

1. Protágoras

Nascido em Abdera por volta de 490, morto por volta de 420, veio a instalar-se em Atenas. Ali professou entre 440 e 430. Teve de abandonar essa cidade em decorrência de uma acusação de ateísmo. Assumiu, ele próprio, o nome de σοφιστής, professor de sabedoria. É na doutrina de Heráclito que Protágoras parece se inspirar. E, concentrando sua atenção naquilo que chama de sabedoria, σοφία, isto é, na arte de conduzir-se na vida, interpretando o pensamento de Heráclito em uma direção subjetivista, como diríamos hoje, ensinava que o homem é a medida de todas as coisas, fórmula que nos foi conservada [91-15] por Diógenes Laércio e que é aproximadamente a única coisa precisa que saibamos sobre a filosofia de Protágoras. Πάντων χρημάτων ἄνθρωπος μέτρον, τῶν μὲν ὄντων ὡς ἔστι, τῶν οὐχ ὄντων ὡς οὐκ ἐστί. Ele provavelmente queria dizer, com isso, que a verdade consiste sobretudo em uma relação entre a coisa conhecida e aquele que conhece e, por conseguinte, que a verdade não é coisa absoluta, nem tampouco humana, mas simplesmente individual. A doutrina de Heráclito sobre os contrários podia certamente conduzir a essa conclusão, mas a influência de Demócrito, contemporâneo e compatriota de Protágoras, não deve ser, aqui, desprezada. Demócrito havia falado da relatividade das impressões sensíveis.

2. Górgias

Nascido em Leontini, veio para Atenas por volta de 427. Enquanto Protágoras ensinava a sabedoria, Górgias professava sobretudo a eloqüência. Dos seis discursos que compôs, um único trata de matérias filosóficas, περὶ φύσεως ἢ τοῦ μὴ ὄντος, da Natureza ou do não-ser. Górgias visivelmente sofre a influência dos eleatas, mas interpreta o eleatismo em uma direção cética. Em outras palavras, a conclusão que Górgias extrai do raciocínio dos eleatas sobre a natureza do ser é a de que não pode haver ser. Lembremos as três teses que Górgias se gabava de estabelecer: 1. O ser não é, nada existe; 2. Se fosse, não poderia ser concebido; 3. Supondo que existisse e que pudesse [92-16] ser concebido, não poderia ser expresso.

3. Pródico

De Ceos, nascido por volta de 465, é um puro moralista. Sócrates, que foi seu aluno, faz seu elogio e distingue-o assim dos outros sofistas. Ao que parece, não faltava elevação a suas doutrinas morais. A ele devemos o mito de Hércules colocado entre a virtude e o prazer.

4. Hípias

De Élis, floresceu por volta de 420. Ele também é um moralista. Mas, nele, já se manifestam essas tendências que Sócrates julgou perigosas para a moral e para o Estado, a tendência a separar a lei positiva da lei natural. Hípias insistia na variação da lei escrita. A lei, dizia ele, é um tirano, que nos força a fazer muitas coisas contra a natureza: ὁ νόμος τύραννος ὢν πολλὰ παρὰ φύσιν βιάζεται. A Hípias cabe vincular Trasímaco, que foi mais longe na oposição da lei positiva à lei natural. O direito, diz ele, não é mais que a conveniência do mais poderoso. São os chefes que erigiram em lei aquilo que lhes é útil.

A sofística acaba na erística, que dois sofistas ensinaram, Eutidemo e Dionisodoro[7]. Esses dois sofistas encarregaram-se de tudo demonstrar, o verdadeiro e o falso, e o falso de preferência ao verdadeiro. Empregaram, para tanto, dois tipos de recursos: primeiro [93-17], procedimentos de discussão e, em segundo lugar, paralogismos. Reencontraremos esses paralogismos quando falarmos em filosofia dos sofismas em geral. Quanto aos procedimentos de discussão, citemos: eludir a questão quando ela é embaraçosa; reunir duas questões numa só, de modo que o adversário não possa responder bem a uma sem responder mal à outra; perguntar, quando nos é pedido uma resposta; rejeitar antecipadamente as objeções legítimas, de modo que essas objeções pareçam gastas quando o adversário apresentá-las.

Conclusão

A sofística não é uma ciência, propriamente falando; tampouco é φαινομένη σοφία, uma falsa ciência, como diziam Sócrates e Platão. É antes uma tendência de espírito; ela marca uma guinada do pensamento grego. Os sofistas são ou moralistas ou retores orientados sobretudo para a prática que induzem da experiência de sua arte algumas máximas gerais. Seu mérito foi o de dirigir a atenção para as coisas humanas, τὰ ἀνθρώπεια, como dizia Sócrates, e, nesse sentido, fizeram a filosofia descer do céu para a terra, como Cícero disse acerca de Sócrates. Mas essa filosofia, sob a forma que os sofistas lhe haviam dado, teria permanecido estéril, por não ter método e também por não ter esse caráter de rigor e de generalidade sem o qual não há discussão. Veremos que Sócrates, ainda que conservando o objeto, vai estudá-lo com mais método, ainda que conservando a matéria [94-18], vai trazer uma forma. Por esse lado, como disse Boutroux, Sócrates é verdadeiramente "o fundador da ciência moral"[8].

5. Sócrates

Sócrates nasceu em Atenas em 469 e morreu em 399. Seu pai era escultor. Ele próprio adotou por um tempo essa profissão. Só deixou Atenas para expedições militares, em que demonstrou a maior bravura. Salvou a vida de Xenofonte e de Alcibíades. Sua coragem não era menor na vida civil. Em várias ocasiões, resistiu aos Trinta Tiranos. Foi para obedecer aos deuses e, mais particularmente, ao oráculo de Delfos que Sócrates abandonou a profissão de seu pai e se consagrou ao ensino da Sabedoria. Não possuía ensinamento propriamente dito. Mais ainda, tinha horror da ciência já pronta, daquela que se põe em fórmulas, se repete e se transmite. Seu alvo era menos o de satisfazer os espíritos do que o de fazê-los desconfiarem de si mesmos, o de instigá-los a pensar. Sua conversação devia ter um enorme charme, a julgar pela sedução que exerceu sobre a juventude de Atenas. Podiam-se contar entre seus amigos Críton, Querécrates, Símias, Cebes, Xenofonte e Platão. Talvez houvesse também em sua pessoa mesma algo de misterioso que realmente tinha tudo para atrair. Os atenienses espantavam-se com o contraste entre sua feiúra física extrema e sua beleza moral, entre suas metáforas familiares [95-49], triviais mesmo, e a elevação de sua doutrina. É em 399 que foi levado aos tribunais, acusado de ter corrompido a juventude, de ter incorrido em impiedade ao introduzir deuses novos. Desdenhou defender-se, como também fugir, uma vez condenado. As verdadeiras causas dessa condenação permanecem obscuras. As *Nuvens* de Aristófanes, encenadas em 424, nada têm a ver com essa condenação. Em compensação, a ironia de Sócrates deve ter aborrecido um certo número de seus concidadãos. Por fim e sobretudo, é verossímil que, após a queda dos Trinta Tiranos e na desordem em que se encontravam os espíritos, os atenienses tenham procurado alguém que pudesse ser responsabilizado por sua diminuição moral. Os sofistas não haviam poupado nada. Os atenienses não fizeram diferença entre Sócrates e os sofistas. É como sofista que Sócrates foi condenado.

a) A filosofia de Sócrates

Nós a conhecemos através de Xenofonte e de Platão. A fisionomia de Sócrates é muito diferente no historiador e no filósofo. O Sócrates de Platão é um dialético, amigo da especulação pura, ele cria a teoria das Idéias, na qual, doravante, todo o esforço do pensamento grego iria ser empenhado. Ele procura as dificuldades teóricas. Os problemas que aborda e resolve são os problemas filosóficos, metafísicos, dir-se-á mais tarde, por excelência. Exprime-se em uma linguagem muito elevada, poética, eloqüente. Pelo [96-20] contrário, o Sócrates de Xenofonte é apenas um moralista. Sua linguagem é familiar, por vezes trivial, de uma trivialidade planejada. Negligencia sistematicamente os problemas de ordem especulativa. Qual é o verdadeiro Sócrates? Platão é um filósofo. Ele deve ter penetrado melhor o pensamento do mestre. Mas, por outro lado, Platão é um criador; a teoria das Idéias é seguramente platônica, e, segundo a frase atribuída a Sócrates, "Platão faz com que ele diga muitas coisas nas quais nunca havia pensado". Por outro lado, Xenofonte é um historiador fiel. Deve ter-se prendido à letra do ensinamento socrático. Mas é apenas historiador; talvez não tenha percebido o alcance do ensinamento socrático. Cabe acrescentar que ele, em tudo que escreve sobre Sócrates, tem um objetivo, a apologia de Sócrates. Quer provar que Sócrates não corrompeu a juventude nem ensinou a impiedade. De onde uma tendência a deixar de lado tudo o que há de pessoal, de novo, no ensinamento socrático, para reter justamente apenas o que é conforme à tradição e ao senso comum. O verdadeiro Sócrates, portanto, deve ser procurado numa zona intermediária. Seu ensinamento era puramente moral.

Mas sua moral era uma ciência, e o método dessa ciência era aquele que iria levar Platão à teoria das Idéias. Ele não pôde professar a teoria das Idéias; mas, por outro lado, é de sua inspiração que ela emana [97-21].

b) *Escopo da filosofia de Sócrates*

Segundo Sócrates, cabe renunciar à antiga física. Essa física é impossível, como o atestam as contradições em que desemboca. "Uns dizem que tudo está em movimento, outros que tudo é imóvel; uns dizem que tudo nasce e perece, os outros que tudo é imóvel; uns dizem que tudo nasce, os outros que tudo é eterno." Ela é inútil: mesmo que conhecêssemos as causas que procuramos, conseguiríamos nós produzir os efeitos dos ventos, chuvas, estações? Por fim, ela é ímpia, pois há duas espécies de coisas: as coisas humanas, τὰ ἀνθρώ-πεια, e as coisas divinas, τὰ δαιμόνια. Ora, as coisas da natureza são coisas divinas e é sacrílego pretender conhecê-las pelo raciocínio. O homem só deve ocupar-se das coisas humanas. A máxima γνῶθι σεαυτόν, inscrita no templo de Delfos, tornou-se a divisa de Sócrates. Ele atribuiu-se uma missão divina, a de ensinar os homens a se conhecerem a si próprios; e entendia com isso o hábito de tudo examinar, de tudo pesar, o hábito de agir não por pura rotina, mas por razão e dando-se conta daquilo que se faz, o hábito, sobretudo, de nada empreender sem antes ter medido suas forças, sem saber até onde se pode ir. Ignorar-se a si próprio, diz ele no *Mênon*, é estar bem perto da loucura[9]. Assim, o [98-22] Γνῶθι σεαυτόν já não é a máxima de um psicólogo, é a de um moralista.

c) *Método de Sócrates*

O método de Sócrates é, como ele próprio dizia, a dialética, τὸ διαλέγεσθαι, é uma conversação. Distinguem-se nela vários procedimentos: 1/ A ironia. Sócrates gostava sobretudo de questionar e de fazer de modo que seu adversário se embaraçasse em suas respostas. É em face dos sofistas que ele emprega esse procedimento. Leva-os a reconhecer que nada sabem daquilo que acreditavam saber. Ele próprio acrescentava que não sabia mais que eles, mas pelo menos sabia que nada sabia: ὁμολογεῖ οὐκ εἰδέναι (Xenofonte). Os sofistas censuram-no por esse procedimento nos *Diálogos* de Platão. "Já faz muito tempo que você zomba dos outros, diz-lhe Hípias, interrogando-os sempre sem nunca explicar seu pensamento sobre coisa alguma." A εἰρωνεία é, portanto, um procedimento de interrogação maliciosa, mas de interrogação sistemática, como veremos. 2/ A maiêutica. Com os jovens desejosos de se instruírem, Sócrates procedia de modo diferente. E, interrogando-os também, dirigia suas questões para determinada conclusão dogmática, ele leva seu interlocutor a responder aproximadamente como ele, Sócrates, queria, mas dá-lhe a satisfação de ter encontrado a resposta por si mesmo. Nisso consiste a maiêutica. A palavra foi formada a partir de uma comparação que se encontra no *Teeteto*[10] [99-23].

Nessa passagem do *Teeteto*, Sócrates declara-se estéril em sabedoria, ἄγονος εἰμὶ σοφίας, mas ajuda os outros a desentranhar o que têm no espírito e a distinguir se o que sua alma vem a parir é uma quimera ou uma realidade. 3/ A indução e a definição. Aristóteles reduz os procedimentos socráticos à indução e à definição: τοὺς ἐπακτικοὺς λόγους καὶ τὸ ὁρίζεσθαι καθόλου (os discursos indutivos e a definição geral). O alvo de Sócrates é chegar a definições, isto é, inserir as coisas nos gêneros, subsumir sob um gênero, διαλέγω κατὰ γένη, repartir em gêneros. Discorrendo sobre as virtudes, a piedade, a temperança, a justiça, etc., propunha-se a determinar os gêneros nos quais esses termos estavam contidos e pelos quais podiam ser definidos. Essa importância capital atribuída aos gêneros marca o começo de um novo período da filosofia grega. O gênero, γένος, é a idéia geral, o conceito, como diríamos hoje. Explicar as coisas por meio de idéias, eis toda a filosofia platônica. Sócrates, é bem verdade, restringia às coisas morais a aplicação desse método, a explicação das coisas pelas idéias. Mas Platão vai estendê-lo aos problemas especulativos por excelência. A definição geral é alcançada por indução. A indução não se separa, na verdade, da ironia e da maiêutica; é a direção conferida por Sócrates à conversação, é a dialética socrática indo progressivamente, por questões [100-24] e respostas, dos fatos e das coisas particulares para as definições gerais. O mais das vezes, é por uma série de correções, de retoques que Sócrates se eleva do particular para o geral. Ele irá escolher um exemplo e fará com que seu interlocutor extraia daí uma definição provisória. Depois, irá escolher um exemplo tão afastado quanto possível do precedente e levará seu interlocutor a corrigir sua definição para que se aplique a esse novo caso particular. E assim por diante. Como se vê, essa indução nada tem em comum, afora o nome, com a indução baconiana[11], uma vez que não recorre à experiência. Mas ela só se aplica às coisas morais, às coisas humanas, àquelas que podemos definir sem sair de nossa própria consciência.

d) A moral de Sócrates

Já se disse, nesse sentido, que Sócrates foi o fundador da ciência moral. Com efeito, a idéia com que nos deparamos em diversas ocasiões nos *Memoráveis*, sobretudo na terceira parte, é a de que a virtude é uma ciência: ἐπιστήμη ἄρα σοφία ἐστι, alhures, ele diz ἀρετή – ou φρόνησις ἔσω εἶναι πάσας τὰς ἀρετάς. Por que e como a virtude é uma ciência? Primeiro, sem o conhecimento do bem não se poderia ser virtuoso; assim como não se pode ser [101-25] bom carpinteiro se não se conhece essa arte, também não se pode ser justo se não se conhece a justiça. Mas, conhecendo, seremos bons? Não basta conhecer o ofício de carpinteiro para exercê-lo; mas, quando se trata do bem, conhecê-lo e praticá-lo são uma só e mesma coisa, uma vez que o interesse prático desse conhecimento é tão grande que é absurdo supor que se conheça o melhor e não se queira fazê-lo. De onde essa conseqüência de que ninguém é voluntariamente mau, οὐδεὶς ἑκὼν πονηρός. Essa confusão da ciência e da prática do bem é bastante natural, em uma época na qual a noção de liberdade não era claramente definida, na qual a vontade não era claramente distinguida da inteligência. Acrescentemos que ela é sobretudo natural em um filósofo que define o bem à maneira socrática. O que é, de fato, o bem segundo Sócrates? O bem é aquilo que é conforme à lei, τὸ νόμιμον, à lei divina e à lei humana. Mas o que é conforme à lei? O que é exigido pela cidade e pelos deuses? Sócrates nunca vacilou a esse respeito, é o útil. Nos *Memoráveis*, é sempre por considerações de utilidade [102-26] que Sócrates funda e justifica as virtudes. É verdade que, na moral socrática, a idéia de utilidade não peca por falta de elevação. Sobretudo, não se trata do interesse no sentido inferior da palavra, da satisfação das necessidades materiais. O útil é aquilo que responde a todas as nossas aspirações, sobretudo às mais elevadas[12]. Em um trecho de Platão, Sócrates considera a justiça como a saúde da alma. Resumindo, a moral socrática está fundada na idéia do bem considerado ele próprio como residindo antes de mais nada no útil, mas essa moral não é egoísta, nem utilitária propriamente falando, uma vez que é ciência, uma vez que põe leis gerais e que, por conseguinte, é algo inteiramente diferente do instinto posto em fórmula(s).

Falta definir as virtudes particulares. Elas podem ser reduzidas a três: a primeira corresponde à vida individual, ἐγκράτεια, temperança; a segunda, à vida social em geral, φιλία, a amizade; a terceira, à vida política, a justiça, δικαιοσύνη.

O que é a temperança? É sobretudo a independência com relação aos sentidos. É sobretudo na quarta parte dos *Memoráveis* que Sócrates trata dessa virtude. Sócrates recomenda a temperança, primeiro, por razões de utilidade; o temperante será sempre preferido ao intemperante; depois, por razões mais elevadas [103-27].

A temperança assegura a liberdade da alma. A escravidão com relação às paixões é a pior escravidão, se o peso da servidão pode ser medido pela maldade dos senhores, τὴν κακίστην δουλείαν οἱ ἄκρατοι δουλεύουσιν. Aquele que é temperante imita, nesse aspecto, os deuses.

Em segundo lugar, a amizade (segunda parte dos *Memoráveis*). Sócrates apóia-se primeiro em razões de utilidade. Um amigo é um apoio, e a amizade recomenda-se por outras razões: o conhecimento verdadeiro só pode sair de uma discussão entre amigos, a dialética é o método filosófico por excelência.

Em terceiro lugar, a justiça. Sócrates define o justo: aquilo que é conforme à lei, τὸ νόμιμον. Distingue duas espécies de leis, a lei humana, escrita, e a lei não escrita, νόμος ἄγραφος, a lei divina. Mas guardou-se de opor essas duas leis uma à outra, pois, entre outras coisas exigidas pela lei divina, há primeiro esta de que devemos obedecer a lei humana. Devemos tudo à cidade que faz de nós aquilo que somos e é uma falta grave desobedecer até mesmo a uma lei injusta.

Faltaria, para concluir, dizer uma palavra sobre a crença de Sócrates na divindade. Que Sócrates tenha acreditado nos deuses do paganismo, que tenha havido alguma ironia em sua crença, é bastante provável. Que tenha afirmado a possibilidade de reduzir a multiplicidade dos deuses à unidade de uma Providência, σοφός τις δημιουργός, é coisa certa. Ele fala das relações [104-28] de Deus com a natureza comparando-as com as relações da alma com o corpo. Sócrates conciliava a crença popular com idéias de ordem filosófica. Muito se discutiu sobre seu demônio, sobre essa voz interior que o avisava quando havia um perigo material ou moral a ser evitado. Não é de se duvidar que Sócrates tenha atribuído a essa voz interior um caráter divino. Ele o diz, aliás: Θεῖόν τι μοὶ γίγνεται, há aí, para mim, algo de divino.

Resumindo, Sócrates pode ser considerado de um duplo ponto de vista, como iniciador de uma moral extremamente elevada, a despeito de seu utilitarismo aparente, (e) como criador de um método que recebeu o nome de dialética. Ora, ocorre que, dentre seus sucessores, uns se prenderam antes à matéria de seu ensino, outros, à sua forma. Os cirenaicos e os cínicos, cuja doutrina iria engendrar o epicurismo, de um lado, e o estoicismo, do outro, são discípulos e continuadores da moral socrática. Também era possível apossar-se do método dialético para aplicá-lo a novos problemas excluídos sistematicamente por Sócrates, a problemas puramente especulativos sobre a natureza do ser. É o que fizeram Platão e Aristóteles. Sócrates, enquanto inventor da indução, da definição, dos gêneros, exerceu uma influência decisiva [105-29] sobre a filosofia especulativa: e, por esse lado, a metafísica de seus sucessores deriva de seu ensino[13].

III – Platão

Nascido em Atenas ou Estagira, por volta de 429, discípulo, de início, de Crátilo, discípulo de Heráclito, prendeu-se a Sócrates. Retirou-se para Mégara em 399, depois foi para Cirene, no Egito, na Magna Grécia, e aportou na Sicília, onde viveu por algum tempo na intimidade de Dionísio o Velho. Caído em desgraça, vendido como escravo pelo tirano, recomprado por um amigo, voltou a Atenas em 388. Ali, abriu uma escola nos jardins de Akademos. Morreu em 348 ou 347. Legou-nos *Diálogos*, recomendáveis tanto pelas idéias quanto pela forma dramática da exposição.

1 – Os diálogos morais: o *Cármides*, o *Lísis*, o *Críton*, o *Laques*, o *Protágoras*, o *Górgias*.

2 – Os diálogos de discussão lógica ou dialética: o *Teeteto*, o *Sofista*, o *Parmênides*.

3 – Os diálogos nos quais se entrelaçam e interpenetram questões de moral, de física e de dialética: o *Fedro*, o *Banquete*, o *Fédon*, o *Filebo*, o *Timeu*, a *República*, as *Leis* [107-31].

O ponto de partida da teoria platônica parece ser indicado em um trecho do livro VII da *República*[14]. "Entre as sensações, algumas há que não convidam ao pensamento, à reflexão, pois a sensação basta para explicá-las. Mas há outros dados dos sentidos que sempre incitam à reflexão do pensamento, espantando-o, porque a sensação não oferece aqui nada de inteligível. Eis, por exemplo, um dedo. É ele grande ou pequeno? Os dados dos sentidos são aqui contraditórios, pois ele é grande ou pequeno segundo o objeto ao qual é comparado." Em outras palavras, em inúmeros casos os sentidos nos revelam a contradição, e a reflexão, exercendo-se sobre seus dados e apenas sobre seus dados, vê-se como que atingida pelo estupor. Há um meio de eliminar essa contradição, e Platão o indica, nesse mesmo trecho: dividir aquilo que a sensação confunde e considerar como existindo à parte o que aparentemente pertencia a um único objeto. Assim, o grande não pode ser o pequeno, como tampouco o pequeno pode ser o grande. O que se deve dizer é que o grande existe em si, e o pequeno em si, e que o objeto sensível pode participar de um e de outro. É obscuro se outorgamos a realidade ao objeto sensível. Tudo se esclarece se atribuímos a realidade não a esse objeto sensível, mas às qualidades, das quais, nesse objeto, encontramos exemplares, imagens [108-32].

Aprofundemos essa idéia. Platão conheceu, através de Crátilo, a filosofia jônica, e é realmente o problema da natureza do ser tal como fora colocado pelos primeiros filósofos que Platão retoma. Os jônios notaram o devir universal, a mudança universal e radical. A partir daí, concluíram que as coisas se transformam em seus contrários. Mas, se assim for, tudo é ininteligível, e cabe renunciar a conhecer as coisas, pois uma realidade fugidia que não é nunca e que incessantemente devém, que passa por estados diversos e mesmo contrários, desafia todo conhecimento. Por outro lado, os eleatas formularam as condições da ciência verdadeira quando disseram que o ser, para ser conhecido, deve ser uno e imóvel. Mas, a partir disso, concluíram pela negação da mudança, pela negação do devir; colocaram-se assim fora da realidade sensível e, por assim dizer, cortaram toda comunicação entre o objeto da percepção, a sensação, como diz Platão, e a ciência. A idéia de Platão foi a de desentranhar no mundo sensível ele próprio aquilo que pode tornar-se objeto de ciência. O mundo sensível está num perpétuo devir e, por outro lado, a ciência exige a imutabilidade de seu objeto. Trata-se, portanto, de desentranhar, naquilo que muda, o imutável. Ora, as qualidades, as coisas consideradas isoladamente, satisfazem essa condição. De fato, o que é a mudança? É uma qualidade sucedendo-se a uma qualidade, o branco ao negro, o grande ao pequeno, o quente ao frio, etc. Atribuamos a cada uma dessas qualidades uma existência [109-33] separada, façamos dela algo separável: χωριστόν; a mudança, em vez de ser a transformação ininteligível do objeto branco em um objeto preto, não será mais que a aparição sucessiva, em um mesmo "receptáculo", do branco e do preto, duas qualidades que, em si, são imutáveis. Essas qualidades subtraídas ao devir, à mudança, consideradas enquanto puras qualidades, serão o objeto da ciência e, então, a realidade sensível será vista apenas como o ponto de encontro, de entrecruzamento desses gêneros imutáveis em si mesmos que chamamos de quente e de frio, de branco e de preto, etc. Assim, ao cindir a realidade sensível, ao separar as qualidades, pode-se compreender tanto a mudança quanto a multiplicidade, até mesmo a coexistência em um mesmo ponto de qualidades contrárias. O erro dos físicos em geral foi o de procurar um princípio material das coisas: a água, o fogo, etc. Ao fazê-lo, foram conduzidos à idéia de transformação, idéia ininteligível; pois como uma coisa poderia tornar-se outra do que ela é? Cabe retomar o problema, mas atribuindo à realidade sensível um princípio de outra natureza. Esse princípio é a Idéia.

a) A Idéia

As Idéias constituem o mundo inteligível, τὰ νοητά, κόσμος νοητός, τὸ νοητόν, γένος. Enumeremos os principais traços da Idéia:

1 – A Idéia é um princípio de essência. Em outras palavras, é por sua presença nas coisas sensíveis que as coisas são o que são. Não se deve falar dessas coisas como de indivíduos distintos (coisas sensíveis), mas cabe chamá-las todas elas, sem exceção, de aparências submetidas a perpétuas mudanças. Mas o ser no qual essas coisas [110-34] aparecem para desvanecerem-se em seguida, apenas ele pode ser designado pelas palavras isto ou aquilo. Em outras palavras, há como que um receptáculo das qualidades. É o que chamamos de objeto sensível. Mas o que é realmente, não é o objeto sensível, são suas qualidades. Um texto do *Fédon*[15] é mais explícito: "É pela Beleza que todas as coisas belas são belas e pela Grandeza que as coisas grandes são grandes." Τῷ καλῷ τὰ καλὰ γίγνεται καλά, καὶ μεγέθει τὰ μεγάλα μεγάλα. A Idéia, portanto, é a própria essência das coisas.

2 – A idéia é um gênero. Una em sua essência, entra em uma multiplicidade de objetos sensíveis. O Grande, o Pequeno são evidentemente gêneros, ao mesmo tempo em que essências. "Fédon não é belo por causa de sua beleza, mas por causa da Beleza." É sua participação na Beleza que é um gênero que faz com que o objeto belo seja belo.

3 – A Idéia é pura e imutável. Em outros termos, uma Idéia é aquilo que ela é e não pode ser outra coisa. Enquanto o objeto sensível participa de muitas Idéias ao mesmo tempo e, por conseguinte, é muitas coisas diferentes ao mesmo tempo, a Idéia só é aquilo que ela é. Por

isso, é pura e sem mistura. "Não há contradição entre Sócrates e a Pequenez, uma vez que Sócrates não é a grandeza, ainda que dela participe. Ele pode, portanto, sem deixar de ser Sócrates, admitir a Pequenez, mas a Grandeza nele não o admite [111-35].

Ela pode coexistir com a Pequenez no mesmo sujeito, Sócrates, mas não se confunde com a Pequenez. Numa palavra, não há um único contrário que possa se tornar ou ser seu contrário *(Fédon)*[16].

4 – A Idéia é um arquétipo, um modelo perfeito, do qual a coisa sensível é uma cópia imperfeita.

Tais são os diferentes traços da Idéia, e pode-se compreender, então, as diferentes palavras pelas quais Platão a chama, ἰδέα, εἶδος, παράδειγμα, ἀρχή, αἰτία.

b) Hierarquia das Idéias

No mundo das Idéias, há uma hierarquia, uma ordem segundo a qual as Idéias se dispõem. Essa ordem é indicada pelo parentesco das Idéias entre si. Há Idéias mais gerais que outras, pelo fato de que contêm essas outras, pelo fato de que abarcam uma maior quantidade de ser, pelo fato de que lançam mais luz naquilo que iluminam. Se quiséssemos classificar as Idéias platônicas, encontraríamos: 1/ as Idéias de número e de quantidade; 2/ as qualidades; 3/ os gêneros propriamente ditos (o Homem, o Cavalo); 4/ as essências superiores (o Belo, o Bem...). O Bem é a Idéia por excelência, o sol do mundo inteligível, a Idéia da qual todas as Idéias retiram sua clareza.

Resumindo, as Idéias formam [112-36] o mundo inteligível, isto é, o mundo da ciência, um mundo onde não há nem contradição nem devir, onde os objetos mantêm entre si relações naturais de parentesco, onde são coordenados e subordinados uns aos outros. Esse mundo das Idéias, χόσμος νοητός, que é um mundo da ciência, opõe-se ao mundo sensível, que é o mundo da aparência, da opinião, δόξα, κόσμος ὁρατός, τὰ ὁρατά.

Entre esse mundo sensível, que é o mundo do devir, e o mundo inteligível, que é o mundo das Idéias imutáveis, que relações Platão estabelece? A inteligência, ao aplicar-se aos objetos sensíveis, dissocia-os, por assim dizer, em Idéias. As Idéias, portanto, estão de certo modo no mundo sensível: todavia, não estão inteiramente nele. É antes o reflexo da Idéia do que a própria Idéia que aparece no mundo sensível. As idéias, princípio de ordem e de harmonia, são corrompidas, cá embaixo, pela presença daquilo que Platão chama de indefinido, τὸ ἄπειρον, ou ainda de receptáculo, ou ainda de necessidade – em outras palavras, pelo recurso a um elemento alheio à Idéia e em si ininteligível. Isto faz com que Platão o chame por vezes de não-ser, τὸ μὴ ὄν (do ponto de vista do inteligível). Cá embaixo, as Idéias e suas imagens misturaram-se ao acaso. O mundo sensível, assim, é o mundo da desordem, da contrariedade e do devir. Em um objeto sensível, cada qualidade tomada à parte é inteligível, uma vez que é uma Idéia. Mas a confluência dessas qualidades, sua união, aliás instável, deve-se a um elemento de uma [113-37] natureza inteiramente outra que a da Idéia; e se todo ser é uma Idéia, esse princípio alheio à Idéia deverá chamar-se não-ser. Portanto, o mundo sensível, enquanto sede dos contrários, do devir, da mudança, o mundo sensível é o não-ser, aquilo que não é, e o ser verdadeiro pertence apenas às Idéias. As coisas que percebemos são sombras, fantasmas, que tomamos por realidades (cf. a alegoria da caverna e a ilusão daqueles que, tendo sempre contemplado apenas sombras, não sabem distinguir entre a aparência e a realidade).

c) A reminiscência, o amor e a dialética

Qual será a atitude do sábio, do filósofo, em presença desses dois mundos, um sensível, o outro inteligível? Muito embora o mundo sensível se distinga do mundo inteligível, o objeto sensível participa do objeto inteligível. Platão emprega a esse respeito expressões diferentes, e seu pensamento, com relação a esse ponto, tem algo de indeciso. Ora ele fala de μέθεξις, participação, μίμησις, ὁμοίωσις, imitação, alhures, κοινωνία, comunidade, παρουσία, presença da Idéia nas coisas. O papel do filósofo é o de desentranhar, na sensação, a Idéia e de se elevar, progressivamente de início, depois de um único salto, até às Idéias as mais puras. Ele é incitado a fazê-lo pela reminiscência, de um lado, pelo amor, do outro. Aos sofistas que sustentavam que não podemos aprender, uma vez que se já sabemos o que aprendemos [114-38] não o aprendemos e se não o sabemos, não o poderíamos procurar e por conseguinte aprendê-lo, Platão responde que há algo de intermediário entre a ciência e a ignorância. É a reminiscência, ἀνάμνησις. Pode-se, sem saber o que é uma coisa, saber que ela é e ser assim instigado a aprofundar sua natureza. Sem a reminiscência, não haveria ciência. O que é a reminiscência? A alma viveu outrora no mundo inteligível. Ali, contemplava, via as Idéias, intuía-as (estado passivo). Caiu em um corpo, mas resta-lhe a lembrança daquilo que outrora contemplou. As coisas sensíveis, assim, despertam lembranças em nós. Somos avisados, através disso, de que há outra coisa, e melhor. Essa doutrina da reminiscência, Platão a afirma *a priori*, com base na necessidade de admitir um meio entre saber e ignorar, mas fornece-lhe uma demonstração no *Mênon*[17], onde Sócrates, interrogando uma criança, faz com que esta reencontre por reminiscência as verdades da geometria que declarava ignorar.

Aquilo que a reminiscência é para a inteligência, o amor é para o coração, para o sentimento. Assim como a reminiscência fica a meio do caminho entre a ciência e a ignorância, assim o amor, ἔρως, é intermediário entre a posse e a privação; ἔρως é filho de πόρος, a abundância, e de πενία, a penúria. Ora, vê-se que, cá embaixo, nos afeiçoamos naturalmente [115-39] aos belos objetos. A alma, continuando nessa via, afeiçoa-se em seguida aos belos sentimentos. Mais tarde, encontraria o Belo em si, que é um aspecto do Bem. Pode-se, então, dizer que, enquanto o espírito é incitado pela reminiscência a conhecer o Bem, o coração é compelido pelo amor a possuir o Belo, que não é senão o aspecto do Bem.

O conhecimento começa pela sensação, que é limitada, aliás, ao devir, à mudança. Desemboca na contemplação, νοῦς, ou νόησις, intuição das puras Idéias. Essa faculdade que Platão chama de νοῦς, a inteligência pura, é aquela que põe a dialética em marcha. Mas a dialética exige uma educação prévia do espírito. Entre a sensação, que se move entre as coisas, e a pura inteligência, que contempla as Idéias independentemente de toda realidade sensível, há a faculdade de raciocínio, a inteligência discursiva, a διάνοια. A διάνοια exerce-se sobre as coisas matemáticas, τὰ μαθηματικά, e prepara o espírito para o conhecimento das Idéias. As figuras matemáticas, com efeito, aparentam-se à Idéia por sua generalidade, mas não são livres de toda materialidade sensível. A geometria assim nos prepara para a sabedoria. Que ninguém entre aqui se não for geômetra [116-40].

A dialética propriamente dita é definida por Platão como a arte de fazer, de um, vários e, de vários, um. É um procedimento de divisão e de recomposição. O dialético começa por resolver o objeto sensível em idéias; faz dessa unidade aparente, exterior, uma multiplicidade, só guarda as idéias nas quais chega por uma separação. Essas idéias, ele irá recompô-las, não mais ao acaso, como faz a natureza, mas segundo suas afinidades próprias. O dialético já não corta ao acaso, como faria um cozinheiro inábil; leva em conta as articulações naturais. Reencontra assim, ao lado e acima desse mundo do devir e da contrariedade, o mundo das Idéias, no qual todas as coisas estão dispostas segundo suas relações de subordinação natural. Eleva-se, de início pouco a pouco, das Idéias mais próximas para as mais distanciadas, que são, ao mesmo tempo, as mais gerais. O termo dessa ascensão dialética é a Idéia do Bem. O sábio, que conseguiu contemplar o Bem, possui assim todo conhecimento, uma vez que toda Idéia, por conseguinte, toda realidade extrai da Idéia do Bem sua razão de ser e mesmo seu ser.

d) Deus e o Mundo

Platão abre a [117-41] exposição de sua física, no *Timeu*[18], com esta observação: O mundo físico, trazendo a marca do devir, γένεσις, e não a da existência, οὐσία, não pode ser objeto de ciência certa, ἐπιστήμη. Só se pode dizer a seu respeito o que é provável, é um objeto de crença, πίστις. Assim, a física platônica não nos é proposta como ciência. Tal como aparece, no entanto, o mundo traz evidentemente a marca da organização divina. É como um organizador, com efeito, um δημιουργός, que Platão concebe Deus. Deus distingue-se do Bem? Em várias ocasiões, Platão identifica Deus com a Idéia do Bem. Deus seria, então, o Bem enquanto capaz de agir, de formar as coisas à sua imagem. Por que Deus organizou as coisas? Porque aquilo que é bondade, aquilo que é beleza é ao mesmo tempo fecundidade. Sendo a própria perfeição, Deus não poderia não produzir. Ao não organizar o mundo, ele teria invejado algo no mundo. Ora, aquele que é bom está isento de inveja. Ἀγαθὸς ἦν, ἀγαθῷ δὲ οὐδεὶς περὶ οὐδένος οὐδ ἔποτε ἐγγίγνεται φθόνος. O mundo tem um corpo e uma alma. Tudo aquilo que é pura necessidade no mundo [118-42] deve explicar-se pelo corpo do mundo. Tudo aquilo que é inteligência explica-se pela alma. A organização do mundo por Deus faz-se por intermédio da alma do mundo, que é a única capaz de conhecer e de compreender as Idéias. O mundo assim organizado é bom, é excelente, uma vez que é concebido a partir do modelo de Deus. Deus engendrou tudo – πάντα ἐγέννησε παραπλήσια αἡτῷ – próximo a ele.

e) A alma humana

Em cada um de nós, há um corpo e uma alma. A alma humana compreende uma parte que é propriamente humana. Mas, como a humanidade resume em si as naturezas inferiores, haverá na alma humana duas outras partes, uma correspondendo à animalidade, a outra à vida vegetativa. Esse paralelismo, simplesmente indicado por Platão, tornar-se-á bem mais marcado em Aristóteles. A parte inferior da alma humana é τὸ ἐπιθυμητικόν, a parte média, τὸ θυμοειδής, a parte superior, τὸ λογιστικόν. A alma, pelo menos na sua parte superior, é imortal. As provas da [119-43] imortalidade da alma são numerosas em Platão. Em vários diálogos, Platão voltou a esse tópico: no *Fedro*, na *República*, no *Timeu*; mas é no *Fédon* que as provas da imortalidade são classificadas em uma ordem dialética. Resumamos essas provas:

1 – A primeira prova é extraída da natureza da virtude e da ciência. A alma é capaz de virtude. Ora, a virtude é uma libertação. A sabedoria já é uma separação com relação à matéria. A vida do filósofo, portanto, é uma morte antecipada e, assim sendo, o que poderia a morte física sobre uma alma que já se soltou da matéria? "Livres por esse meio (a ciência), e libertos da loucura do corpo, conheceremos por nós mesmos a essência pura das coisas. (...) Ora, purificar a alma, não seria separá-la do corpo, acostumá-la a fechar-se e a recolher-se em si mesma? E essa libertação, essa separação da alma e do corpo, não seria aquilo que chamamos de morte?" Desse trecho do *Fédon*[19], podemos aproximar um trecho do *Teeteto*[20]: "Devemos procurar fugir o mais rápido possível dessa morada para a outra. Ora, essa fuga é a semelhança com Deus" [120-44].

No livro XI da *República*, encontramos um argumento do mesmo tipo, mas um pouco diferente: "Uma coisa, diz Platão, só pode morrer pelo mal que lhe é próprio (cf. o desenvolvimento dessa idéia no *Sonho de Cipião*)[21]. Ora, o mal da alma é a injustiça. Mas vemos que a injustiça não basta nunca para destruir a alma. Portanto, a alma é indestrutível."

2 – Retomando uma idéia de Pitágoras, a saber, que os contrários se metamorfoseiam uns nos outros, Platão afirma que a vida nasce da morte como a morte nasce da vida. Tudo se transforma, mas nada perece. A alma pode, portanto, metamorfosear-se; não teria como desaparecer. Mas, dirão, a alma talvez perca a lembrança da existência anterior e, então, não será a bem dizer ela quem vai renascer. A essa objeção, Platão responde com a teoria da reminiscência. A reminiscência que experienciamos cá embaixo prova que a existência antes da vida e a exis-

tência após a vida são apenas as formas sucessivas sob as quais a alma eterna se manifesta.

3 – Uma última prova é extraída da própria idéia da alma. O que faz com que uma alma exista é que ela participa da Idéia da alma. Ora, a idéia da alma [121-45] é a de uma coisa que vive; ela exclui a Idéia da morte considerada como aniquilamento. Uma Idéia exclui a Idéia contrária. A Idéia pura da vida exclui a da morte. Portanto, a alma, cuja Idéia participa da Idéia da vida, é incapaz de perecer.

f) Moral de Platão

Retomando novamente uma idéia de Pitágoras, Platão definiu a virtude uma semelhança com Deus, ὁμοιοῦσθαι τῷ θεῷ. A virtude, diz ainda, é, para cada um, a perfeição de sua natureza: Ἡ ἀρετὴ τελειότης ἐστί τῆς ἕκαστου φύσεως. Em que pode consistir essa semelhança com Deus, essa perfeição da natureza humana? Deus é o Bem e não podemos conhecer o Bem sem, por isso mesmo, amá-lo e realizá-lo. A virtude, portanto, consistirá em conhecer o Bem e esse conhecimento exige um esforço; esse esforço é a dialética. É por isso que a sabedoria, σοφία, confunde-se com a ciência, ἐπιστήμη. Essa virtude, sabedoria ou ciência, é o alvo da alma racional, τὸ λογιστικόν, mas cada uma das duas outras partes tem sua própria virtude. A virtude do coração, θυμός, é a coragem, ἀνδρεία. A virtude da parte suscetível de concupiscência [122-46] é a temperança, σωφροσύνη. Em que consistem essas virtudes? Se a ciência, a sabedoria, é o alvo mesmo da vida, a temperança e a coragem só são virtudes por prepararem ou favorecerem a sabedoria. Platão concebe, portanto, o estado do sábio como um estado de equilíbrio, cada parte da alma permanecendo em seu lugar, conservando suas relações naturais com as outras, o ἐπιθυμητικόν estando submetido ao θυμός e este deixando-se guiar pelo νοῦς. Toda virtude consiste, portanto, para uma parte da alma, em conservar seu lugar. Quando esse acordo, que resulta de uma subordinação natural do inferior ao superior, realizou-se, então realizou-se a justiça, δικαιοσύνη. A justiça consiste em retribuir a cada um e a cada coisa aquilo que lhe é devido e, por conseguinte, preservar seu lugar exato. A justiça, portanto, não é apenas uma virtude social, como se diria hoje em dia. Consiste em viver em harmonia: consigo mesmo e, em decorrência, com os outros; esta última parte é, segundo Platão, uma conseqüência.

IV – Aristóteles

Nascido em Estagira, Trácia, em 384. Foi para Atenas em 367. Ali permaneceu por vinte anos. Discípulo de Platão, discípulo sem maior entusiasmo por seu mestre. Deixa Atenas para viajar, em 348. Chamado a ser preceptor de Alexandre por Filipe, em 343. Em 334, volta a Atenas, ensinou sua filosofia nas galerias do Liceu. Seus discípulos foram chamados peripatéticos. Em 323, com a morte de Alexandre, Aristóteles retira-se para a ilha de Eubéia, onde morre em 322.

Sua obra é considerável. Abarca o conjunto das ciências conhecidas no tempo de Aristóteles e mais algumas de que é o criador. Enumeremos as principais, orientando-as com relação à metafísica, que é seu centro.

1 – *Poética e Retórica*.

2 – Tratados de Lógica, reunidos sob o nome de Órganon: as *Categorias*, o tratado da *Interpretação*, os *Analíticos* (*Analíticos primeiros e segundos*), os *Tópicos*, etc.

3 – Os Tratados de moral: *Ética a Eudemo, Ética a Nicômaco*, a *Política*.

4 – Os tratados de Física: a *Física* (φυσική ἀκρόασις), o *tratado do Céu*, o da *alma*, a *história natural dos animais*.

5 – A *Metafísica* – esse título deve-se a um [124-48] dos editores ou dos comentadores de Aristóteles, μετὰ τὰ φυσικά.

a) Escopo da Metafísica de Aristóteles

Até Platão, os filósofos que haviam tratado da natureza do ser, οἱ φυσιολόγοι, haviam se esforçado por dar conta de todas as coisas por meio de um único princípio, e esse princípio era de mesma natureza que as coisas. Quando distinguiam vários elementos, reduziam esses elementos diferentes a uma mesma origem ou encontravam neles uma comunidade de natureza. Platão teve a idéia de explicar o ser por princípios múltiplos e princípios de uma natureza inteiramente outra que a dos objetos sensíveis. Preocupado, por outro lado, em reduzir essa multiplicidade ela própria à unidade, procedeu de modo inteiramente diverso dos físicos, justamente porque já não operava sobre essas coisas, mas sobre idéias. Supôs que essas Idéias estavam subordinadas umas às outras e que se podia, assim, reduzir-lhes o número, à medida que se percorresse sua série, por ir subindo a Idéias cada vez mais gerais. O Bem, que ele colocou no topo dessa hierarquia, resumia e continha todas as outras Idéias, e isso por duas razões: em primeiro lugar, porque, o Bem é a mais geral de todas as Idéias, a mais vasta, aquela à qual [125-49] se chega por generalizações cada vez mais amplas; depois, e sobretudo, porque, toda Idéia sendo qualidade ao mesmo tempo em que gênero, a Idéia do

Bem, que é a da perfeição na qualidade, contém eminentemente, como diziam os cartesianos, todas as qualidades possíveis. Ocorre, assim, que a Idéia do Bem, segundo Platão, contém todas as outras, tanto do ponto de vista da extensão quanto do ponto de vista da compreensão, sendo ao mesmo tempo a Idéia mais geral e a mais rica. Assim, a filosofia platônica é um esforço por resolver as coisas sensíveis em Idéias múltiplas e por reduzir, depois, a multiplicidade das Idéias à unidade do Bem.

Essa filosofia, ao mesmo tempo em que introduzia um novo método de análise e de síntese, uma nova concepção da inteligibilidade, levantava duas dificuldades que, do ponto de vista em que se colocava Platão, eram incontornáveis. A primeira era a das relações entre o mundo físico e o das Idéias, entre o sensível e o inteligível. Platão esforçou-se constantemente por resolver o sensível em [126-50] inteligível, e as coisas em Idéias. Mas chocava-se contra um elemento refratário, elemento que Aristóteles iria chamar de matéria, ὕλη, e que Platão chamava ora de receptáculo, ora de não-ser. E esse elemento não podia ser Idéia, uma vez que a essência da Idéia é ser aquilo que ela é, excluir a mudança e a contrariedade. E o mundo sensível é um mundo que devém, que muda. Assim, a esse esforço de Platão por fazer a Idéia penetrar nas coisas e tornar o mundo inteligível, a natureza do mundo sensível opunha uma resistência invencível.

A segunda dificuldade nasce do duplo caráter da Idéia do Bem, que, segundo Platão, é ao mesmo tempo a Idéia a mais geral e a mais rica em atributos. A lógica demonstra que a extensão de uma idéia está na razão inversa de sua compreensão e que as idéias mais gerais são as menos ricas, as mais vazias. Como Platão fazia da Idéia ao mesmo tempo um gênero e uma qualidade, a Idéia do Bem, que contém todas as Idéias, devia ser ao mesmo tempo o gênero mais vasto e a qualidade mais rica. Essa contradição era [127-51] chocante e iria marcar Aristóteles.

A idéia de Aristóteles, com efeito, foi dissociar esses dois termos, a qualidade, de um lado, e o gênero, de outro. Com Platão, pôs o Bem no topo, fez dele a forma a mais elevada do ser. Mas, enquanto Platão punha nesse mesmo ponto, nesse mesmo lugar, a generalidade mais alta, Aristóteles pôs essa generalidade no mais baixo grau do ser. Ele supõe que o geral é a matéria das coisas, que o Bem é a forma e que, assim, o progresso, no que diz respeito às formas do ser, não consiste em ir na direção daquilo que é ao mesmo tempo o gênero mais vasto e a qualidade suprema, mas, antes, em partir daquilo que é o gênero mais vasto e ir se elevando, por determinações sucessivas, na direção do que é o melhor para cada ser.

Então, esse *substratum* das coisas, que era relegado por Platão no ininteligível, tornou-se, para Aristóteles, algo de inteligível, a saber, o gênero, e a primeira dificuldade vê-se contornada, ao mesmo tempo em que a segunda. Em outros termos, enfim, o resultado da filosofia platônica foi necessariamente o de isolar o mundo [128-52] sensível do mundo inteligível, uma vez que havia no mundo sensível um fundo refratário à Idéia. A filosofia de Aristóteles é um perpétuo esforço por reinstalar o inteligível no sensível, e Aristóteles consegue-o supondo que o fundo do sensível, aquilo que encontramos após a eliminação das qualidades propriamente ditas, já é algo inteligível, algo que se deve definir por sua grande generalidade, algo que é o gênero universal e que precisa apenas ser enriquecido para resultar nas formas superiores do ser. A teoria da matéria e da forma, da potência e do ato, é portanto o essencial da filosofia de Aristóteles.

À teoria platônica das Idéias, Aristóteles endereça objeções que enumera e desenvolve no Livro XIII da *Metafísica*. Platão chegou à teoria das Idéias, nos diz Aristóteles, primeiro, supondo com Heráclito que o mundo sensível está em perpétuo devir; depois, afirmando com Sócrates que o geral, sendo a única coisa imóvel, estável, é o único objeto da ciência. A partir daí [129-53], concluiu pela existência de um mundo inteligível no qual idéias gerais existem isoladas do mundo sensível. Ora, essas duas primeiras premissas da filosofia platônica, segundo Aristóteles, é preciso aceitá-las. Em primeiro lugar, o mundo sensível é realmente o palco da mudança e, por outro lado, não há ciência daquilo que muda. A ciência só pode versar sobre o imutável e o universal. Onde está, então, o erro de Platão? Ele consiste em colocar o imutável, o universal, fora do mundo sensível e em estabelecer entre o mundo sensível e o inteligível uma distinção de substância, ao passo que só há uma diferença de ponto de vista, como se diria hoje. A teoria das Idéias é, em primeiro lugar, desprovida de qualquer fundamento, pois entre a idéia do homem e o homem real há apenas uma diferença de palavras. Em segundo lugar, (ela é) ininteligível e repleta de absurdos. Com efeito, de um lado, a Idéia platônica, sendo o que há de real nas coisas, deveria constituir-lhes a substância; mas, por outro lado, não poderia ser a substância das coisas se existe fora delas, como o quer [130-54] Platão. Por fim, essa teoria não pode ser de serventia alguma, pois não apenas haverá tantas Idéias quantas coisas, cada coisa tendo sua Idéia, mas, além disso, todo objeto encerrando várias qualidades e cada qualidade respondendo a uma Idéia, haverá bem mais Idéias do que coisas, de modo que a teoria platônica complica ao invés de simplificar. Acrescentemos que a

Idéia platônica, segundo Aristóteles, é incapaz de explicar a produção das coisas. Ela não age; é imóvel, alheia ao movimento e ao devir; não pode ser nem causa motora, nem causa final. É preciso procurar no mundo sensível ele próprio os traços da inteligibilidade.

Distingamos, de início, quatro espécies de causas: a causa material, a causa formal, a causa motora ou eficiente e, por fim, a causa final.

A matéria.

A forma.

A causa eficiente.

O objetivo, o fim [131-55].

Em todo trabalho do homem, com efeito, podemos distinguir:

1 – A matéria de que a coisa é feita. Por exemplo, as pedras de que o arquiteto se serve.

2 – A forma imposta a essa matéria, é a casa.

3 – O princípio motor. São os operários que deslocam as pedras.

4 – O objetivo perseguido: é, por exemplo, morar nessa casa.

E quando consideramos o modo de ação da natureza, e não mais o trabalho do homem? Essas causas também se encontram aqui, segundo Aristóteles, mas já não são distintas: as três primeiras são fundidas numa só, mas podem ser distinguidas quanto ao ponto de vista. De fato, quando a natureza trabalha para realizar uma obra, ela modela uma matéria. A causa material existe, por conseguinte, e, além disso, a forma é realmente algo que determina essa matéria e que a ela se acrescenta. A distinção é de fato real entre a ὕλη e o εἶδος. Mas o operário já não se distingue da obra, o trabalho é interno à obra e o princípio de movimento já não é um princípio distinto.

Esse princípio do movimento, devemos confundi-lo com a matéria ou com a forma? Vemos que as coisas tendem, por um esforço interior, a tomar certas formas, a realizar certos tipos. É portanto a atração [132-56] dessa forma, a necessidade de realizá-la que produz a mudança e, por conseguinte, é realmente aqui que temos o princípio motor. Quanto ao fim, aqui, ele também não é distinto da forma, pois o objetivo é o de atingir esse fim por si mesmo, e não em vista de outra coisa[22]. Portanto, para as obras da natureza, a causa motora, o princípio da mudança, e a causa final confundem-se com a causa formal e só se distinguem dela pelo ponto de vista. Seja, por exemplo, a árvore, a planta que provém da semente. A semente é a matéria, a planta, a forma. Essa forma é o objetivo, o fim que o desenvolvimento da semente persegue; e esse desenvolvimento ele próprio, esse movimento, esse devir tem sua causa na necessidade de realizar a forma, na necessidade de tornar-se planta, de modo que é a atração da forma que causa o movimento e a forma é realmente causa motora, ao mesmo tempo em que causa final. Portanto, é a forma que explica tudo. Em toda obra, já num trabalho do homem, no do arquiteto, por exemplo, é a idéia da casa que explica todo o trabalho. Bem mais ainda, no trabalho da natureza, é a forma, a idéia definitiva [133-57] do todo que explica a disposição e a mudança das partes. Cada coisa continua seu movimento, até que tenha atingido a forma que lhe é própria. E isso, diz Aristóteles, porque o acabamento vale mais que permanecer incompleto. A natureza evita o inacabado, o indefinido.

Em todas as coisas, a natureza deseja o melhor. Portanto, toda coisa tende a seu acabamento, a desenvolver tudo aquilo que carrega em si, a realizar sua forma, ela persegue seu bem. O erro de Platão, grave, segundo Aristóteles, foi o de falar do bem em geral, esquecendo que todos os seres não perseguem o mesmo bem, que aquilo que é o bem da planta não é o bem do animal e que cada ser deseja seu bem próprio. Assim sendo, compreendemos a importância da distinção aristotélica entre a potência e o ato, e também veremos como, graças a essa distinção, as dificuldades da teoria platônica são contornadas [134-58].

Se cada ser tem seu bem que lhe é próprio, já não tende para um fim que lhe é exterior como queria Platão; limita-se a desenvolver aquilo que já contém em germe. Portanto, a forma de um ser, isto é, seu acabamento, a plenitude de existência para a qual tende e que é seu objetivo e sua perfeição, τέλος, preexiste na matéria. Mas nela preexiste em potência, diz Aristóteles, δυνάμει. Para que se realize, para que exista em ato, ἐνέργεια, é preciso um devir, um movimento, κίνησις. O movimento, portanto, é a passagem da potência ao ato. Todo devir se deve a uma compulsão interna, o ser desenvolvendo as virtualidades que estão nele e sua potência tendendo a realizar-se em ato. Portanto, entre a matéria, no sentido em que Aristóteles toma essa palavra, e a potência, há apenas uma diferença de ponto de vista, como também entre o ato e a forma. As pedras com as quais o edifício será construído são a matéria do edifício e são também o edifício em potência; por outro lado, o edifício, uma vez dado em ato, é a forma dessa matéria. Assim, forma, perfeição, fim, ato, todos esses termos são sinônimos, para Aristóteles. E, se excetuarmos a forma sem matéria, que é Deus, todos os outros graus do ser são matéria e forma ao mesmo tempo; matéria com relação ao superior, forma com relação ao inferior, potência com relação àquilo que contêm e envolvem em germe, ato na medida em que realizam, desenvolvem potências preexistentes. Se a pedra talhada é matéria com relação ao edifício, é forma com relação à pedra bruta da qual é retirada; e, assim como o edifício está contido em potência nas pedras talhadas, assim a pedra talhada estava em potência na pedra bruta; e aquilo que é em ato em um [135-59] sentido é potência em outro. Haveria, então, uma matéria que seja apenas matéria, uma potência que seja apenas potência? Haveria, por outro lado, uma forma que seja apenas forma? Para chegar à potência que seria apenas potência, isto é, matéria sem forma, seria preciso descer todos os degraus do ser, separar todas as formas, suprimir todas as determinações. Assim, de degrau em degrau, chegaríamos no puro possível, naquilo que ainda não é. Tal é, de fato, a idéia de Aristóteles: a pura potência não é; ela é apenas a possibilidade, a forma é quem dá o ser. Pelo contrário, para encontrar a forma pura, seria preciso elevar-se de degrau em degrau até a existência a mais alta, aquela que, realizando a plenitude do Ser já não contém nada em potência, mas tudo em ato, e que, por conseguinte, realizando tudo aquilo que implica, não pode servir de matéria para nenhuma outra. Se a pura potência não é, uma vez que se reduz à possibilidade, em compensação, a forma pura existe. Ela é mesmo o Ser por excelência: é Deus. Qual é essa forma, e como definir essa perfeição suprema?

Se cada grau do ser é forma e matéria, ato e potência, devemos nos representar o universo como um sistema cujos elementos estão dispostos em uma ordem hierárquica. Quais vão ser esses graus? 1. A matéria inanimada; 2. A Planta, cuja forma é a faculdade de nutrir-se, τὸ θρεπτικόν; 3. O Animal, no qual [136-60] a vida vegetativa serve de matéria para uma forma mais alta, a faculdade de sentir, de desejar e de mover-se, τὸ αἰσθητικόν, ὀρεκτικὸν καὶ κινητικον. À sensação juntam-se necessariamente a imaginação, φαντασία, e a memória, μνήμη ou ἀνάμνησις; 5. No homem, essas faculdades servem de matéria a uma forma mais alta, forma*, νοῦς. A atividade racional é, portanto, a atividade mais alta, forma para a qual o resto serve de matéria, e esse ato realiza todas as potências. Devemos ver nele a perfeição suprema, o objetivo para o qual tudo tende, a razão de ser da natureza inteira. Diremos, portanto, que todas as coisas estão voltadas para o puro pensamento e que o pensamento é Deus. Deus é, portanto, pensamento, pura contemplação. Como poderia ser algo diferente, diz Aristóteles, uma vez que a contemplação é aquilo que há de melhor, ἡ θεωρία τὸ ἥδιστον καὶ ἄριστον? Mas Deus, sendo o pensamento puro, não pode pensar algo diferente dele próprio. Os seres inferiores voltam seus olhos para ele, mas ele não poderia voltar seus olhares para os seres inferiores, isto seria decair, comprometer a pureza de sua essência, pois há coisas que é melhor não ver e ignorar. Sendo, portanto, pensamento do pensamento, não pode agir sobre os seres inferiores por impulsão. Isso seria ir até eles, ocupar-se com eles. Ele só age por atração.

O universo inteiro, com efeito, tende para [137-61] a perfeição, pelo fato de que cada forma do ser contém em potência a forma superior.

Tal é o resumo da metafísica de Aristóteles. Em suma, ela consiste, em primeiro lugar, em fazer descer nas coisas, ἐν τοῖς αἰσθητοῖς, essas formas ou Idéias que Platão havia colocado à parte e com as quais havia feito o

---

* Aparentemente, perdeu-se uma expressão que qualificaria essa segunda ocorrência de "forma". (N. do T.)

mundo inteligível (é portanto nas formas sensíveis que estão as coisas inteligíveis), e em ver na idéia apenas um ponto de vista sobre as coisas. Mas, para transformar assim o platonismo, era preciso eliminar do mundo sensível aquilo que Platão havia encontrado nele de ininteligível, o elemento refratário à Idéia. É o que Aristóteles fez, ao fazer de cada forma ou idéia uma matéria com relação à forma superior. Se cada forma é, em um certo sentido, matéria, então, de modo inverso, toda matéria já é forma e, por conseguinte, inteligível; de onde resulta que, se descemos cada vez mais baixo no ser, se separamos cada vez mais a forma para nos aproximarmos da pura matéria, nos aproximamos sempre, não obstante, de algo inteligível. Essa concepção do ser permite também a Aristóteles reintegrar o devir no ser. O mundo sensível, com suas mudanças e suas transformações, não é mais algo acidental, que coexiste, não se sabe como, com o mundo das Idéias. O devir é inerente às coisas, por ser a realização necessária pelas coisas daquilo que trazem em potência. Assim, ao fazer a Idéia platônica descer nas [138-62] coisas, Aristóteles explica melhor do que Platão tanto o devir quanto as características da ciência[23].

b) A ciência

A ciência principia pela sensação, αἴσθησις, de onde passa para a imagem, φαντασία, e também para a memória, μνήμη. A memória engendra a experiência, ἐμπειρία. A experiência anuncia e imita a ciência, o superior estando sempre indicado no inferior. Ora, as generalidades inteligíveis estão contidas nas coisas sensíveis como a forma está contida na matéria. Concebe-se, então, que da experiência surja a ciência. Mas a ciência só estava em potência na experiência. É preciso, para que a ciência se realize em ato, que uma nova faculdade intervenha, a inteligência, νοῦς. Essa ciência propriamente dita, que desentranha as generalidades, é portanto a última com relação a nós, a primeira na ordem do ser. De modo mais geral, é um princípio da filosofia de Aristóteles que as coisas que são as primeiras em si, τὰ ἁπλῶς πρότερα, sejam as últimas com relação a nós, isto é, aquelas às quais chegamos por último lugar, porque exigem, para serem conhecidas, o maior esforço. É assim que os primeiros princípios, πρῶται ἀρχαί, e as primeiras causas, πρῶται αἰτίαι – isto é, aquilo que é dado de início e do qual todo o resto decorre –, são os últimos na ordem do conhecimento, pelo fato de que exigem, para serem conhecidos e compreendidos, o conhecimento de todos os termos inferiores. É assim que a metafísica ou filosofia primeira é a última com relação a nós [139-63].

c) A moral

Resulta dos princípios da metafísica de Aristóteles que cada ser tem sua atividade que lhe é própria, οἰκεῖον ἔργον, e que essa atividade consiste no acabamento de sua forma, na plena realização de suas potências. Qual é a atividade própria ao homem? No homem, o que há de propriamente humano é o pensamento. O bem, para o homem, vai consistir, portanto, no desabrochamento mais completo da atividade racional. Nisso consiste a virtude e nisso consiste a felicidade. Pois a felicidade, τὸ εὖ ζῆν, e a virtude, τὸ εὖ πράττειν ou τὸ εὖ ποιεῖν, são uma só e mesma coisa. Assim, à virtude mais alta está ligada a felicidade mais completa. Mas há graus na virtude e na felicidade, e é um dos traços característicos da filosofia de Aristóteles admitir graus em todas as coisas e querer que o superior só seja atingido após uma passagem através do inferior. É por graus, é de forma insensível que a potência passa para o ato. Qual seria a atividade superior do homem? Seria imitar Deus e viver no puro pensamento. A virtude e a felicidade consistem antes em olhar para acima de si mesmo. "Não se deve, sendo homem, pensar humanamente, mas tanto quanto for possível, tornar-se imortal"[24] χρή ἐφ' ὅσον ἐνδέχεται ἀθανατίζειν. Tal seria a virtude teorética ou dianoética, a virtude suprema ao mesmo tempo em que a suprema felicidade. Mas, mesmo na satisfação [140-64] que devemos à inteligência, há graus. Deve-se distinguir a pura ciência, ἐπιστήμη, que tem como objeto as coisas que não dependem de nós, isto é, por exemplo, a natureza, e aquelas que Aristóteles chama poéticas ou práticas. Estas versam sobre coisas que depende de nós modificar. Os conhecimentos de ordem poética e prática respondem à arte, τέχνη, ou resumem-se nessa virtude que se chama prudência, φρόνησις. Esses conhecimentos são um encaminhamento para a ciência pura, ἐπιστήμη. Essa é a virtude por excelência. Mas as virtudes dianoéticas elas próprias são preparadas por outras, nas quais encontram sua matéria. São essas virtudes que Aristóteles chama éticas, ἠθικαί, e que podem ser definidas como um meio entre dois extremos. Por exemplo, a coragem, ἀνδρεία, que é um meio entre a temeridade e a covardia; a temperança, σωφροσύνη, que é um meio entre a intemperança e a insensibilidade; a liberalidade, meio entre a prodigalidade e a avareza. Deve-se acrescentar a justiça, δικαιοσύνη, que concerne ao igual e ao desigual, τὸ ἴσον καὶ τὸ ἄνισον. Ela assume duas formas, conforme se exerça na distribuição das honras e dos encargos entre os membros de uma sociedade ou nas trocas entre os cidadãos. No primeiro caso, τὸ ἐν ταῖς διανομαῖς, consiste em uma proporção, cada um devendo ser tratado proporcionalmente a seu mérito. No segundo, τὸ ἐν τοῖς ἀλλάγμασι δίκαιον, justiça comutativa, cada um deve retribuir o que recebeu. A [141-65] justiça estrita, segundo Aristóteles, é completada e corrigida pela eqüidade, τὸ ἐπιεικές, regra mais flexível, capaz de moldar-se à variedade dos casos particulares. À justiça junta-se a amizade. Todas essas virtudes devem ser buscadas, praticadas. Mas nenhuma delas é a virtude absoluta, todas são exercidas em condições que não dependem absolutamente de nós. Para desdobrar sua coragem, por exemplo, a guerra é necessária. Pelo contrário, a virtude suprema basta-se a si mesma. É por isso que a virtude teorética é a virtude por excelência [142-66].

V – O cinismo e o estoicismo

Dissemos[25] que havia dois aspectos na filosofia socrática, o da matéria e o da forma. A forma é o método dialético, com a indução, que é seu procedimento essencial, com a definição ou a delimitação do gênero, que é seu fim. Platão, de início, Aristóteles, depois, são os continuadores do socratismo considerado do ponto de vista formal, considerado do ponto de vista da dialética. Quanto à matéria do ensinamento socrático, é a moral, uma moral que, de um lado, não distingue claramente o bem do útil, mas que, por outro lado, vê na posse de si, no domínio do homem sobre si mesmo, em sua independência ante os bens exteriores, o princípio da felicidade e da moralidade, o interesse principal e também o objetivo da vida humana. Pôde-se dizer, nesse sentido, que o epicurismo, de um lado, o estoicismo, de outro, estavam em germe na moral socrática e não se trata apenas de uma elucubração teórica. Entre Sócrates, de um lado, os estóicos e os epicuristas, de outro, [143-67] a história nos mostra os intermediários. A filosofia cínica e a filosofia da escola de Cirene, que foram perder-se, uma no estoicismo, a outra no epicurismo, foram criadas por discípulos imediatos de Sócrates.

1. O cinismo

O fundador da filosofia cínica[26] é Antístenes, nascido por volta de 444, que foi discípulo de Sócrates e até mesmo, dizem, amigo de Sócrates. De todos os discípulos de Sócrates, é quem mais se assemelha ao mestre por sua maneira de falar e, sobretudo, de compreender o estudo da sabedoria. Como Sócrates, sacrifica os estudos teóricos pela moral. Todavia, não foi tão longe quanto Sócrates nessa via. Os cínicos tiveram uma lógica (teoria do conhecimento), mas à qual não atribuíam uma importância considerável. O cinismo é antes de tudo uma doutrina moral. "O alvo da ciência é dar ao homem a virtude[27] e, pelo intermédio da virtude, a felicidade."

Em que consiste a virtude, em que consiste a felicidade? Consistem, um tanto quanto o outro, em tornar-se independente de tudo que é exterior. Um bem não pode ser, para cada ser, senão o que lhe pertence exclusivamente. E a única coisa [144-68] que pertence exclusivamente ao homem são os bens da alma. Foi-nos conservada essa fórmula que resumia a doutrina de Antístenes: τὰ πονηρὰ νόμιζε...[28], saiba que todas as coisas más são as que são exteriores à alma. O homem, portanto, precisa apenas da virtude para ser feliz. Diógenes o Cínico dizia de Antístenes: "Ele me ensinou o que é meu e o que não é meu. Riquezas, presentes, amigos, nomeada, tudo isso me é alheio. O que é meu? É o uso de nossas idéias: χρῆσις φαντασιῶν."[29] Antístenes provava a vaidade dos bens exteriores mostrando que de nada servem sem o bem verdadeiro, que é a virtude, e que, por outro lado, quando se possui o bem verdadeiro, quando se pratica a virtude, os bens exteriores são de pouca serventia. Desses bens exteriores, mostrava os perigos, os inconvenientes. O que é a riqueza por si mesma? Um meio de comprar bajulações. O que são a honra e a desonra (que nos vêm da sociedade)? Uma vã tagarelice de loucos, pois a estima dos homens é um mal e seu desprezo, um bem, na medida em que nos poupa de esforços vãos. A sabedoria [145-69] consiste em livrar sua alma de todas as preocupações. É contra o prazer, sobretudo, que Antístenes dirigia seus ataques. É o maior dos males, o prazer. A loucura, dizia Antístenes, é preferível à volúpia.

É que, no prazer, o homem torna-se escravo de seu desejo. Ora, o objeto da vida humana é a libertação, a liberdade. É pelo esforço que nos libertamos. Hércules é o deus sob cuja invocação se colocam os Cínicos, Hércules é o deus do esforço. Ravaisson[30] disse que "a filosofia cínica e a filosofia estóica tinham por princípio comum essa idéia de esforço ou de tensão", que essa idéia está no fundo da física estóica, assim como no fundo da lógica e da moral estóicas, e que já está na filosofia cínica. O labor, πόνος, é, portanto, o primeiro dos bens e, nesse sentido, a virtude se ensina, pois pode-se contrair o hábito do esforço, διδακτὴ ἡ ἀρετή ἐστι. Uma outra conseqüência desses princípios é a de que aquele que chegou pelo esforço contínuo a libertar-se dos bens exteriores possui a sabedoria absoluta, tendo-se tornado livre; que, ao contrário, aqueles que dependem dos bens exteriores, sendo escravos, estão infinitamente afastados da sabedoria e, por conseguinte, estão loucos. De onde, segundo os cínicos, duas categorias bem demarcadas de homens, os sábios e os loucos [146-70].

Ao sábio nunca falta nada, tudo lhe pertence, ele é sem defeito tanto quanto sem carência. Semelhante aos deuses, vive entre os deuses. Pelo contrário, a maior parte dos homens, escravos de seus desejos e de suas imaginações, são mais ou menos loucos.

Com Antístenes, o cinismo é uma doutrina filosófica; com Diógenes, é sobretudo uma forma de viver. Diógenes de Sinope, morto em 323, foi discípulo de Antístenes, que conheceu em Atenas, e logo sobrepujou seu mestre por sua faculdade de não precisar de nada. Ia de cidade em cidade, pregando pelo exemplo. Exerceu uma influência considerável, aliás, sobre os que o cercavam e, de um modo geral, sobre seus contemporâneos. O que buscava, dizia, é o bem inerente, o bom estado, a independência da alma e sua tensão. Fazia pouco-caso da ciência. Os Letrados, dizia, ocupam-se dos males de Ulisses e ignoram os seus[31]. Os músicos afinam sua lira, e em sua alma tudo está desafinado. Os matemáticos olham o sol e a lua e não vêem o que ocorre à sua volta. O retor preocupa-se em falar sobre o justo e não em fazê-lo. Diógenes rechaçava a riqueza como incompatível [147-71] com a virtude. O sábio é rico, por outro lado, pois os deuses tudo possuem; ora, os sábios são amigos dos deuses e, entre amigos, tudo é comum. De um modo geral, rechaçava tudo o que é convenção e mesmo conveniência, tudo que deriva da civilização, tudo o que não vem diretamente da natureza. Por certos aspectos, e em particular pelo seu gosto pela prédica moral, assemelha-se a Sócrates, mas os Antigos diziam: é Sócrates enlouquecido, Σωχράτης μαινόμενος. Todavia, em Diógenes, assim como em Antístenes, o princípio da moral é o de que cabe libertar-se e tensionar todas as forças da alma, o de que nisso consistem a virtude e a felicidade. Esse princípio foi resumido nesta fórmula[32] (conservada por) Diógenes Laércio: αὐτάρκη εἶναι τὴν ἀρετὴν πρὸς εὐδαιμονίαν μηδενὸς πρὸς δεομένην ὅτι μὴ Σωχρατιχῆς ἰσχύος.

O cinismo vai perder-se no estoicismo, que conserva o princípio dessa doutrina, mas lhe fornece, ao mesmo tempo em que uma maior elevação, um valor científico superior. Como observou Zeller, a definição cínica da virtude é antes negativa. O cinismo dizia que cabia libertar-se dos bens exteriores; indicava assim aquilo que não se deve fazer. Faltava encontrar uma fórmula positiva [148-72] da liberdade, da libertação da alma; e essa fórmula, os estóicos iriam oferecê-la ao vincular a moral a uma física e a uma teoria do ser.

2. O estoicismo[33]

O fundador é Zenão de Cício (ilha de Chipre), nascido por volta de 350. Discípulo de Crates o Cínico, depois, de Estilpão de Mégara, chefe da escola megárica, abriu, por volta de 310, uma escola na στοὰ ποικίλη. Morreu por volta de 258. Os atenienses tinham por ele o mais profundo respeito e erigiram-lhe um monumento à custa do Estado. Nenhuma de suas obras foi conservada; só temos dele a lista dessas obras, citada por Diógenes Laércio.

Cleantes foi de início atleta, depois carregador de água*; durante dezenove anos discípulo de Zenão, apegou-se sobretudo ao ensino moral desse filósofo.

Aríston de Quios rejeitava a física e a lógica de Zenão e só conservava a ética.

Herílio de Cartago, pelo contrário, fazia da ciência o escopo da atividade humana.

Crisipo de Tarso, 289-209, era considerado pelos Antigos como o segundo fundador do estoicismo: "Se não tivesse havido Crisipo, não teria havido Pórtico", εἰ μὴ γὰρ ἦν Χρύσιππος, οὐκ ἄν ἦν στοά.

Panécio de Rodes, 180-111, ganhou para o estoicismo Laélio e Cipião. Seu tratado περὶ τοῦ καθήκοντος, *Do dever*, é a base do *De Officiis* [149-73].

Posidônio de Rodes, seu discípulo, misturou a filosofia de Platão e a de Aristóteles ao estoicismo. Cícero o ouviu.

Diodoro foi mestre de Cícero.

Cabe ainda citar Cícero, Sêneca, Epicteto e Marco Aurélio.

a) *Escopo do estoicismo*

Num certo sentido, o estoicismo é uma doutrina moral: moral por suas origens, uma vez que o estoicismo saiu do cinismo; moral por suas tendências, uma vez que o estóico subordina tudo à aquisição da sabedoria; moral

---

* Cleantes, a princípio, foi atleta (pugilista), mas, depois que acabou com as 4 dracmas que levara para Atenas, passou a trabalhar para seu sustento. Diógenes Laércio diz que ele ἤντλει, isto é, trabalhava retirando, à noite, água do porão de navios. O mesmo verbo era usado metaforicamente a respeito da realização de um trabalho muito pesado. (N. do T.)

até mesmo por seu objetivo, uma vez que, para alguns estóicos pelo menos, a física e a lógica são meios dos quais a ética é o fim. Mas o estoicismo não é uma doutrina exclusivamente prática, longe disso, pois, segundo os primeiros estóicos, a sabedoria não caminha sem a ciência. Sócrates havia dito que cabia distinguir as coisas divinas e as coisas humanas e que apenas a ciência das coisas humanas pertencia ao homem. Os estóicos não aceitam essa proposição. Diziam, segundo Plutarco, que a sabedoria é θειῶν τε καὶ ἀνθρωπινῶν ἐπιστήμη.

Dividiam a filosofia em física, lógica e ética, e a essas três partes correspondiam, segundo eles, três virtudes essenciais, o conhecimento da natureza, ciência propriamente dita, a disciplina lógica e a cultura moral.

b) A física

Os estóicos propõem-se a aproximar a doutrina de Aristóteles do senso comum, primeiro, e, depois, e sobretudo, das filosofias anteriores, notadamente da física de Heráclito, propõem-se a reatar [150-74] com a antiga tradição grega, fundar uma física aceitável por todos e que sirva de base incontestável à moral. As filosofias que se sucederam até Aristóteles multiplicaram as oposições: oposição do inteligível e do sensível, oposição da potência e do ato, dos sentidos e da razão, da natureza e da lei. É preciso, segundo os estóicos, desfazer essas oposições, conciliar esses termos, espírito e matéria, alma e corpo, vontade e instinto. Ora, dentre as filosofias da antiga Grécia, aquela que fazia derreter as oposições, aquela que aceitava até mesmo a idéia de uma derivação dos contrários uns a partir dos outros, era a filosofia de Heráclito.

É, portanto, pela filosofia de Heráclito que os estóicos eram naturalmente atraídos. Heráclito havia dito que a luz e as trevas, a vida e a morte são a mesma coisa, que o universo é um fogo que se extingue e se reacende, que há no universo tensão e afrouxamento, que nisso consiste a harmonia. É voltando a Heráclito que os estóicos se propõem a desfazer as oposições, derrubar as distinções nítidas estabelecidas por Platão e Aristóteles.

A diferença essencial entre a física estóica e a de Aristóteles foi definida com extrema precisão por Ravaisson, na dissertação sobre o estoicismo: "Aristóteles mostrou que ser é agir. É daí que parte o estoicismo. Mas, para Aristóteles, o movimento [151-75] exige uma ação primeira sem movimento, a do pensamento, superior ao tempo e ao espaço. Para os estóicos, pelo contrário, agir não é senão efetuar, fazer, ποιεῖν, isto é, determinar, movendo-se a si mesmo, um movimento exterior. Desde então, todo ser, pelo próprio fato de que é ativo, é móvel. Sendo móvel, é corpóreo."[34] Tal é o princípio fundamental da física estóica: tudo que é, é corporal. Mas, em cada coisa, há dois elementos, um elemento passivo, a matéria, ὕλη, a qual constitui a substância, οὐσία; essa matéria é suscetível de toda espécie de modificação. Os estóicos chamavam-na, por isso, de ἄποιος ὕλη. Ela é, por outro lado, indefinidamente divisível e, por conseguinte, contínua. O segundo princípio é aquilo que os estóicos chamam qualidade, ποιότης; é aquilo que qualifica a matéria e, por essa razão, os estóicos chamam-na αἰτία, ela dá conta das determinações da matéria. A qualidade é o princípio ativo. Ela responde, no estoicismo, àquilo que Aristóteles chama de determinação. Mas, para Aristóteles, a forma pura é desprovida de matéria e, por conseguinte, incorporal; age sobre as coisas por atração. Pelo contrário, para os estóicos, a forma é inseparável da matéria. Mais ainda, é extensa, como a matéria. A qualidade é coextensa à matéria. Não poderia, com efeito, haver simpatia nem ação mútua entre princípios absolutamente dissemelhantes. O [152-76] incorporal não pode estar em relação com o corporal, οὐδὲν ἀσώματον συμπάσχει σώματι. Portanto, a qualidade assim como a matéria, o elemento ativo assim como o elemento passivo ocupam espaço. Disso se segue que há penetração mútua de todas as coisas e de todas as qualidades. Os estóicos não acreditaram na impenetrabilidade dos corpos. Os elementos são capazes, a despeito de sua diferença, de ocupar o mesmo lugar ao mesmo tempo. Aquilo que não fosse nem extenso nem figurável não poderia existir de modo algum.

Quais são as principais qualidades? Os estóicos classificam as qualidades inspirando-se visivelmente em Aristóteles. No grau mais baixo, os corpos brutos, dotados de uma unidade relativa, cujas diversas partes estão ligadas entre si de algum modo, uma vez que é preciso um esforço para quebrá-los. Esses seres têm uma certa atividade, uma vez que resistem à compressão e tendem a retomar sua forma. Essa qualidade característica dos corpos brutos e que é como que o hábito de uma certa forma, os estóicos chamavam-na ἕξις. Acima dos corpos brutos vêm seres capazes de assumir formas variáveis, muito embora permanecendo idênticos quanto ao fundo, as plantas. A força que se manifesta de modos tão diversos nas fases sucessivas da vegetação é mais que a ἕξις; os estóicos chamam-na φύσις. Por fim, o animal tem, além das qualidades da planta, o sentimento e o movimento [153-77]. A qualidade, que era apenas natureza, φύσις, torna-se, no momento do nascimento, algo a mais, ψυχή, alma. O próprio da alma é poder mover-se a si própria. A alma é aquilo que move o corpo, τὸ κινοῦν τὸν ἄνθρωπον.

Resumindo, há, desde a matéria sem qualidade, desde a ἄποιος ὕλη até às formas superiores do ser, uma continuidade ininterrupta. Por esse lado, os estóicos aproximam-se de Aristóteles. Mas todas essas qualidades, e a própria ἄποιος ὕλη, devem ser consideradas como espécies de fluidos que ocupam espaço e que, capazes de se penetrarem, podem ser estirados simultaneamente ao longo do mesmo espaço. De onde, também, uma diferença profunda, essencial, na concepção da relação dessas qualidades entre si. Com efeito, segundo Aristóteles, as qualidades ou formas eram, todas, graus de perfeição. Não eram suscetíveis, por conseguinte, de se transformarem umas nas outras, uma vez que puras diferenças de qualidade são irredutíveis. Uma Idéia, dizia Platão, não pode se tornar uma outra Idéia; e, do mesmo modo, uma forma, dizia Aristóteles, uma qualidade, não pode ser uma outra forma. Pelo contrário, os estóicos, extremamente preocupados, como dizíamos de início, em apagar as distinções nítidas e desfazer as oposições irredutíveis, os estóicos esforçaram-se por reduzir as diferenças de qualidade a diferenças de quantidade.

Como introduzir uma diferença de quantidade no próprio seio [154-78] da qualidade, considerando-a, não obstante, como uma coisa real, mais ainda, como uma coisa corpórea? Como, aliás, reduzir as diferenças de quantidade as diferenças qualitativas? É da idéia de tensão[35] que os estóicos esperavam uma solução do problema. Toda existência e até mesmo toda qualidade sendo corpórea, devemos nos representar os corpos como diferindo uns dos outros pela maior ou menor tensão. As qualidades desdobradas no espaço representam os diversos graus possíveis de tensão e de afrouxamento de um único e mesmo princípio original; e, por tensão, os estóicos entendiam esforço, ação concentrada, força ativa: é por uma diferença de tensão que se distinguem hábito, ἕξις, natureza, φύσις, alma, ψυχή, e razão, λόγος. São, todas elas, diferentes concentrações do ser.

Mas qual é esse princípio que é o ser por excelência e cujos diversos graus de tensão e de afrouxamento representam todas as formas possíveis da existência? Esse elemento, segundo os estóicos, é o fogo, τὸ πῦρ, ou ainda αἰθήρ. Eles vão buscar em Heráclito tanto a idéia quanto a palavra. Falam, eles também, do fogo operário, πῦρ τεχνικόν. Cícero irá dizer *ignem artificiosum* (no *De Natura Deorum*). O fogo, com efeito, é dotado de uma sutileza infinita e é o elemento mais potente pela tensão [155-79], o mais rápido em seus movimentos, o mais penetrante e o mais impalpável. Está espalhado por toda parte. Não o vemos sair do pedregulho que percutimos, das nuvens, sob a forma de raio, da própria água, já que esta se solidifica quando o calor a deixa? É que ela deve sua fluidez ao calor. O fogo, tal como os estóicos o concebem, é um sopro divino, πνεῦμα, e é causa de todas as coisas, porque é esforço. Segundo os estóicos, esse fogo é o próprio Deus, pois se Deus é razão, não é razão abstrata. Seu papel não é o de compor as idéias entre si. Ele não é, como pensou Aristóteles, pensamento exterior ao mundo, pensamento do pensamento. Deus é antes de tudo força ativa, tensão, τόνος. Percorrendo a matéria que dele saiu pelo simples efeito de seu afrouxamento, que não é senão o afrouxamento de sua substância, circulando através dessa matéria, Deus, ou o fogo divino, é para o mundo aquilo que a alma é para o corpo[36]. E, assim como no homem a alma está estendida por todo o corpo, mas brilha com mais fulgor em alguns órgãos, em particular no coração, assim o fogo divino, isto é, a matéria tensionada, concentrada, está presente em todas as partes da matéria afrouxada e espessada e, não obstante, há pontos do universo nos quais se manifesta com mais fulgor a presença de Deus. Trata-se, segundo alguns estóicos, dos astros e, mais particularmente, do sol [156-80].

Assim, os estóicos voltam a Heráclito, mas animando sua doutrina por um espírito novo. Sua doutrina é um materialismo, talvez, mas um materialismo panteístico, no qual a matéria vem dotada de qualidades que consideramos próprias do espírito, no qual a matéria é antes de tudo força, energia, no sentido preciso de concentração variável. Os estóicos não quiseram renunciar à extensão. Esse é o ponto fraco da doutrina ao mesmo tempo em que aquilo que a põe ao alcance do senso comum. Mas nunca esforço mais poderoso foi tentado para estabelecer uma transição, um nexo entre as qualidades, as formas do ser, sem sacrificar nenhuma delas e assumindo-as todas como igualmente reais e dotadas de uma existência igualmente sólida.

c) Deus

Deus sendo interior às coisas, os estóicos representam-se a ação de Deus sobre as coisas à imagem da ação da alma sobre o corpo. Deus, isto é, o fogo estendido através da matéria, explica a unidade do universo no espaço e a continuidade do universo no tempo. Há um nexo interno entre todos os seres particulares que faz do universo um todo coerente[37]. E, por outro lado, há um encadeamento, ἐπισύνδεσις, entre todos os acontecimentos sucessivos do universo que faz com que o universo seja solidário do presente e [157-81] do passado. Assim sendo, nada se produz que não tenha sua causa, e sua causa necessária, nos acontecimentos anteriores. Não há lugar para o acaso, τύχη.

Os estóicos falavam de um destino interior, εἱμαρμένη, de uma fatalidade, πεπρωμένη, que preside a todas as mudanças do universo. O destino, diziam, é aquilo que conduz o mundo através do tempo, é a lei comum, κοινὸς νομός, que, sempre obedecida, faz do mundo uma cidade bem governada. E é por isso que esse princípio interior ao mundo, eles o chamam ainda de princípio diretor, τὸ ἡγεμονικόν, ou ainda de razão, λόγος, ou, por fim, de Providência, πρόνοια. A Providência não é, portanto, segundo eles, nada além da alma do mundo, ψύχη. Assim, não há lugar para a contingência na natureza; tudo é determinado, necessário, mas a fatalidade, longe de ser cega, é uma só e a mesma coisa que a inteligência, que o espírito.

Resumindo, assim como os estóicos não viam mais que uma diferença dinâmica de tensão entre as qualidades diversas estendidas no espaço, assim, entre Deus e as coisas, entre a alma do mundo e seu corpo, entre o fogo artesão, πῦρ τεχνικόν, e a matéria sem qualidade, ἄποιος ὕλη, só há uma diferença de grau, de tensão, as qualidades percebidas [158-82] medindo todos os graus intermediários entre a absoluta tensão e o último afrouxamento do princípio primordial[38].

d) O homem

Consideremos o homem em particular. Ele deve ser tido por uma imagem reduzida do universo. Como o mundo, tem uma alma e um corpo. A alma é o princípio ativo, o corpo, o princípio passivo, mas entre a alma e o corpo há apenas uma diferença de tensão, de concentração. A alma não é justaposta ao corpo; penetra o corpo intimamente, percorre-o em todos os sentidos, assim como o fogo circula através das coisas no mundo. Pode-se, portanto, dizer, conforme a expressão de Ravaisson, que a alma é co-extensa ao corpo. Essa alma, os estóicos a definiam de diversos modos: é, diziam, um sopro que nos é inato, τὸ συμφυὲς ἡμῖν πνεῦμα, ou, ainda, um fragmento separado de Deus, ἀπόσπασμα τοῦ Θεοῦ (Epicteto). É algo corpóreo como tudo o que existe, mas um corpo no estado de concentração e, por conseguinte, um espírito. Essa concentração não é, aliás, sempre a mesma. Há na alma um princípio diretor, τὸ ἡγεμονικόν, que é o que há de mais concentrado na alma. Esse princípio [158-83] é o que distingue o homem dos animais e o que o aproxima dos deuses. Pois os estóicos distinguiam duas espécies de seres vivos; de um lado, os ἄλογα ζῷα, do outro, os λογικὰ ζῷα. Esse último gênero compreende duas espécies: de um lado, o homem, do outro, os deuses. O que caracteriza o homem é essa faculdade que a palavra grega λόγος exprime e que, por conseguinte, é ao mesmo tempo razão e linguagem. À linguagem, os estóicos atribuíam a mais alta importância. Como a alma chega a estabelecer uma relação com as coisas?

O conhecimento, segundo os estóicos, principia pela representação, φαντασία. Essa representação não é nada além de um choque do objeto ou antes da qualidade exterior contra nosso corpo e, em conseqüência, também contra nossa alma. As qualidades são corpóreas, a alma, corpórea também. A percepção, portanto, é uma mistura íntima daquilo que é percebido e daquilo que percebe. As sensações, à medida que se produzem, imprimem-se na alma; ali persistem e tornam-se, assim, lembranças. As representações novas vêm, assim, espessar as representações antigas, superpor-se a elas. É assim que nascem essas noções comuns, κοιναὶ ἔννοιαι, ou ainda, como os estóicos as chamavam, φυσικαὶ ἔννοιαι, [159-84] noções naturais, πρόληψεις, antecipações, que não são senão idéias gerais, sínteses de experiências passadas que permitem prever o futuro, antecipar-se ao futuro. É com a ajuda dessas noções comuns que nos orientamos entre as coisas da experiência. É por isso que os estóicos chamavam experiência ao mesmo tempo à posse e ao uso das noções comuns. As κοιναὶ ἔννοιαι dos estóicos, portanto, não são princípios propriamente ditos. Se os estóicos por vezes as declaram inatas, ἔμφυτοι, entendem com isso simplesmente que, desde o nascimento, a alma possui o poder de reter e de fundir uns nos outros os dados da experiência, mas é ainda a experiência. Há, portanto, um modo de conhecimento superior, superior àquele que é apenas a aplicação, o uso das noções comuns: é ὁ λόγος, é a atividade puramente racional, separada da representação, φαντασία, da representação particular, individual. O espírito consegue concentrar seu olhar, abarcar de uma só vez a multiplicidade indefinida das noções adquiridas. Não contente com essa síntese, o espírito dá-se conta daquilo que ele é e, sobretudo, daquilo que ele deve ser, do objetivo que ele persegue [160-85].

Assim, tomar consciência de si, voltar ao estado de tensão e, por esse meio, voltar a ser atividade pura, eis o ideal do sábio, e é esse ideal que se realiza ao mesmo tempo pela ciência e pela virtude. O λόγος dos estóicos é, portanto, algo de análogo ao pensamento de Aristóteles. Mas o puro pensamento em Aristóteles pensa-se a si mesmo, é forma sem matéria. O λόγος dos estóicos, pelo contrário, está intimamente misturado à matéria, que, aliás, tem a mesma natureza que ele e só se diferencia dele pelo grau de concentração. Essa matéria é-lhe necessária para que se exerça.

A penetração do corpo pela alma, segundo os estóicos, exige, em primeiro lugar, um esforço, esforço pelo qual a alma se espalha, aliás de forma desigual, por todas as partes do corpo. Esse esforço é uma fadiga e não pode ser sustentado por muito tempo. O sono nos assegura intervalos de descanso. Mas, pouco a pouco, por uma lei fatal, a atividade sensível esgota-se, a alma torna-se incapaz de manter o corpo, de assegurar sua conservação. De onde a morte. O que é que a alma se torna, uma vez solta de suas amarras corporais, sobretudo da preocupação de organizar o corpo? Com relação a este ponto, os estóicos não estão todos de acordo. [161-86] Em primeiro lugar, em princípio, os estóicos consideram a sobrevivência da alma como possível, pois a alma não é uma simples forma, como quer Aristóteles, é um ser, uma coisa. Assim, a alma pode e, mesmo, em certo sentido, deve sobreviver, pois coisa alguma se aniquila completamente. Mas, se essa sobrevivência deve assumir a forma pessoal, não pode ser a imortalidade, pois o que nasceu irá perecer e a forma pessoal da alma, tendo começado a ser, deve ter um fim. Assim sendo, o que é possível, e mesmo provável, é que a alma sobreviva ao corpo sob forma pessoal, mas durante um tempo limitado, mais ou menos longo, enquanto aguarda voltar a entrar no fogo divino que a incendeia. Qual será a duração dessa segunda vida? Para Cleantes, essa duração não depende do valor de nossa conduta na vida presente. A alma só poderá ser destruída pelo abrasamento universal, quando tudo voltar para dentro do fogo divino. Para Zenão, a duração dessa segunda vida é variável e proporcional à força natural que a alma possui. Crisipo professava uma opinião análoga: segundo ele, é só a alma do sábio que sobrevive ao corpo sob forma pessoal até o abrasamento do [162-87] mundo. As outras dispõem apenas de um tempo mais limitado. Aliás, o destino de todas essas almas, quaisquer que sejam, é regulado por sua natureza interior. Libertas do corpo, elevam-se e alcançam regiões tanto mais elevadas quanto mais são virtuosas. Tal é a doutrina exposta por Cícero nas *Tusculanas*, por Sêneca também. A idéia dos estóicos a esse respeito poderia ser aproximada do bramanismo. No bramanismo, com efeito, impera essa idéia de que a má ação age como um peso e que, assim, sem intervenção de um justiceiro, de um Deus pessoal, e pelo simples efeito das forças físicas, se assim podemos dizer, cada alma, após a morte, vai assumir por si mesma o lugar mais ou menos elevado ao qual tem direito no grande todo[39].

Resumindo, em parte alguma há diferença de natureza, há apenas diferenças de grau[40]. A alma distingue-se do corpo, as almas distinguem-se umas das outras por seu grau de tensão respectiva, de onde diferenças de peso, de certa forma, e também diferenças de duração. Não há nem morte absoluta nem imortalidade perfeita, mas graus, forças de sobrevivência. Por toda parte, em suma, [163-88] encontramos uma tendência para reduzir a diversidade das qualidades a uma maior ou menor quantidade de esforço.

e) A lógica estóica

Encontramos aí a mesma tendência. Por lógica, os estóicos entendiam a teoria do conhecimento. A questão fundamental em Lógica, segundo os estóicos, é a do critério, κριτήριον, da verdade. Essa questão, Aristóteles bem que havia pensado nela, aludiu a ela no livro IV da *Metafísica*, mas não lhe atribuía importância e a relegava entre as questões ociosas, como a de saber se no estado normal estamos adormecidos ou acordados. A partir dos estóicos, a questão do critério da verdade assume uma importância capital. Essa questão, os estóicos resolvem-na em conformidade com o espírito de sua doutrina. Todo conhecimento sendo, segundo eles, uma tomada de posse, de certa forma material, das coisas pelo espírito, todo conhecimento sendo o ato do espírito estirado sobre a matéria e fazendo esforço por absorvê-la, quanto mais forte for a atenção, mais profundo e mais perfeito será o conhecimento. Então, no grau mais baixo, será colocada a representação, φαντασία, que é quase que passividade pura. Zenão falava de uma impressão feita pelas coisas, τύπωσις, mas Crisipo, de uma modificação do espírito, ἑτεροίωσις. Ambos [164-89] os termos nos indicam que a φαντασία, para os estóicos, é passiva, mas não puramente passiva. E, com efeito, no estoicismo, não há diferença de natureza; não há nem inércia pura, nem pura atividade. – Acima da φαντασία, os estóicos punham a συγκατάθεσις ou assentimento. Trata-se, aliás, de um estado mal definido, instável, e que só pode ser determinado por referência à compreensão, κατάληψις, que é o grau superior. O assentimento, com efeito, é um estado instável, encaminhamento da representação para a compreensão. Em que consiste a κατάληψις? Para compreender realmente em que ela difere da simples representação, cabe considerar o estado no qual essas duas formas se unem, isto é, essa representação que os estóicos chamam compreensiva, φαντασία καταληπτική, que difere da simples representação pelo fato de que corresponde sempre a um objeto real, ao passo que a representação pura e simples pode ser ilusória. Mas qual é a marca íntima da verdade e qual é seu signo na própria φαντασία καταληπτική? (qual é sua) diferença com relação às outras (representações)? A esse respeito, e aí está verdadeiramente a questão do critério da verdade, a doutrina estóica não é clara. Os estóicos, por vezes, parecem ter caracterizado a representação compreensiva por [165-90] seu acordo com as outras representações, seu caráter sistemático. Mas talvez não resida aí a concepção puramente estóica da verdade e de seu critério. A idéia dos estóicos parece ter sido sobretudo a de procurar a marca da verdade na força interior da idéia, no grau de tensão e de força que assume no espírito. *Veritas norma sui*, dirá Espinosa, já há algo disso no estoicismo. A idéia verdadeira, a representação compreensiva é a idéia de uma tonalidade superior, a idéia mais forte e mais concentrada. As imagens, as comparações de que se servia Zenão são significativas. Ele comparava a φαντασία a uma mão aberta, o assentimento a um punho semicerrado e a compreensão ao punho fechado.

Haveria um esforço intelectual mais intenso que a καιάληψις? Segundo Zenão, além do punho simplesmente fechado, há o punho cerrado, e crispado, e cerrado pelo outro punho que o segura. Esse estado de tensão superior é a ciência, ἐπιστήμη. O que é a ciência e em que se distingue da compreensão? A κατάληψις é a tensão da alma em um caso determinado e sobre uma representação dada. É um ato particular [166-91].

A ciência, ἐπιστήμη, é mais que um ato, é um hábito, ἕξις, é a potência duradoura, definitiva, de nos apoderarmos das representações, de apreendê-las, de absorvê-las. A compreensão, portanto, é para a ciência aquilo que a boa ação é para a virtude. A ciência, portanto, é um estreitamento, uma tonalidade mais forte da alma toda. Como definir esse hábito? O que o distingue é que a alma, chegando a esse estado, só pode perceber o geral, os princípios, ela negligencia o acidente, vai de seguida à essência.

Então, resumindo, com Platão, com Aristóteles, os estóicos põem a atividade superior da inteligência, do espírito, no pensamento propriamente dito, na intuição racional, naquilo que Platão e Aristóteles chamam νόησις. Há uma diferença profunda, não de grau, mas de natureza, entre a sensação ou representação e a atividade racional[41]. Para ir de uma para a outra, é preciso um salto, ὁρμή. Aristóteles, que não ia tão longe, sem dúvida já punha o pensamento na sensação. Não obstante, para ele, o pensamento ainda era algo de natureza diferente da sensação e a sensação só [167-92] se assemelhava ao pensamento porque o pensamento consentia a infiltrar-se nela. Pelo contrário, para os estóicos, a diferença entre a sensação e o pensamento puro ou a ciência é uma diferença de grau. Da representação ao assentimento, do assentimento à compreensão, da própria compreensão à ciência propriamente dita, passa-se por graus insensíveis, sem que nunca algo novo ou superior venha acrescentar-se. Basta ao espírito coextenso à matéria estreitar-se mais e mais sobre si mesmo, de modo que contenha no menor tempo e no menor espaço possíveis a maior quantidade possível de coisas[42]. Assim, em lógica tanto quanto em física, o alvo dos estóicos é desfazer oposições nítidas, derrubar as distinções de natureza e, graças a uma concepção dinâmica da qualidade, ver por toda parte apenas diferenças de grau.

f) A moral estóica

O princípio que governa a moral estóica é o mesmo que governa a física e a lógica, é o princípio de tensão, do esforço. No campo do conhecimento, a razão distingue-se da percepção pelo fato de que não é obrigada a apreender as representações uma por uma; ela pode [168-93] aproximar o passado do presente, pode extrair, espremer* os princípios, contrair o tempo e, pela síntese do passado e do presente, dar ao conhecimento o mais alto

---

* O texto traz "exprimer", que, em francês, pode ter tanto o sentido de "exprimir" quanto o de "espremer". (N. do T.)

grau de tensão possível. Do mesmo modo, no campo da ação, a razão vai diferir do instinto ou do desejo pelo fato de que não estará limitada ao momento presente e irá abarcar a vida inteira. Portanto, substituir a mobilidade da ação sensível, mobilidade que é signo de afrouxamento, pela unidade da ação racional, fazer caber sua vida inteira em um único ato que será a expressão da razão, eis o ideal que o sábio se propõe segundo os estóicos, eis o que chamam soberano bem. A virtude por excelência, alvo do sábio, é portanto aquela que consiste em estirar sua vida inteira ao longo de uma única regra, de um único princípio. Essa virtude, os estóicos chamam-na constância.

A constância é a vida sempre conforme a si mesma, o que os estóicos chamam τὸ ὁμολογουμένως ζῆν, viver em conformidade consigo mesmo, fórmula que Zenão desenvolvia: τοῦτο δ'ἐστὶν καθ' ἕνα λόγον καὶ σύμφωνον ζῆν, é viver segundo um único princípio em acordo consigo mesmo. Os estóicos diziam ainda: nada de bom pode provir da descontinuidade, μηδὲν ἐκ διεστηκότων ἀγαθόν. A vida do sábio, o soberano bem exclui toda descontinuidade, todo afastamento da regra. Esse fim, uma vez realizado, chamar-se-á indiferentemente virtude ou felicidade. Pois os estóicos consideravam a felicidade também como uma harmonia, como a estabilidade da existência que não hesita, que não oscila e que [169-94] repousa sobre uma regra, Εὐδαιμονία δ'ἐστὶ εὔροια βίου, o curso contínuo da vida.

Segue-se daí que a virtude consiste menos nos atos eles próprios do que na disposição interior; ela está na retidão inflexível, na tensão perfeita, naquilo que os estóicos chamavam ὀρθός λόγος, a reta razão. Ora, esse λόγος, essa atividade sempre desperta, esse ardor concentrado é o fogo, o éter, é o elemento primordial, ativo na pureza original. Viver segundo a reta razão, portanto, é reinstalar-se no seio do princípio ativo, do princípio da vida universal, é voltar a Deus. É o que os estóicos exprimiam dizendo que viver segundo a virtude, viver de modo feliz, é viver em acordo, em sinfonia com o deus que está em cada um de nós, κατὰ τήν συμφωνίαν τοῦ παρ' ἑκάστῳ δαίμονος, isto é, com a alma, o princípio universal.

Mas segue-se também daí que a continuidade da vida, que é a virtude e a felicidade, é por excelência uma conformidade à natureza. E, com efeito, à fórmula de Zenão, ζῆν ὁμολογουμένως, Cleantes e Crisipo acrescentavam uma palavra; sua fórmula era: ζῆν ὁμολογουμένως τῇ φύσει, viver em conformidade à natureza. Aquilo que é a natureza por excelência, com efeito, é aquilo que, na natureza, une no espaço todas as partes entre si e, no tempo, o passado ao presente e o presente ao futuro, é o λόγος. Assim sendo, [170-95] contrair o princípio da vida, dissolvê-lo na razão que é sua essência, será realizar completamente a natureza.

Vêem-se, agora, os liames estreitos que unem a moral dos estóicos à sua lógica e, sobretudo, à sua física. O sábio imita a natureza ou, o que dá no mesmo, imita Deus. E, assim como o fogo, de onde todas as coisas saíram por afrouxamento, reconquista por um progresso contínuo as posições perdidas e tende a incendiar todas as coisas, assim também, no homem em particular, o λόγος, que é uma fagulha desse fogo, aspira reconquistar, absorver em si os elementos inferiores que dele saíram por um afrouxamento de sua substância. Os estóicos exprimiam essa idéia quando diziam que a moral é uma imitação da física e que o sábio deve viver segundo sua experiência da natureza, ζῆν κατ'ἐμπειρίαν τῶν φύσει συμβαινόντων.

Quer isso dizer que a virtude seja puramente ciência, pura especulação? Os estóicos, a esse respeito, atacavam Aristóteles. Crisipo, em particular, censurava Aristóteles por este ter posto a virtude em uma contemplação preguiçosa, inativa. Não viam na moral aristotélica senão uma forma de hedonismo. Mas, se a vida racional, βίος λογικός, deve ser uma vida ativa, é a βίος θεωρία, é a especulação que a funda. A moralidade, a virtude não é simplesmente fundada sobre a especulação, está fundida nela, coincide com ela, no sentido de que o sábio age, mas que o valor moral de sua [171-96] conduta está inteiro no conhecimento que ele toma, primeiro, da ação, depois, da regra à qual obedece, por fim, da conformidade de sua ação com a natureza inteira. Assim, o alvo dos estóicos, bem mais próximo do de Aristóteles do que pensavam, é o de conduzir a especulação e a ação ao ponto no qual se confundem uma com a outra.

A virtude, assim definida, não pode admitir graus. Ela é ou não é, pois a retidão da razão, na qual consiste a virtude, é uma διά θεσις (disposição definitiva), que, enquanto tal, não admite nem o mais nem o menos. A virtude não pode nem tensionar-se, sendo a tensão extrema, nem afrouxar-se, uma vez que, então, não seria mais virtude. Ou permanece o que é ou se aniquila. "A virtude é uma linha reta, que não pode deformar-se sem deixar inteiramente de ser aquilo que é", *quod summum bonum est non magis quam regulam flectes* (Sêneca a Lucílio)[43]. Cleantes comparava o homem virtuoso ao verso justo; basta deslocar uma sílaba para que o verso deixe de ser um verso.

Se a virtude é ao mesmo tempo a felicidade, ela esgota todo o conteúdo da idéia do bem. Chamar-se-á bom, ἀγαθόν, tudo que contribui para a vida racional e o ato racional ele próprio. Chamar-se-á mau, pelo contrário, o ato contrário à razão, [172-97] primeiro, e, em seguida, tudo que nos afasta da razão. Os bens, sendo fins por definição, devem ser buscados, αἱρετά; os males devem ser evitados, φευκτά. Mas, entre os bens e os males, entre o que se deve buscar e o que se deve evitar, os estóicos colocavam aquilo que chamavam coisas indiferentes, τὰ ἀδιάφορα. Reconhecem-se as coisas indiferentes por um duplo signo e, em primeiro lugar, pelo fato de que se pode fazer um bom ou um mau uso delas. Assim, a força corporal poderá servir à coragem, mas seria igualmente bem usada para oprimir o fraco, ela é, portanto, um ἀδιάφορον. Assim também com a riqueza, que pode ser posta a serviço das paixões ou empregada em um bom uso. De modo inverso, a pobreza, que parece, de início, ser um mal, pode ser boa para fortificar o caráter. O mesmo pode ser dito da dor em geral. Toda dor é um ἀδιάφορον. Mas, a esse critério, aliás secundário, cabe juntar outro, que é o critério por excelência. Os bens trazem em si a marca de sua bondade, como o verdadeiro traz a marca da verdade. E essa marca é o esforço intenso, a tensão da vontade. Reconhece-se o bem por esse signo, e tudo o que não traz essa marca é indiferente, isto é, é bom ou mau conforme o uso que a vontade fizer dele. Vê-se que os estóicos já diriam o que Kant irá dizer: [173-98] só há uma coisa boa, a boa vontade.

Como devemos usar os ἀδιάφορα? A esse respeito, os estóicos não concordavam entre si. A doutrina estóica oscilou entre o rigor inerente a seu princípio e os abrandamentos que foi preciso introduzir para tornar a doutrina popular. Para Arístōn de Quios, cabe praticar a indiferença em face das coisas indiferentes. Pelo contrário, para Crisipo, talvez para Zenão, há graus na indiferença das coisas. A indiferença perfeita não é muito mais que um limite, como diriam os matemáticos, que nunca é atingido na realidade. Na verdade, a natureza nos orienta para certas coisas, nos afasta de certas outras. Há em nós desejos e aversões inatos. Ora, o que é natural não pode ser mau. Portanto, entre as coisas que não dependem de nós, τά οὐκ ἐφ' ἡμῖν, entre as coisas alheias à nossa vontade, há algumas que se deve <aceitar>, τά ληπτά, outras que cabe rejeitar, τά ἄληπτα; enfim, entre as coisas que não são bens, algumas há mais conformes à natureza, mais bem orientadas do que outras na direção da razão; estão colocadas na frente das outras, προηγμένα, do ponto de vista de nossa escolha. Outras há, pelo contrário, que estão embrenhadas [174-99] na direção oposta, τα ἀποπροηγμένα: são aquelas que cabe evitar.

Essa definição das coisas indiferentes, essa distinção das προηγμένα e das ἀποπροηγμένα permite-nos apreender o verdadeiro sentido da expressão estóica τὸ καθῆκον, o que convém. – Os καθήκοντα são deveres, em certo sentido, que incluem, em particular, os cuidados da família, o exercício da temperança, da coragem. A ação conveniente não é ainda a ação reta, isto é, a ação moral por excelência. Consiste em escolher, dentre as coisas indiferentes, aquela que está na direção da natureza, na direção da razão. Ainda não é a ação reta nem racional, mas é a sua preparação ou sua conseqüência. A ação reta, χατόρθωμα, é a ação plenamente racional, aquela na qual nos damos conta do que fazemos, da regra que seguimos e da necessidade de segui-la. É caracterizada pelo esforço intenso, é a própria virtude, é o bem. A ação conveniente, pelo contrário, não é um bem; pode ser o efeito do desejo, do instinto. Assim, por exemplo, podemos servir os nossos, praticar a temperança, ser corajosos, etc., por instinto, por puro sentimento. Não obstante, ela é conveniente, no sentido de [175-100] que um ser racional, agindo por razão, teria feito a mesma coisa, ela é simplesmente conveniente porque não se pode ler nela, por assim dizer, a presença da razão, isto é, do esforço. Mas, de simplesmente conveniente, torna-se a ação reta, a ação virtuosa por excelência, logo que a razão dela se apodera. Resumindo, não há uma simples diferença de grau entre a ação conveniente e a ação reta. Se, por vezes, os estóicos definem o κατόρθωμα dizendo que é a ação perfeitamente conveniente, não se deve esquecer que há um abismo entre a perfeição e a imperfeição. É de um só golpe e pela adição de um esforço racional que se passa da conveniência para a retidão.

No fundo, a idéia dos estóicos poderia ser assim formulada: há ações orientadas no sentido da razão, outras orientadas em sentido contrário; mas, para que a ação tenha um valor moral, não basta que tenha uma direção racional; é ainda preciso que a razão esteja presente e presente em toda sua força de tensão. É vista de fora que ela é conveniente. O que faz, portanto, a retidão, a virtude, é o esforço interior. Compreende-se que, neste como em tantos outros pontos, tenha sido possível fazer aproximações entre o estoicismo e o cristianismo em geral, entre os estóicos e Kant em particular[44].

Essa concepção da ação reta [176-101] acarreta a condenação, com igual severidade, de todas as faltas, τὰ ἁμαρτήματα. Sem dúvida, há graus na inconveniência assim como na conveniência. Mas a falta propriamente dita, τὸ ἁμάρτημα, começa no momento preciso em que a razão se falseia, renuncia a si mesma, nega-se a si mesma. Nesse momento, deixa a linha reta, está no mal, e o mal não tem graus: ἁμαρτάνειν μᾶλλον καὶ ἧττον οὐκ ἐστίν. Não é possível pecar mais ou menos.

Qual é, no homem, o principal obstáculo para a ação reta? São as paixões, πάθη. O que é a paixão? Em geral, os estóicos consideram todas as tendências naturais como boas, uma vez que definem o bem como uma conformidade com a natureza. Elas estão orientadas para o bem, no sentido de que a ação racional propriamente dita não tomaria outra direção. Tornam-se más na medida em que negligenciamos estirar nossa vontade e nosso esforço ao longo desses movimentos naturais. Eles podem ser convenientes por si mesmos. Mas ignoram a justa medida. Se não jogamos o peso de nossa razão na balança, se nos deixamos ir, acabaremos por ceder de preferência ao impulso de tal ou qual paixão particular. Então, porque seremos arrastados, porque seremos passivos, nosso juízo será falseado, o conhecimento verdadeiro sendo o conhecimento ativo. É a isso que os estóicos aludiam quando diziam que a paixão é um movimento da alma que peca pela [177-102] fraqueza de nosso assentimento, que há em toda paixão uma idéia falsa. Em outros termos, em toda paixão há uma carência, uma insuficiência da razão. O progresso da paixão é este: primeiro, um movimento natural – e esse movimento dar-se-ia de preferência na direção do conveniente; depois, a abdicação, ou pelo menos uma concessão da razão que se deixa ir; depois, por fim, um erro relativo ao valor e à natureza do objetivo perseguido, uma representação falsa de um bem ou de um mal. Se essa representação persiste, se a paixão continua ou se repete, torna-se uma doença da alma, νόσημα. Os estóicos, aliás, reduziam todas as paixões a quatro principais. Se o bem ou o mal que nos representamos de modo mais ou menos falso está por vir, experimentaremos o desejo, ἐπιθυμία, ou o temor, φόβος. Se a falsa aparência do bem ou do mal está presente, experimentaremos prazer, ἡδονή, ou um pesar. Assim, desejo, temor, prazer e dor, eis as quatro paixões fundamentais da alma. Para chegar à sabedoria, cabe estirar a razão ao longo da paixão e, por um esforço contínuo, por um progresso, do qual, aliás, os estóicos marcaram as fases, dissolver as paixões na razão, como uma curva endireitada que acabasse, de endireitamento em endireitamento, por desaparecer em uma linha reta. Nisto consiste o progresso, a προκοπή. O termo desse progresso é a ausência de toda paixão [178-103], é a ἀπάθεια, apatia[45] – que não deve ser confundida com o que os epicúrios chamavam ἀπάθεια, ou mais freqüentemente ἀταραξία. Se a ataraxia epicurista consiste em deixar correr, se consiste em deixar-se levar pelas coisas, a apatia estóica, ao contrário, é o estado de uma alma que se reagrupa, que se concentra sobre si mesma e que vive pela razão pura. Enquanto o sábio epicurista evita as ocasiões de agir, evita, por exemplo, as preocupações, as agitações da vida pública, o sábio estóico procura-as todas as vezes em que não tiver que sacrificar nada de sua dignidade. Buscará a ocasião de exercer sua razão e seu esforço, a ocasião de bem-fazer. Irá, portanto, preferir a vida social ao isolamento, pois apenas a vida social torna possível a justiça e a amizade, isto é, a caridade. Acaso seria preciso lembrar o retrato que os estóicos traçam do sábio? Chegado ao termo do progresso, iguala Zeus e é tão feliz quanto este. Possui virtualmente todos os bens, mesmo as coisas indiferentes como a saúde, a riqueza, a força, uma vez que é o único capaz de usá-las. Possui virtualmente toda ciência, uma vez que ciência e habilidade só podem enxertar-se na razão.

Tal é, nos seus traços essenciais, a filosofia estóica. Partindo da idéia de esforço, da idéia de força, e após ter explicado as qualidades, as formas do ser, por meio de graus correspondentes de afrouxamento do princípio original [179-104], os estóicos nos mostram como, por uma espécie de regressão, essas formas diversas, inferiores, tendem a ser absorvidas pelo princípio puramente ativo que lhes deu origem. A virtude é uma volta desse gênero: é essa regressão no que nos diz respeito e na medida em que somos capazes de realizá-la. A idéia diretriz do sistema é física? é moral? É uma e outra coisa ao mesmo tempo. Que Zenão, discípulo dos cínicos, tenha atribuído ao esforço um sentido e um valor morais, é provável. Mas a originalidade da doutrina está sobretudo na forma física, diríamos antes metafísica, que essa doutrina assumiu em seu espírito. À medida que essa idéia se desenvolvia, reaproximava-se, por um progresso lógico[46], da física dos antigos jônios. E foi assim que o estoicismo regenerou, ao espiritualizá-la, ao conferir-lhe uma alma, ao fazer com que a razão nela penetrasse profundamente, a doutrina hilozoísta dos jônios.

VI – A escola de Alexandria

O fundador do neoplatonismo é Amônio Sacas, que viveu entre 175 e 250 d.C. Nascido de pais cristãos[47], abandonou a religião de sua família pela filosofia. Não conhecemos muito Amônio, a não ser por seu discípulo genial, Plotino, e talvez não se deva julgar Amônio a partir de Plotino mais do que Sócrates a partir de Platão. Tudo o que sabemos de preciso é que Amônio se esforçava por estabelecer a identidade das doutrinas de Platão e de Aristóteles.

Foi Plotino quem conferiu à filosofia neoplatônica a forma de um sistema. Nascido em Licópolis, no Egito, em 204 d.C., foi para Alexandria, onde estudou sob a orientação de Amônio Sacas. Aos quarenta anos, fez uma viagem para Roma, onde converteu para sua doutrina o imperador Galieno, esteve mesmo a ponto de obter dele a permissão de fundar uma cidade na Campânia, com base no modelo daquela descrita por Platão nas

Leis e que deveria chamar-se Platonópolis. Morreu na Campânia, perto de Minturnas, em 268. Havia escrito 54 opúsculos, que Porfírio, um de seus sucessores, classificou pela ordem das matérias e distribuiu em seis partes ou *Enéadas*, assim chamadas porque cada uma compreende nove opúsculos.

A filosofia grega havia sido um longo esforço para triunfar do dualismo, dualismo do múltiplo e do uno, da matéria e da forma. Platão, após ter constituído o mundo inteligível, teve de deixar de fora do mundo das Idéias esse elemento de desordem e de divisão que chamou de indefinido, que foi depois chamado de matéria, de modo que a matéria permanecia de certo modo em concorrência com Deus. [181-106] Aristóteles, sem dúvida, fez com que a matéria penetrasse profundamente na forma, isto é, na Idéia; fez-nos ver o movimento de todas as coisas em direção ao pensamento do pensamento, em direção a Deus. Com isso, estabeleceu a continuidade e, em certo sentido, a unidade do ser. Todavia, não nos fez compreender a derivação das coisas com relação a Deus. Mais ainda, Deus, que é o pensamento sempre concentrado em si mesmo, Deus não pode sair de si mesmo, nem, por conseguinte, produzir, propriamente falando, as coisas. A existência das coisas múltiplas, inferiores, deve portanto ser posta ao lado da do pensamento puro, de Deus. E como não pode ser dele deduzida com necessidade[48], o dualismo subsiste. O estoicismo representa um esforço para triunfar desse dualismo e consegue-o, sem dúvida, mas consegue-o fazendo com que Deus desça nas coisas, com que ele seja absorvido pelas coisas, emprestando-lhe uma forma corpórea, despojando-o da unidade que deve ser sua essência. Plotino irá voltar à verdadeira concepção da divindade e restabelecer a unidade do ser, graças àquilo que crê ser a interpretação verdadeira do platonismo.

Platão havia distinguido profundamente as Idéias, de um lado, o mundo sensível, do outro. E, dentre as Idéias, uma havia que, segundo Platão, iluminava, ao dominá-las, todas as outras: é o Bem, τὸ ἀγαθόν. Mas o Bem, segundo Platão, ainda era uma Idéia. Plotino, negligenciando, a esse respeito, as asserções formais de Platão – negligenciando-as por erro, mas por um erro que foi um erro genial –, fez do Bem algo diferente de uma Idéia, mais que uma Idéia; e, assim, chega a uma concepção nova, profunda, não apenas do próprio Bem, mas também das Idéias e, por fim, do ser em geral. Na natureza, diz-nos Plotino, vemos que toda coisa existe em virtude da forma que a determina, τὸ εἶδος, isto é, pelo pensamento que traz nela própria e que se encontra nela como que adormecida. Vemos também que as almas encontram seu fim último no pensamento, pois a ação [182-107], segundo Plotino, não é mais que uma fraqueza da especulação, ἀσθένεια θεωρίας. Assim, o pensamento está no fundo de tudo. Por outro lado, o pensamento pode tomar por objeto as coisas múltiplas, pode, em seguida, elevar-se mais acima e pensar a alma. Pode elevar-se mais alto ainda, passar às puras Idéias, aproximar seu objeto de sua própria essência e, assim, tomar-se cada vez mais a si mesmo por objeto. Mas, mesmo então, mesmo quando se tornou pensamento do pensamento, o dualismo irremediável da matéria e da forma subsiste nele. O princípio supremo, o princípio divino não pode ser, portanto, nem aquilo que pensa, nem aquilo que é pensado, nem o que se pensa a si próprio. É superior tanto ao pensante quanto ao pensado, ao νοῦς e ao νοητόν, é o absoluto, τὸ αὔταρκες. Elevemo-nos, portanto, acima do mundo sensível, acima da alma, acima da inteligência, diremos então que Deus é a unidade perfeita que se basta a si mesma. Nesse sentido, Deus é mais que ser, ἐπέκεινα τοῦ ὄντος. Pois o ser é uma determinação, uma limitação, pelo menos o ser que conhecemos. Não se pode, portanto, atribuir a Deus a existência no sentido em que a inteligência humana emprega essa palavra, ele é mais que existente. Tampouco se pode atribuir a Deus a Beleza, pois ele é o princípio da beleza e, por conseguinte, mais que a própria beleza[49]. Acaso iremos atribuir-lhe a inteligência? a faculdade de pensar? Mas o Uno, τὸ ἕν, não poderia pensar sem se distinguir daquilo que ele pensa e não poderia pensar-se a si próprio sem se dividir e, por conseguinte, aniquilar-se. O pensamento, segundo Plotino, é um esforço do múltiplo para reencontrar o Uno. Como Deus, que é a própria unidade, poderia pensar? O pensamento é o ato do νοῦς que se volta para o bem supremo para reencontrá-lo, para voltar a ele. Como poderia pertencer àquilo que é o Bem em si? A inteligência é um órgão [183-108] necessário àquelas essências que não encerram em si o princípio mesmo do pensamento. Mas, se essas essências possuíssem esse princípio, se fossem esse próprio princípio, um tal órgão ser-lhes-ia inútil. "O olho, diz Plotino, serve para que um ser por si mesmo desprovido de luz veja a luz. Mas, se esse ser fosse a própria luz, não teria o que fazer com um olho." Assim, Deus é alheio à inteligência, é mais que inteligência, assim como é mais que bondade e mais que ser.

Acaso iremos atribuir a Deus a atividade? Todo ato que divida a essência do Bem repugna-lhe absolutamente. Se, portanto, colocamos nele a ação, é só com a condição de fazer coincidir sua ação com sua essência. Se Deus é causa, é de um modo inteiramente diferente das causas que conhecemos. Sendo o princípio do ser e mais que ser, é o princípio da causalidade, αἴτιον τοῦ αἰτίου, e, por conseguinte, mais que causa. Acaso iremos atribuir a Deus a liberdade? A liberdade, tal como a conhecemos, nos diz Plotino, consiste em ser senhor de si e de seus atos, implica portanto uma dualidade, a dualidade daquilo que comanda e daquilo que obedece, ou, para falar de forma mais precisa, a dualidade da essência ou da natureza, de um lado, e da ação, do outro, a liberdade consistindo em uma certa potência que contém vários possíveis e que realiza tal ou qual dentre eles. Essa liberdade que implica dualidade ou divisão não pode estar em Deus. A liberdade divina deve, portanto, ser concebida negativamente. É a independência absoluta, o fato de bastar-se plenamente a si mesmo. Em outros termos, Plotino concebe a liberdade divina como Espinosa irá concebê-la, com a condição de levar em conta a diferença dos pontos de vista. É a liberdade que uma definição geométrica teria, caso contivesse toda a geometria, não sendo limitada por nenhuma outra e, assim, dependendo apenas de si mesma[50]. Tampouco deveremos pôr em Deus [184-109] a vontade no sentido humano da palavra, pois essa vontade supõe a escolha, e a escolha é um devir, um movimento, como diz Plotino. Ora, Deus é um Bem imutável e só pode ser aquilo que ele é. Sua vontade coincide, por conseguinte, com sua natureza. Resumindo, Deus está acima de todas as determinações que podemos conceber e, em decorrência, está acima de toda definição. Mas, se nenhuma idéia pode abarcar Deus, se nenhuma palavra pode exprimi-lo, há algumas palavras que pelo menos não exprimem nada de contrário à natureza de Deus, que podem ser consideradas como a definição negativa de Deus. Assim, na medida em que as coisas múltiplas derivam dele, e por oposição a essas coisas múltiplas, ele é o Uno, τὸ ἕν. E, por outro lado, na medida em que os seres múltiplos voltam-se para ele e aspiram a reinserir-se nele, ele é o Bem. Deus, portanto, é o Uno, do ponto de vista da derivação dos seres, e o Bem, do ponto de vista de sua conversão, ἐπιστροφή. É o Uno do ponto de vista da processão e o Bem do ponto de vista da conversão.

Como Deus engendra as coisas? Como o múltiplo sai do Uno? Problema tremendo, segundo Plotino, pois se as coisas múltiplas já estavam no Uno, no primeiro, τὸ πρῶτον, dividiam sua essência; e se não estavam no Uno, como pôde o Uno dar aquilo que não tinha? A solução desse problema, segundo Plotino, está no poder transcendente do Uno e naquilo que se poderia chamar de transbordamento de sua perfeição. O Uno sendo o superior, deixa sair dele o mundo, o inferior, que, no entanto, não estava contido nele sob essa forma. O cartesiano diria que o Uno continha as coisas [185-110] inferiores eminentemente, e não formalmente; que o Perfeito contém o imperfeito, uma vez que este é menos que o Perfeito, mas que essa implicação do imperfeito no Perfeito não supõe de modo algum uma divisão do Perfeito[51]. Assim, o múltiplo sai do Uno sem que o Uno se divida. O Uno é imutável, mas os seres saem dele por radiação, περίλαμψις. É assim que os raios de luz saem do sol sem dividi-lo, que a fonte de onde flui o rio não se esgota e, mesmo, não flui. A produção das coisas por Deus não é, portanto, um ato particular de Deus, que teria sua data na História. É ainda menos um esforço que duraria um certo tempo e após o qual Deus, saído do repouso, a ele voltaria. A geração das coisas por Deus faz-se na eternidade e sem que isso venha a perturbar o repouso de Deus, sem que sua imutabilidade tenha que sofrer por isso. Ponha-se o Uno e será posto também aquilo que decorre de sua essência, o que ele contém eminentemente em sua perfeição. Deus, portanto, vem antes das coisas na ordem da dignidade e na ordem da lógica, mas não na ordem cronológica.

Por que Deus engendra as coisas? Por que o Uno não permanece absorto em sua unidade, acima do devir, acima do ser? Plotino responde que se o Uno é o mais perfeito de todos, é preciso, de um modo ou de outro, que as potências inferiores ao Uno se limitem a imitá-lo. Ora, vemos que algo que aspira à perfeição não pode contrair-se apenas sobre si, mas, pelo contrário, tende a produzir-se lá fora: é uma lei universal, segundo Plotino, uma lei aplicável mesmo aos menos inteligentes dos seres inferiores da natureza; é desse modo que a matéria aquecida radia no espaço. Deus, que é a suprema potência, deve portanto produzir, sair [186-111] de si, radiar justamente em virtude de sua essência. Portanto, é por uma necessidade de sua natureza que Deus engendra as coisas. O que é que Deus engendra primeiro? Se Deus fosse inteligente, o que engendraria primeiro seria inferior à inteligência. Mas Deus é mais que inteligência; portanto, o que engendra primeiro é o νοῦς, a inteligência. O que é a inteligência? É, diz Plotino, uma imagem, εἰκών, do Uno. Essa imagem, tão logo produzida, volta-se para o Uno de onde deriva, e é por esse movimento de conversão que a imagem produzida se torna inteligência. A inteligência, portanto, é a forma particular que a primeira emanação do Uno assume quando se volta para ele e recebe sua luz. Esse νοῦς é a sede das Idéias. Não é senão aquilo que Platão havia chamado de ςόσμος νοητός, mundo inteligível. Plotino, fiel, nesse ponto, à doutrina platônica, estima que o que há de inteligível nas coisas sensíveis lhes advém das Idéias, as quais existem em si, constituem um mundo à parte e são realizadas em uma substância. Essa substância é justamente a inteligência, o νοῦς. Esse mundo, esse κόσμος νοητός é, para Plotino, uma inteligência, uma vez que, segundo ele, a inteligência supõe o inteligente.

Como se explica que a inteligência, primeira emanação do Uno, se subdivida em uma infinidade de idéias? – Pois as Idéias são infinitamente múltiplas, segundo Plotino. E, a esse respeito, Plotino vai mesmo bem mais longe que Platão, uma vez que atribui uma Idéia não apenas a cada coisa real, mas também a cada uma das coisas possíveis; não apenas aos gêneros, mas também aos indivíduos, uma vez que, entre os indivíduos, há diferenças essenciais, que devem ser representadas por Idéias. Essa multiplicidade das [187-112] Idéias não divide a inteligência, pois as Idéias não são, como as coisas sensíveis, separadas e impenetráveis umas às outras. No mundo inteligível, cada essência contém o inteligível como um todo, cada Idéia, em outros termos, representa o todo.

O νοῦς engendra a alma do mundo, assim como o Uno engendra a Inteligência e por um procedimento análogo. Mas, com a Alma, entramos na esfera do devir, do movimento. A inteligência engendrou a Alma ela própria por uma radiação, um prolongamento de sua potência. Mas, assim como a Inteligência já é um enfraquecimento do Uno primordial, assim a Alma, por sua vez, é um enfraquecimento da Inteligência; e esse enfraquecimento traduz-se, exprime-se pelo devir. A alma é a última essência inteligível. Por sua ação, como iremos ver, ela toca o mundo sensível, nele se prolonga. Mas, por sua essência, ainda está no mundo inteligível. Saída do νοῦς, prolonga-se no corpóreo. Portanto, ela encerra, ela contém um elemento de divisibilidade. As almas particulares são, portanto, todas, ramificações da Alma universal. Coexistem na Alma universal e, no entanto, não se confundem nela. Plotino compara essas almas particulares com raios que coincidem no foco e se separam à medida que se distanciam dele. Num certo sentido, portanto, todas as almas se fundem na alma universal, assim como todas as Idéias vêm coincidir na unidade da pura inteligência. Mas, assim como as Idéias são distintas, distintas porque diferem quanto a seu conteúdo, assim também as almas particulares são distintas, uma vez que a Alma universal contém um princípio de multiplicidade, de expansão, de fecundidade natural [188-115].

Não é, diz Plotino, em razão da multiplicidade dos corpos por elas animados que as almas particulares são múltiplas. Pelo contrário, é porque elas são múltiplas que se envolvem em corpos diferentes. E são múltiplas porque a Alma universal, assim como a Inteligência, é um princípio fecundo cuja essência envolve a diferença e a desigualdade.

Dizíamos que as almas se envolvem em corpos diferentes. Cabe agora compreender em que consiste a matéria segundo Plotino. Plotino adere primeiro à opinião de Platão, que disse que a matéria era o indeterminado, τὸ ἄπειρον, isto é, aquilo que pode receber seja lá que forma for. Portanto, já no mundo das Idéias, nas Idéias do νοῦς, podemos dizer que há uma certa matéria. Pois, uma vez que as Idéias são múltiplas, precisam, de um modo ou de outro, ter algo em comum que faz com que sejam todas Idéias, por um lado, e, por outro, algo de próprio que faz com que tal Idéia não seja tal outra. Ora, o que é próprio a cada Idéia, o que a distingue das outras, o que a determina, numa palavra, é sua forma. E, por outro lado, o que é comum a todas as Idéias, o que é a base da Inteligência, o que faz com que todas as Idéias sejam

Idéias é a matéria inteligível. Do mesmo modo, cada uma das almas particulares tem sua forma própria, que a diferencia; mas o que é comum a todas as almas, o que é, por conseguinte, a base da vida é a matéria sensível. Só que há uma diferença capital entre a matéria sensível e a matéria inteligível. A matéria inteligível não altera a simplicidade do ser onde se encontra, ao passo que os seres que contêm a matéria sensível são necessariamente compostos [189-114].

Em outros termos, é a alma que produz seu corpo, é a Alma universal que, refratando-se, dividindo-se, engendra a matéria sensível, a qual não é mais que o efeito necessário ou, melhor dizendo, a expressão dessa refração. Pelo simples fato de que a alma do mundo se divide, fornece um palco para essa divisão, consegue para si uma base de operação e essa base é a matéria. A matéria não é, portanto, uma coisa, uma realidade que existe por si mesma. Considerada em si mesma, ela não seria mais que uma pura possibilidade, a possibilidade de receber todas as formas. A matéria, por assim dizer, é um ponto de vista, é o que concebemos quando consideramos o que há de comum a todos os seres particulares – e, por conseguinte, o que há de informe. Todo corpo tem uma alma que o anima, e essa alma é o que há de real no corpo, o corpo representando apenas a possibilidade dessa alma particular, dessa forma particular ao mesmo tempo que todas as outras formas. É, portanto, com razão, nos diz Plotino, que Platão definiu a matéria como o não-ser, τὸ μὴ ὄν, pois a matéria nada é por si mesma. E Plotino acrescenta que não é a alma que está no corpo, mas antes o corpo que está na alma. A materialidade representa a obscuridade crescente que se dissemina pelos raios luminosos, à medida que se distanciam do centro.

Assim como o Uno produz a Inteligência e as Idéias por uma necessidade de sua natureza, necessidade que é liberdade, assim também é necessariamente, em um sentido, e livremente, no outro, que a Inteligência engendra a Alma e as almas. E é em virtude da mesma necessidade e da mesma liberdade que cada alma se obscurece em um corpo determinado e, ao fazê-lo, "escolhe seu corpo". Na IV *Enéada*[52], Plotino mostra-nos poeticamente as almas lançando-se para fora do céu e penetrando em corpos destinados a recebê-las. A descida de cada alma em cada corpo é fatal, isto é, decidida [190-115] inexoravelmente. Ela é livre, no entanto, pelo fato de que nenhuma causa exterior vem determiná-la, pelo fato de que só obedece a um impulso interior. Com a alma particular e os corpos particulares que ela engendra e anima, chegamos ao termo extremo da processão. O Uno engendra a Inteligência, que engendra a Alma, eis as três hipóstases da trindade alexandrina. Nisso consiste a processão, isto é, o desabrochamento do princípio primordial, que é o Uno, em uma multiplicidade. Mas esse princípio, à medida que se refrata, enfraquece-se e obscurece-se. É por isso que aquilo que é engendrado se volta imediatamente, atraído por uma perfeição superior, se volta para aquilo que o engendrou, para o princípio do qual emana. Nisso consiste o que os alexandrinos chamam conversão, ou a volta, ἐπιστροφή. Por outro lado, esses dois processos, um de geração, o outro de absorção, estão fora do tempo. O que é engendrado não é posterior àquilo que engendra, mas tudo é dado de uma só vez e há, entre aquilo que engendra e aquilo que é engendrado, não uma relação cronológica, a relação do antes e do depois, mas uma relação hierárquica, a do superior com o inferior.

Consideremos, mais particularmente, o homem. Os raios emanados do centro, isto é, do Uno, e que se afastam mais e mais acabam por se perder nas trevas. Em outros termos, nossas almas afundam na matéria e, à medida que nela descem, afastam-se de seu verdadeiro princípio; nisso consiste o mal. Há homens, nos diz Plotino, que se sepultam na sensação, não conhecem outro bem além do prazer, nem outro mal além da dor. O bem verdadeiro consiste, em vez de afundar-se na matéria, em voltar-se, pelo contrário, para Deus. O bem, portanto, é uma conversão, o bem é uma volta. Mas esse movimento de volta tem períodos, fases [191-116], há graus no esforço em direção ao bem. Muitos homens não se elevam acima das virtudes que poderíamos chamar, com Platão, purificativas, καθάρσιος. São, pode-se dizer, virtudes negativas, purificam a alma pelo fato de que a livram do mal. Assim é a justiça, a temperança, a coragem, numa palavra, as virtudes que Aristóteles chamava éticas. A alma adquire essas virtudes retirando-se para longe do tumulto das paixões, domando seu corpo. A prática das virtudes purificativas, libertando a alma das amarras do corpo, permite-lhe voltar-se para as Idéias, contemplar a Inteligência. A segunda fase do esforço em direção ao Bem será, portanto, a contemplação, θεωρία. Há almas, diz Plotino, cujas asas são pesadas demais para elevá-las acima da vida do corpo. Outras há que se soltam das amarras do corpo e chegam à virtude, mas sem se elevar mais acima. Outras, por fim, ultrapassando a virtude, chegam à contemplação. Nessa contemplação ou θεωρία, é fácil reconhecer a virtude teorética ou dianoética de Aristóteles, ou a dialética platônica. O método indicado por Plotino para o exercício da contemplação é, com poucas diferenças, o método platônico. A alma compreende primeiro a beleza das formas, depois a beleza da alma, depois, por fim, a verdadeira beleza, a Beleza em si.

Então o mundo das Idéias se abre para ela, ela penetra no mundo inteligível. Mas essa contemplação, da qual Aristóteles e Platão falaram e da qual haviam feito o termo último do progresso para o Bem, para Plotino não é mais que uma etapa. Não é a última elevação da alma, pois a um pequeno número de homens é dado ir mais longe. Acima da Inteligência, que é múltipla, há o Uno, o Bem absoluto; [192-117] acima da contemplação que nos introduz entre as Idéias, há uma operação mais alta que o pensamento e que atinge algo mais elevado que a Idéia. O pensamento é ainda múltiplo. As Idéias que o pensamento atinge são emanações, atenuações do Uno primordial. Há um ato da alma, uma atitude da alma, cujo alcance é mais alto: é o êxtase, ἔκστασις; é o amor, ἔρως. Quando a alma se desvencilhou do corpo pela prática das virtudes purificativas, quando chegou a contemplar as Idéias, quando, por uma tensão mais forte ainda, pôde ultrapassar a própria Idéia, então, em um recolhimento absoluto, vê aparecer Deus, ou antes toca-o, ela e Deus são uma só e mesma coisa. O êxtase é uma união íntima, é um "contato", diz Plotino, ἐπαφή.

A alma, nesse estado, já não sente seu corpo, nem sequer se afirma mais como viva. Mais ainda, perde até a consciência. O êxtase, assim, é uma simplificação de todo o ser, ἅπλωσις. Superior ao pensamento, que implica a dualidade do pensante e do pensado, o êxtase é uma verdadeira posse de Deus, a volta da alma a Deus, a absorção em Deus.

Tal é a filosofia alexandrina, síntese de todas as filosofias da Grécia, mas síntese operada à luz de idéias tomadas de empréstimo ao Oriente, que se inspira visivelmente nas teologias judaica e cristã. Na alma do mundo, reconhecemos sem dificuldade a ψυχή dos estóicos; na

Inteligência, reconhecemos o Deus de Aristóteles e o de Platão; mas o Uno dos alexandrinos, o Uno superior ao pensamento é realmente o Deus inexprimível da teologia judaica[53] [193-118].

A filosofia dos alexandrinos representa, portanto, um poderoso esforço para triunfar sobre o dualismo e chegar à unidade absoluta. Em Platão, em Aristóteles, há ainda dualidade da matéria e da forma. O Deus de Platão não é um demiurgo; ele arranja uma matéria dele distinta, dada com ele, talvez antes dele. O Deus de Aristóteles atrai para si coisas que existem independentemente de sua substância; e, supondo que essas coisas estejam nele, não se compreende, na filosofia de Aristóteles, por que ali estão. O Uno dos alexandrinos, precisamente porque está acima do pensamento, exclui toda dualidade. Os alexandrinos, ao colocá-lo acima do pensamento, não quiseram, com isso, colocá-lo fora do alcance da alma. Pelo êxtase, não conhecemos Deus, sem dúvida, mas fazemos melhor que conhecê-lo, somos por ele absorvidos.

3. HISTÓRIA DA FILOSOFIA
CURSO DO LICEU DE CLERMONT
LIÇÃO SOBRE A ESCOLA DE ALEXANDRIA

Escola de Alexandria – Sob a influência do cristianismo[1], o espírito grego, enfastiado dos sistemas metafísicos, mas enfastiado também do ceticismo que não vinga, refugiou-se no misticismo e almejou chegar à verdade através de algo que poderia ser chamado de um percurso extrafilosófico.

O misticismo alexandrino, como todo misticismo, é de difícil compreensão, pois endereça-se ao coração antes que à inteligência. O fundador da Escola de Alexandria foi Amônio Sacas, que só é conhecido graças a seu discípulo Plotino.

Plotino nasceu em Licópolis, no Egito, por volta de 205 d.C., e morreu por volta de 270. Escreveu 54 tratados, que seu discípulo Porfírio reuniu em grupos de 9 capítulos. Cada um deles se chama uma Enéada. A idéia fundamental de Plotino é que, para conhecer uma coisa qualquer, não é necessário nem mesmo útil considerar as coisas por si mesmas. Cabe transportar-se diretamente para aquele que, sendo a própria perfeição, contém e resume em si todas as coisas, para aquilo que ele chama o *UNO*.

1 – O que é o *UNO*? É o bem absoluto, é Deus. Quais são as suas qualidades? Sendo uno, de uma unidade absoluta, não pode pensar, pois para pensar é preciso representar-se algo, e essa representação dividiria o uno, ele deixaria de ser ele mesmo [183].

Acaso se dirá que ele se pensa a si mesmo? Mas seria supor que ele tem carências, esse conhecimento ser-lhe-ia necessário. Portanto, Deus é superior ao pensamento, o que não quer dizer que ele não pense, mas que seu pensamento não tem analogia com o pensamento humano e que não podemos representá-lo, é um pensamento *supra intellectum*.

2 – Pode Deus querer? Sim e não, novamente, se entendemos por liberdade uma escolha entre dois contrários*. Deus não é livre, pois só pode querer o bem, e seria absurdo supor que pudesse hesitar entre o bem e o mal; mas é livre no sentido de que nada o perturba, sua essência desenvolve-se livremente e sem implicar restrições.

3 – Será que o UNO é pelo menos dotado do ser**, seria rebaixar o bem absoluto atribuir-lhe a existência, pois só concebemos a existência de um ser como uma qualidade que esse ser possui e que vem em acréscimo às outras. Mas Deus, sendo o uno absoluto, não pode admitir diversas qualidades. Não se pode dizer, portanto, que ele é, mas ele é superior ao ser, existe de uma existência que não é concebível, que não tem analogia com o que chamamos existir. O que não quer dizer que ele se confunda com o Nada, pelo contrário, ele é o que há de mais positivo e de mais real. Como o uno deu ori-

---

* O texto ficará bem mais claro que supusermos uma vírgula no lugar deste ponto e um ponto no lugar da última vírgula. (N. do T.)

** Claramente, devemos ler um ponto de interrogação, em vez de uma vírgula. (N. do T.)

gem às coisas? É impossível que de uma unidade completa e de uma perfeição absoluta tenha saído o mundo múltiplo, imperfeito, no qual vivemos. É preciso que entre essa perfeição absoluta e essa imperfeição haja intermediários. Com efeito, o que sai necessariamente do uno: é o Espírito ou, melhor dizendo, a inteligência, que é a sede das idéias, o mundo de que nos fala Platão, aquele das idéias gerais, matemáticas e metafísicas, eis a primeira emanação do UNO primordial. Mas a inteligência, refratando-se por sua vez, dá origem àquilo que Plotino chama a *Alma do mundo*, que penetra todas as coisas, mesmo o mundo em que vivemos. O que chamamos de matéria não é nada além dessa alma, afrouxando-se, dividindo-se, manifestando-se a nós de um modo sensível. Assim, o UNO, a Inteligência, a Alma do mundo, eis os três graus do ser, as três *hipóstases*.

Acaso se deverá admitir que a Inteligência e a Alma do mundo saíram uma por uma e sucessivamente, a primeira do UNO, a segunda da Inteligência? Não, essas três hipóstases são anteriores uma à outra logicamente, na ordem do mérito, por assim dizer, mas não cronologicamente, elas são contemporâneas. Suponha um raio de luz branca caindo sobre um prisma e decompondo-se em mil cores. Aquele que estiver situado do lado da tela irá perceber raios de mil cores diversas, mas esses mil raios de cores variadas e infinitas existem juntos no raio de pura luz branca de onde saíram, no entanto esse raio era indivisível no sentido de que na brancura não há manchas. É, portanto, o mesmo objeto que, visto de um lado, é simples, uno, indivisível, e, visto do outro, é múltiplo. E, sem dúvida, o raio de luz branca pode ser considerado anterior ao feixe multicor, já que o produz, e, no entanto, são contemporâneos um do outro, já que, pelo próprio fato de que o raio de luz branca existe, o feixe multicor existe também.

Tais são as relações de Deus com o mundo. O mundo é como que uma refração da unidade divina que se cinde para resultar nas idéias, que se refratam para resultar na alma do mundo e todas as coisas sensíveis. O percurso pelo qual as coisas, assim, saem necessariamente da unidade primitiva é aquilo que Plotino chama a *Processão de Deus* [184].

Mas eis que mal as coisas múltiplas saíram da unidade e já aspiram a voltar a ela. Mal a inteligência foi criada e, virando-se por sua vez, quer voltar a ser pura idéia. O segundo movimento, inverso do precedente, é aquilo que Plotino chama conversão.

Processão em Deus e conversão, eis os dois movimentos aos quais estão submetidas a inteligência e a alma do mundo.

O que se segue daí no que diz respeito ao homem particularmente? O homem volta-se primeiro para a inteligência, e, como mostrou Platão, transporta-se pouco a pouco para o mundo das idéias pela ciência, de um lado, que é o amor do verdadeiro, pela alma, do outro, que é o amor do Belo. Mas isto é apenas uma primeira etapa. Uma vez que chegou no mundo das idéias, aspira a possuir a unidade, isto é, a conhecer Deus, a possuir, possuindo-o, a perfeição absoluta e universal.

Mas, aqui, a ciência é impotente, uma vez que a ciência só desemboca em idéias; é preciso, portanto, recorrer a um procedimento extracientífico, àquilo que Plotino chama o *Êxtase*[2], e, elevando-se, por assim dizer, acima de tudo o que é humano, ser absorvido por uma contemplação mística da Unidade supra-sensível. Não se pode conhecer o Uno, mas pode-se possuí-lo desse modo, aniquilar-se nele.

É, portanto, em uma negação da ciência que a filosofia grega desemboca. Ela substitui a investigação científica pelo êxtase[3].

Não é difícil reconhecer nesse sistema uma fusão de todas as metafísicas antigas sob a influência das idéias cristãs.

A alma do mundo é o fogo dos estóicos. A inteligência é o mundo supra-sensível de Platão. Por fim, o Uno absoluto é uma combinação da idéia cristã da divindade com o ideal, com a idéia aristotélica dessa divindade.

Plotino teve por discípulos Porfírio, depois Jâmblico, mas com este já aparece todo tipo de extravagâncias, o êxtase é substituído por práticas supersticiosas. A Escola de Alexandria não demorou a perder-se em sutilezas dos mais variados tipos, da profusão chegou naturalmente à obscuridade. Com Jâmblico aparece todo tipo de extravagâncias. Ao êxtase sucedem práticas supersticiosas.

Eis o termo de loucura no qual desemboca o primeiro período de Alexandria e, enquanto isso, a doutrina do *didaskaléion*[4], o cristianismo, não parava de crescer. Constantino, após a miraculosa batalha da Ponte Mílvia em 312, concede decididamente uma livre expansão ao cristianismo pelo édito de Milão. Não foi sem lutas, sem prolongados conflitos que a civilização antiga cedeu o passo à nova.

> *Tant du coûter de peines*
> *Le long enfantement de la grandeur chrétienne* [5]
> [Tantas dores custou
> o longo parto da grandeza cristã]

Segundo período: Após o édito de Milão, Constantino mostra-se favorável aos cristãos, e as igrejas de Cristo enriquecem-se com os despojos arrancados ao Olimpo. Juliano, ainda que colocado sob a tutela exclusiva de dois mestres cristãos, imiscuiu-se a todas as seitas platônicas, abjurou o batismo e, para desviar as suspeitas, anunciou a intenção de abraçar a vida monástica. Foi para Atenas, onde iniciou-se nos mistérios de Elêusis. Ali conheceu são Gregório de Nazianza e são Basílio. Chamado de volta da Grécia por Constâncio, chegou ao poder, pacificou as Gálias e, com a morte de Constâncio, foi reconhecido chefe do Império. Ocupou-se, então, em reerguer o politeísmo e derrubar o cristianismo. Morreu aos trinta e dois anos de um ferimento mortal. São conhecidas as suas palavras quando, lançando para o céu o sangue que escapava [185] de seu ferimento, exclamou: "Galileu, você venceu."

Juliano professou: 1. A unidade de Deus; 2. A espiritualidade e a imortalidade da alma; 3. O dogma dos castigos e recompensas em uma vida futura, e nunca deu muita atenção às sutilezas da trindade hipostática de Plotino. O platonicismo e o peripatetismo reunidos parecem ter-lhe agradado mais e ser-lhe preferíveis ao estoicismo.

Suas principais obras são: 1. A defesa do paganismo; 2. A sátira de César, que ele estigmatiza mais fortemente do que o próprio Tácito. A despeito de seu ardor contra o cristianismo, não está seguro do sucesso da formidável empresa que tentou, e sua principal obra, o *Misopógon*, atesta seu desalento. Erudito, pedante, sofista, foi sinceramente apaixonado pela Antiguidade. Dotado de uma imaginação inflamada, caiu no Iluminismo e mostrou-se, para empregar a expressão de Montaigne, "embabuinado pela ciência divinatória"[6].

Cometeu o erro imperdoável de não compreender que comprometia o futuro e de não compreender em que grau o cristianismo, pelo terror e pelo amor, havia conquistado ascendência sobre todas as almas.

Edésio, sucessor de Jâmblico, Crisanto, discípulo de Edésio, Libânio o Retor, e Máximo o Taumaturgo preenchem o segundo período da Escola de Alexandria.

Terceiro período: Das alturas da doutrina em Platão, descida com Plotino e seus discípulos às práticas obscuras da Teurgia. A filosofia rebaixa-se à magia com Máximo de Éfeso. Nesse terceiro período, os bárbaros inundam a Europa e a África. O ensino filosófico, que parecia haver desaparecido para sempre, retoma um efêmero resplendor com uma mulher.

Hipácia, nascida em Alexandria por volta de 310, filha do matemático Téon, recebeu lições de seu pai, estudou em Atenas e estabeleceu em sua casa um ensino de filosofia, interpretando as doutrinas de Platão e de Aristóteles. Morreu massacrada por uma turba em delírio. Após a morte de Hipácia, a filosofia só é representada em Roma por pagãos fogosos, Hiérocles, Olimpiodoro, Siriano. Alexandria foi, para a filosofia antiga, apenas um local de passagem. É em Atenas que havia nascido, lá devia morrer.

Plutarco e Sistônio são os dois chefes de escola que encontramos no século IV em Atenas. Plutarco de Atenas nasceu em 356, morreu em 436. É o chefe e o principal fundador da escola neoplatônica de Atenas, da qual Proclo foi o mais célebre intérprete. No entanto, não é um pensador profundo nem original. A quem devia ele sua doutrina? Não se pôde estabelecê-lo com certeza.

Por fim, Proclo nasceu em Constantinopla em 412, morreu em Atenas em 485. Estudou em Alexandria, depois foi para Atenas. Sua doutrina reproduz a de Plotino. Proclo encontra três elementos na realidade: 1. Deus, o único necessário; 2. O mundo, que é caduco; 3. O homem, ser mediano entre Deus e o mundo.

Para ele, Deus encerra três hipóstases: a unidade, a inteligência, a alma, mais uma energia criadora na unidade.

Distingue, no homem, a alma e o corpo, celebra o elã irresistível que, nos arrebatando em êxtase, nos une intimamente a Deus. Quando a união é perfeita, a liberdade do homem desaparece.

Os escritos de Proclo encerram o panteísmo mais pronunciado e mais absoluto; ele aspira a ser o pontífice de todas as religiões do universo, exceto do cristianismo, que ele combate sem piedade e sem descanso.

Justiniano, cansado dos excessos dessa escola, mandou fechá-la em 529; assim termina a filosofia grega.

4. HISTÓRIA DA FILOSOFIA GREGA

Introdução

<1> Antes de abordar o estudo da filosofia grega, gostaríamos de indicar claramente o método que iremos seguir.

Os antigos filósofos gregos freqüentemente só nos são conhecidos através de informações vagas, documentos de segunda e de terceira mão. Possuímos quase que integralmente os escritos de Platão, a maior parte das obras de Aristóteles, os da escola estóica, da Nova Academia, etc. Mas é preciso reconhecer que um número considerável de filósofos de grande influência nada nos deixou. Estamos reduzidos a fragmentos sem importância e, ainda mais freqüentemente, a testemunhos mais ou menos precisos de escritores que compreenderam mais ou menos bem o autor de que falam. De modo que, enquanto à história da filosofia moderna basta aproximar textos, coordená-los, para assim obter a exposição dos sistemas, a história da filosofia grega é obrigada a seguir um método de reconstrução.

Quais são os diferentes procedimentos desse método?

A crítica dos textos é, aqui, da mais alta importância. Com efeito <2>, os fragmentos que nos foram transmitidos estão alterados e, na maioria das vezes, tacham-se os antigos filósofos gregos de contradição ou de absurdos de forma excessivamente apressada[1]. A crítica filosófica é, aqui, de absoluta necessidade. Cabe restabelecer os textos e adivinhar.

Não basta compreender o sentido literal dos textos que nos restam. É preciso, se possível, repensar a doutrina de que esses escritos são a tradução. É que, desde a Antiguidade, o espírito humano mudou enormemente. O ponto de vista da filosofia deslocou-se. O problema filosófico, para os Antigos, era inteiramente diferente. A distinção entre sujeito e objeto, fundamento da filosofia moderna, é algo desconhecido pelos Antigos; ou, em todo caso, se essa distinção foi por vezes vislumbrada, só o foi fracamente. Daí vem que, ao estudarmos a filosofia grega, nos coloquemos uma série de questões que os próprios filósofos gregos provavelmente nunca se colocaram. A distinção entre sujeito e objeto criou dificuldades que não existiam para os Antigos. As coisas pareciam-lhes bem mais claras do que para nós. Portanto, muito freqüentemente será necessário não aprofundar demais; será preciso fechar os olhos a dificuldades que não existiam para esses filósofos. Eles não se davam conta de toda a extensão do problema[2].

Esse método de reconstrução terá sempre como guia a idéia de evolução. Com efeito, os filósofos gregos distinguem-se dos filósofos modernos por não terem tanta pretensão de originalidade. São mais ingênuos. Dizem mais simplesmente o que pensam. Numa palavra, não procuram tanto se destacar. Daí vem que, quando um problema filosófico é colocado na Antiguidade, a solução segue, por assim dizer, uma evolução natural. Uma primeira doutrina é posta, as dificuldades às quais dá origem, as contradições nela encontradas suscitam uma nova teoria destinada a fazê-las desaparecer; esta, por sua vez, experimenta o mesmo destino <3>. Em outros termos, assim que uma questão filosófica se coloca, a maior parte das soluções possíveis surge sucessivamente. E dá-se uma espécie de seleção entre elas que faz com que a mais forte resista por um certo tempo. Se assim é, encontraremos na filosofia grega uma ordem e um encadeamento que não encontraremos na filosofia moderna, na qual cada pensador parece sentir a necessidade de inovar, de se distinguir dos Antigos. Em outros termos, a personalidade apaga-se e as doutrinas seguem assim uma espécie de evolução natural. É o que mostraremos em detalhe. As escolas sofística, eleata, jônia, socrática são, todas, elos de uma cadeia ininterrupta, e cada um desses elos pode ser deduzido dos precedentes.

O tempo todo será preciso levar em conta aquilo que faz com que a filosofia não tenha sido para os antigos filósofos gregos aquilo que é para nós: uma ciência à parte que se basta a si mesma. Vinculava-se ao conjunto dos conhecimentos humanos e, a partir de um certo momento, vê-se mesmo intimamente misturada aos acontecimentos históricos. As considerações históricas e políticas, por conseguinte, irão ter um lugar bem grande na filosofia antiga, a qual não compreenderemos se não tentarmos nos colocar no meio em que se deram os costumes, as instituições, as transformações políticas.

Perguntemo-nos quais são as fontes da história da filosofia grega. Podemos classificá-las em três categorias:

1.ª categoria: Esse grupo compreende as obras filosóficas que chegaram até nós, os escritos dos próprios filósofos. Antes de Sócrates, ver *Philosophes Grecs*, edição Didot-Mulhac[3]. Sobre o próprio Sócrates, só temos as conversações que lhe são atribuídas (diálogos de Platão-Xenofonte). Temos quase tudo que Platão escreveu, mas não temos todos os escritos de Aristóteles <4>.

2.ª categoria: Nesse grupo, colocamos os testemunhos que se deve levar fortemente em consideração por provirem de filósofos. Com efeito, a história da filosofia é uma ciência que data de Aristóteles, e os filósofos, a partir de Aristóteles, preocuparam-se com o que seus antecessores haviam escrito e, assim, temos as opiniões dos precedentes. Já em Platão, temos informações sobre Parmênides, Empédocles, Anaxágoras, os pitagóricos e os sofistas; mas sobretudo sobre Sócrates e os socráticos. Platão é digno de confiança no sentido de que tem um grande respeito pelas doutrinas antigas, mas, como não se preocupa muito com a precisão e cede com excessiva freqüência àquilo que há de necessário nesses escritos, é preciso criticar seu testemunho[4]. Xenofonte deixou-nos informações, sobre Sócrates em particular, mas, aqui novamente, é preciso estar de sobreaviso. É que esse escritor carece de elevação e não captou certas idéias. É a Aristóteles, talvez, que devemos o maior número de informações precisas sobre esses autores. O primeiro livro de sua *Metafísica* contém um resumo crítico dos princípios admitidos por esses filósofos desde Tales até Platão. Encontramos em Aristóteles informações sobre o próprio Platão e, sobretudo, sobre suas lições não escritas. Mas não se deve esquecer que o objetivo de Aristóteles é dogmático: propõe-se a estabelecer a verdade de sua própria teoria e, nos seus predecessores, só busca uma confirmação de suas próprias idéias. Daí vem que, com muita freqüência, ele altere o pensamento dos outros por percebê-lo através do seu. Deve-se dar mostra de prudência quando se lança mão de Aristóteles como historiador da filosofia.

3.ª categoria: Após essa fonte de história da filosofia, cabe colocar um certo número de autores que se apoiaram, talvez, em tradições, talvez também nos próprios escritos dos antigos filósofos. Na linha de frente, devemos pôr <5> Cícero. Encontram-se, nas obras filosóficas de Cícero, um certo número de informações às quais não se deve conceder muita confiança[5]. Encontram-se informações também em Lucrécio, Sêneca, Plutarco. Em Plutarco, são sobretudo as *placita*[6], que não são de Plutarco, mas, provavelmente, de Galiciano*, que viveu entre 231 e 200 a.C., e, notadamente, nos classistes[7], onde se trata de Platão. Sexto (*As hipotiposes pirronianas*), que classificou os filósofos em moralistas, físicos e lógicos, é digno de confiança no sentido de que é sincero e não tem pretensão à originalidade. Flávio Filóstrato escreveu a vida dos sofistas (filósofos dialéticos). Ateneu, gramático do século II, compôs extratos dos antigos filósofos. Diógenes Laércio viveu de 22 a < > a.C. Reparte os filósofos em duas categorias, os jônios e os itálicos. O autor é um eclético que pende para o epicurismo. É absolutamente desprovido de crítica. Registra os fatos e as opiniões sem se preocupar em conciliá-los. Consagra sete livros aos jônios e três aos itálicos. Clemente de Alexandria viveu no final do século II d.C. É um erudito, mas assume o ponto de vista religioso. Orígenes escreveu, em particular, uma apologia do cristianismo. Eusébio viveu de 267 a 368 d.C. Fez uma coletânea de extratos. Jâmblico viveu

---

* O texto traz "Galicien". (N. do T.)

por volta de 300 d.C. e só nos restou dele uma vida de Pitágoras bastante fraca. Enfim, para terminar, citaremos Estobeu, Hesíquio, Simplício, comentador de Aristóteles, Filopono e Suidas. Com essas fontes, foram escritas numerosas histórias da filosofia na Alemanha, na França e na Inglaterra[8].

Já na Antiguidade foram propostas numerosas classificações dos sistemas <6> filosóficos. Citemos, em particular, a de Aristóteles, que distingue quatro categorias de filosofias, correspondentes às quatro causas de sua metafísica. Diógenes Laércio distingue duas grandes seções, os jônios e os itálicos. Acima de tudo, a Antiguidade propôs um certo número de διαδοκαί ou sucessões, enumerações sistemáticas. Essas διαδοκαί serviram para perturbar a cronologia filosófica, pois não se tinha pudores em alterar e mudar as datas para fins de classificação. Nos tempos modernos, Hegel propõe distinguir três períodos: o primeiro iria de Tales a Aristóteles. Assiste-se, diz ele, ao nascimento e ao desenvolvimento do pensamento filosófico que acaba por abarcar toda a ciência. O segundo corresponde ao despedaçamento da ciência em vários sistemas particulares e corresponde à introdução da filosofia no mundo romano. O terceiro período contém os neoplatônicos, é a volta dos sistemas para a unidade.

Essas classificações, ainda que muito interessantes, têm o grave inconveniente de agrupar em uma única categoria as teorias que se desenvolveram de Tales até Aristóteles, teorias infinitamente diversas e nas quais encontramos, sob uma forma simples, os tipos de todos os sistemas filosóficos dos tempos modernos[9].

Assim, modificaremos essa classificação e adotaremos uma divisão que repousa sobre considerações ao mesmo tempo históricas e geográficas.

A nosso ver, há três períodos na história da filosofia grega. O primeiro vai de Tales aos sofistas. Nesse primeiro período, procura-se explicar o Universo, a totalidade das coisas, mediante um ou mais elementos materiais que se <7> combinam entre si: o fogo, a água, os átomos de matéria indefinida, etc. O segundo período começa na sofística e termina com Aristóteles. O espírito humano, cansado das concepções inteiramente físicas do Universo, não conseguindo explicá-lo por combinações de elementos materiais, pergunta-se se não seria possível compô-lo a partir das idéias. Essa transformação da filosofia, preparada pelos sofistas e por Sócrates, é consumada por Platão e Aristóteles. Mas, após Aristóteles, começa um novo período. As explicações metafísicas do Universo mostraram-se tão contraditórias quanto as explicações físicas. É em vão que Platão desenvolveu e transformou Sócrates; Aristóteles também tentou, em vão, fazer as idéias platônicas descerem dos cumes em que seu autor as havia colocado. Veremos que a doutrina de Platão, mesmo corrigida e atenuada desse modo por Aristóteles, ainda encerra, no fundo, contradições. Então, o espírito grego, cansado das especulações físicas e metafísicas que não vingam, renuncia aos grandes problemas que até então tinham sido postos, renuncia aos problemas cujo escopo era a explicação do Universo. Volta para dentro de si mesmo e desdenha a teoria que só conduz a contradições. Consagra-se por inteiro a questões de moral. Procura as vias pelas quais podemos ser conduzidos à felicidade. De onde um certo número de sistemas: epicurismo, ceticismo, estoicismo, probabilismo, etc., todos subordinando as questões teóricas e especulativas ao problema moral.

Assim, esses três períodos são nitidamente determinados. O espírito estuda primeiro o lado de fora, o exterior, o Universo, procura uma explicação para ele, explicação física, primeiro, depois metafísica e, quando fracassou nessas duas tentativas, volta para dentro de si mesmo <8> e, deixando o mundo de lado, estuda sua própria natureza e procura os melhores meios de tirar partido dela. E isso dura até o dia em que o aparecimento do Cristo provoca uma ressurreição da metafísica sob o nome de neoplatonismo. Com esse sistema bastardo termina a filosofia grega[10].

Essa divisão tem vínculos com a história e a geografia. Primeiro, com a geografia. Com efeito, durante o primeiro período, as filosofias que desenvolvem a mesma doutrina, fato notável, geralmente pertencem à mesma raça. Os jônios, os eleatas, os itálicos, etc., propõem soluções diferentes, mas cada uma delas é invariavelmente adotada por todos os filósofos jônios, ou todos os filósofos eleatas, ou todos os filósofos itálicos. Durante o segundo período, a filosofia distingue-se por sua difusão em todas as regiões que estavam submetidas à influência grega: na Judéia, no Oriente em geral, no mundo romano.

<Com a história, depois.> O primeiro período corresponde à prosperidade crescente da Grécia; dura até Péricles: época ingênua em comparação com a que vai segui-la, época na qual a fé é renitente. – O segundo período corresponde à guerra do Peloponeso, tempo de decadência e de afrouxamento. O espírito crítico desenvolve-se, o ceticismo substitui a fé. – O terceiro período compreende a disseminação das diversas teorias nos diversos países. As teorias antigas enxertam-se nas novas raças[11].

<9>

I – A filosofia ante-socrática[12]

A primeira questão que se coloca é a seguinte: deriva a filosofia grega de doutrinas estrangeiras e, em parte, de doutrinas orientais? O historiador alemão Gladisch[13] sustentou essa tese. Segundo ele, Pitágoras renovou a filosofia dos chineses; Empédocles, a dos egípcios; Heráclito, a dos persas; os eleatas, a dos hindus; Anaxágoras, a dos judeus. Um outro historiador alemão, Roeth[14], tentou demonstrar a influência das doutrinas egípcias, assim como das idéias de Zoroastro. Uma discussão muito importante levantou-se a esse respeito.

Nós nos limitaremos a dizer que, sem dúvida, por suas tendências gerais, a filosofia grega aproxima-se de certas doutrinas do Oriente, pois a raça helênica é uma raça indo-européia. Mas engana-se quem pretende que tal ou qual doutrina particular do Oriente foi copiada ou imitada por um filósofo grego que passa por original. Com efeito, se afastamos todos os testemunhos suspeitos de parcialidade, os textos relativos a uma pretensa imitação do Oriente reduzem-se a um testemunho muito suspeito de Isócrates. Heródoto não fala das pretensas viagens de Pitágoras.

Platão dá-nos a entender que nada aprendeu no Egito. Entre os pitagóricos e os chineses que Gladisch aproxima, há, sem dúvida, analogias, mas os chineses nunca admitiram que o número é a própria essência das coisas, e este é o coração mesmo do pitagorismo. Do mesmo modo, caso se acredite encontrar uma semelhança entre o νοῦς de Anaxágoras e o Deus dos Judeus, não se deve esquecer que, segundo Anaxágoras, a matéria preexiste ao νοῦς, a Deus, por conseguinte; ora, essa idéia <10> é radicalmente contrária à doutrina judaica da criação[15].

Veremos que a filosofia grega pode ser inteiramente explicada por influências helênicas. Sem dúvida, encontraremos, de tempos em tempos, empréstimos feitos ao Oriente; mas esses empréstimos nunca se consubstanciam com o resto da doutrina do filósofo que os efetuou, são remendos. Podemos, portanto, começar a história da filosofia grega com Tales.

II – Os jônios – Tales

Resta-nos, sobre Tales, uma série de testemunhos. Aristóteles, Cícero, Estobeu, Simplício, Diógenes Laércio, etc. Mas o testemunho de Aristóteles é o único que tem algum valor e, mesmo assim, caberá criticá-lo. Tales nasceu em 624, em Mileto; é o pai da escola jônia; morreu entre 548 e 550. Foi famoso como geômetra e como astrônomo. Previu o eclipse de 585. Foi um dos sete sábios da Grécia. O que sabemos de certo sobre esse filósofo reduz-se a duas proposições.

Primeira proposição: A água é o princípio das coisas. Não temos as expressões do próprio Tales. Através de que palavra exprimiu essa palavra "princípio"? Talvez seja a palavra ἀρχή?

Segunda proposição: Tudo está repleto de deuses, πάντα πλήρη θεῶν.

O que significa a primeira dessas proposições? É muito provável, como observa Aristóteles, que Tales, tendo observado que o alimento dos animais é úmido, que a água é um princípio essencial do corpo vivo, que aquilo que morre resseca, que os próprios astros se nutrem de vapores úmidos, tenha considerado a água como a essência e o fundo mesmo das coisas <11>.

Como saíram as coisas da água? A esse respeito estamos reduzidos a conjeturas. Aristóteles (*Física*, I, 4) nos deu a entender que os filósofos dinamistas que fazem tudo sair de um princípio único geralmente admitem que as coisas saíram desse princípio por via de condensação ou de rarefação. Não obstante, nada prova que Tales tenha emitido essa opinião; provavelmente deixou essa pergunta no ar.

Consideremos a segunda proposição. Segundo Aristóteles (*De Anima*, 1, 5), Tales[16] teria sustentado que a alma circula através do mundo, que o mundo é animado, *kósmos émpsykhos*, e é isso que ele teria entendido pelas palavras πάντα πλήρη θε ὦν. Mas essa idéia de uma alma do mundo é bem posterior à filosofia jônia. É bem mais verossímil que Tales, fiel às idéias da mitologia grega, da qual a filosofia ainda mal se desprendeu, considere a matéria como um ser que não difere essencialmente do ser vivo. Segundo ele, a água metamorfoseia-se à maneira dos deuses da mitologia.

Conclusão. Qual é o valor e a significação dessa doutrina?

Antes de Tales, a água já era considerada por teólogos como o princípio (Aristóteles, *Metafísica*, I, 3). E, quanto à segunda fórmula de Tales, ela é retirada da mitologia. Portanto, Tales não emitiu idéias novas. Mas seu mérito foi o de dar uma forma científica a idéias que, até então, eram puramente teológicas. Ao estudar <os> poucos documentos que nos restam a seu respeito, assistimos à eclosão da filosofia desprendendo-se por inteiro da religião; ela conserva até mesmo as fórmulas da religião. Nesse sentido, Tales pode ser considerado o pai da filosofia.

<12>

III – Anaximandro

Anaximandro era um compatriota de Tales. Nasceu por volta de 611, em Mileto, e morreu por volta de 547 a.C. Escreveu um tratado *Da natureza*, que é o primeiro escrito filosófico dos gregos. Conhecemos sua filosofia através de alguns textos de Aristóteles, através de Teofrasto, de Simplício, do pseudo-Plutarco e, por fim, de Diógenes Laércio.

Segundo Anaximandro[17], o princípio das coisas não é mais a água, como sustentava Tales, é o infinito: τὸ ἄπειρον; é o que nos diz Aristóteles (*Física*, III, 4; III, 8, assim como I, 4).

O que quer ele dizer com isso? e em que consiste esse infinito?

Aristóteles nos diz muito claramente (*Física*, III, 4) que não se trata do infinito substância, mas do infinito atributo. O que significa que, segundo Anaximandro, o fundo das coisas não é o infinito abstrato e metafísico. É uma certa matéria que tem por característica própria não ser limitada. Esse infinito é apenas um acidente da matéria (συμδεδηκώς, oposto a οὐσία). Qual é essa matéria que tem por característica ser infinita? A esse respeito levantaram-se vivas discussões. Os testemunhos antigos são unânimes em nos dizer que não se trata de nenhum dos três elementos. Mas, segundo alguns, essa matéria seria um corpo indeterminado, segundo outros, seria algo de intermediário entre a água e o ar. Elidimos a dificuldade por meio de um texto de Aristóteles (*Metafísica*, XII,2)[18]. Ele nos fala, nesse trecho, da mistura de Anaximandro, τό μῖγμα Ἀναξίμανδρου.

Essa matéria infinita de que Anaximandro fala era muito provavelmente uma mistura indeterminada mas homogênea, que não é tal ou qual elemento em particular, mas que possui vagamente, na condição de tendência, as características da maior parte deles[19]. Como saíram as coisas desse elemento primitivo? A esse respeito <13>, novamente, levantaram-se discussões da mais alta importância. Trata-se de saber se Anaximandro é um mecanicista ou um dinamista. O que se quer dizer com isso? Dá-se o nome de filósofo dinamista àquele que admite que a matéria é capaz de se transformar qualitativamente, de se tornar algo diferente do que ela é. O mecanicista, ao contrário, supõe que as coisas podem combinar-se diferentemente umas com as outras, mas que cada uma delas permanece eternamente aquilo que ela é: a transformação é impossível.

Tomemos um exemplo. Eu suponho que um feixe de luz branca atravesse uma lâmina de vidro vermelho; do outro lado, saem raios vermelhos. O dinamista irá dizer que a luz branca *tornou-se* vermelha. O mecanicista irá dizer que a luz vermelha já existia, com outros raios, na luz branca, que o vidro reteve todos os outros raios e só deixou passar os raios vermelhos. Não houve transformação, mas simplesmente separação de elementos justapostos. A questão, então, é saber se as diferentes substâncias já existiam na mistura de Anaximandro, de modo que tivessem apenas que se separar, caso em que Anaximandro seria mecanicista; ou então, se o elemento primitivo de Anaximandro, por suas transformações, deu origem às diversas substâncias, ele seria então dinamista.

Um texto de Simplício dá a entender que Anaximandro teria sido claramente mecanicista. As coisas teriam saído da mistura primitiva por via de simples separação. Não obstante, um texto de Aristóteles (*Metafísica*, XII, 2, 1069*b*) diz positivamente o contrário. Eis a tradução desse texto: "O ser não pode sair do não-ser, nem mesmo acidentalmente, mas tudo sai de algo que já é, ainda que o ser saia da simples potência. E tal é o μῖγμα de Empédocles e de Anaximandro" <14>. Nesse trecho, Aristóteles indica-nos claramente que, na mistura de Anaximandro, os elementos estão contidos em potência, e não em ato. Dela saíram, portanto, por via de transformação. Concluamos que Anaximandro não foi mecanicista como já se pretendeu. Aliás, o mecanicismo só poderia fazer sua aparição após as doutrinas eleáticas. O μῖγμα de Anaximandro, portanto, é um todo material indefinido que não tem qualidades determinadas.

Como saíram as coisas dessa mistura? Foi por separação, nos diz Aristóteles, e ele emprega o termo ἔκκρισις ou ainda o verbo ἀποκρίνεσθαι. Segundo Simplício, essa separação seria uma separação inteiramente mecânica. Os elementos, simplesmente justapostos na mistura, separam-se e, ao fazê-lo, diferenciam-se. – Mas, dada a natureza do μῖγμα de Anaximandro, a palavra ἔκκρισις não pode ter, aqui, o sentido de separação mecânica. Um texto de Aristóteles (*De Caelo*, III, 3) indica-nos que a palavra ἔκκρισις não tem necessariamente o sentido de separação mecânica, que ela pode muito bem designar a passagem da potência à existência. Portanto, as coisas determinam-se, adquirem qualidades ao sair da mistura primitiva. É, aliás, um processo mal definido, que ocupa uma posição intermediária entre a separação e a transformação. Mas como se efetua essa operação? Aristóteles nos diz que a natureza é dotada de um movimento perpétuo, interior a esse μῖγμα, que faz com que as qualidades se recriem pelo simples fato de sair dele. Esse movimento é eterno, sem começo e sem fim.

Quais são as diferentes fases da formação do mundo? O que saiu primeiro dessa mistura foi o quente e o frio. Depois, produziu-se a umidade e dela saíram todas as coisas; depois, de fogo e de água formaram-se os astros, idênticos aos deuses, segundo Anaximandro. O número dos mundos, aliás, é infinito. Estaria Anaximandro querendo se referir a uma infinidade de <15> mundos sucessivos ou de mundos simultâneos? Esse ponto não foi completamente elucidado.

Qual a importância histórica de Anaximandro? Quais são a origem e o valor de seu sistema?

É perfeitamente evidente que Anaximandro, considerando a solução proposta por Tales, percebeu que, para explicar as coisas por elementos materiais, é preferível não tomar um elemento determinado, como a água, por exemplo, pois então não se explica como a água pôde produzir o fogo, o ar, etc. Conseqüentemente, procura uma matéria que não tenha nada de determinado para que seja possível representar-se mais facilmente a transformação universal. Depois, percebendo que o número das transformações é infinito, irá atribuir a infinidade a essa matéria. Essa teoria deduz-se facilmente da primeira. Mas Anaximandro introduziu na filosofia a idéia de matéria indeterminada, a de movimento eterno, a de uma separação que consiste em uma especificação. Ora, essas idéias são importantes: são as da teoria evolucionista. O que H. Spencer chama de passagem do homogêneo ao heterogêneo não é nada além da ἔκκρισις de Anaximandro[20].

IV – Anaxímenes

As fontes que é preciso explorar, com relação a esse filósofo, são, em primeiro lugar, os fragmentos que são transmitidos por Estobeu[21]. Pode-se também consultar

Aristóteles, *Física*, III, 4, e *Metafísica*, I, 3, o Pseudo-Plutarco e Diógenes Laércio.

Anaxímenes, nascido em Mileto, florescia por volta de 525. Manteve relações com Anaximandro. Diógenes relata também duas cartas suas para Pitágoras. A idéia fundamental de Anaxímenes é a seguinte: "O ar é o princípio das coisas"; esse ar é infinito, envolve o mundo inteiro. Além disso, é dotado de um movimento perpétuo, senão não se explicaria <16> o movimento perpétuo das coisas.

Como as coisas foram produzidas pelo ar? Resulta de um texto de Aristóteles, *De Caelo*, III, 5, que as coisas saíram do ar por condensação e rarefação, πυκνότητι καὶ μανότητι[22]. Essa condensação e essa rarefação resultam do movimento, e a idéia do movimento é evidentemente uma idéia dinamista; a de condensação e de rarefação é mecanicista. Vemos, portanto, aqui, a tendência das duas idéias para se misturarem.

Quanto à formação do mundo, cabe distinguir um certo número de períodos. A condensação do ar resulta primeiro na Terra – objeto chato e extenso como uma mesa. Os vapores, elevando-se da Terra, produziram o fogo, e o fogo, condensando-se, produziu as estrelas. É provável que os textos de Cícero, de Estobeu, de Lactâncio, de Tertuliano, segundo os quais Anaxímenes teria feito do ar um Deus, não tenham grande importância. Ele sem dúvida tomava Deus no sentido mitológico.

Qual é a importância desse sistema? que lugar ocupa na história? Ele tem muito pouca importância: Anaxímenes justapôs as teorias de seus predecessores. Tomou de Anaximandro sua teoria da matéria indefinida. Sua teoria é menos clara, menos determinada que a de Tales

para a imaginação, visto que é difícil representar-se uma matéria que não tem qualidades: é um elemento menos determinado mas menos palpável, se podemos falar assim. O ar pode ser considerado como uma matéria sutil, mas não lhe podemos atribuir mais qualidades que à água. É um ἄπειρον mais inteligível. Aliás, dotou-o das mesmas qualidades que Anaximandro havia atribuído à água: infinidade, movimento perpétuo. Não inventou nada, portanto.
<17>

V – Heráclito

É difícil estabelecer a cronologia no que diz respeito ao último dos filósofos jônios. Zeller coloca-o logo após Anaxímenes. Diógenes de Apolônia cita primeiro os filósofos pitagóricos, depois vêm os eleatas e, por fim, Heráclito. É provável que Heráclito tenha florescido por volta de 478. Conheceu, portanto, Pitágoras, assim como Xenófanes e, talvez, Parmênides. Vê-se nele uma certa analogia com os pitagóricos e os eleatas. Não obstante, notamos que Heráclito nasceu em Éfeso e que o filósofo ao qual mais se assemelha é Anaxímenes. Mas é mais original, praticamente não recorre às fontes estrangeiras. É possível que sua doutrina esteja em antagonismo com o eleatismo, como observa Zeller, mas nada prova que tenha cultivado esse antagonismo. Essa filosofia resulta daquilo que constitui o fundo mesmo da filosofia dos jônios: a idéia de transformação universal. Conseqüentemente, nós o colocaremos após Anaxímenes, como exprimindo, sob sua forma mais perfeita, a filosofia dos jônios.

As fontes que cabe explorar para estudar essa filosofia são os fragmentos de Heráclito, Platão (*Crátilo*), Aristóteles (*Ética a Nicômaco*), Plutarco, Clemente de Alexandria, Sexto Empírico, Diógenes Laércio, Estobeu, etc. Entre os modernos, numerosos trabalhos foram produzidos acerca de Heráclito: Lassalle, Schuster, Dauriac (*De Heraclito Ephesio*, 1878).

Heráclito nasceu em Éfeso por volta do ano 500 a.C. Sua morte situa-se entre 475-478. Combateu o Partido Democrático de Éfeso. As anedotas sobre sua misantropia não são históricas. Escreveu uma obra, Περί Φύσεως. Denominaram-no o obscuro, ὁ σκο-τεινός. Pretendia-se, com efeito, que ele havia adotado a obscuridade por desprezo pelo gênero humano e para evitar a acusação de ateísmo.

O início da obra de Heráclito permite-nos compreender o objeto de sua filosofia. "O dia e a noite, diz ele, são <19> a mesma coisa; o caminho que sobe e o caminho que desce são um só e mesmo caminho. As coisas trocam-se umas nas outras, como o ouro se troca em mercadorias e as mercadorias em ouro. O vivo e o morto, o adormecido e o acordado são a mesma coisa, pois um troca-se no outro, e este, por sua vez, torna-se aquele."[23]

Resulta daí que o sistema de Heráclito é um dinamismo radical que admite a mudança universal, a transformação a todo instante das coisas umas nas outras. Não se deve acreditar que essa transformação só se aplique às coisas sensíveis, como daria a entender um texto de Aristóteles (*Metafísica*, I, 6). Pois é certo que, na época de Heráclito, a distinção entre o sensível e o inteligível ainda não tinha sido feita. Portanto, é um dinamismo não apenas radical, mas ainda universal.

Quais são os princípios que tornam possível essa transformação universal das coisas?

Em primeiro lugar, há um princípio material que se transformou e ainda se transforma infinitamente, que está no fundo da transformação universal, é o fogo. A crer em Lassalle[24], esse fogo não seria físico, mas uma abstração metafísica. Mas todos os textos contradizem essa hipótese. É realmente de um elemento material que se trata, talvez apenas não seja um fogo ordinário; talvez seja o quente ou algo de análogo ao éter dos estóicos. Numa palavra, é a substância mais apropriada a produzir e a mudar. É por uma mudança radical que o fogo dá origem às coisas. "O fogo, diz Heráclito, torna-se tudo e todas as coisas tornam-se fogo." É, portanto, uma mudança qualitativa esta que dá origem aos objetos particulares. Mas a esse princípio material podemos juntar dois outros.

Em segundo lugar, há a guerra e a harmonia (πόλεμος, ἔρις, ἁρμονία). Com efeito, é graças à ação da discórdia e da harmonia sobre o fogo que este se transforma infinitamente. "A guerra, diz ele, é o rei e o pai de todas as coisas." <20> Heráclito censura Homero por ter dito, em seu célebre verso: "Possa a discórdia afastar-se dos deuses e dos homens." Nesse dia, diz Heráclito, tudo desapareceria[25].

O que quer ele dizer ao afirmar que a guerra engendra todas as coisas? A acreditar em Lassalle, Heráclito teria vislumbrado o princípio panteístico[26] que Hegel, posteriormente, iria trazer a lume, a saber, que a lei universal das coisas é a contradição. Segundo Hegel, com efeito, o princípio que exige que uma coisa seja ou não seja, numa palavra, o princípio de contradição é uma simples lei de nosso espírito; não é uma lei das coisas, da realidade. A realidade, pelo contrário, é um tecido de contradições. De fato, há textos de Heráclito que se prestam a essa hipótese – entre outros, os exemplos que citávamos há pouco. – Não obstante, cumpre observar que, se realmente há em Heráclito, como, aliás, em todo panteísta, uma tendência para considerar as coisas contrárias, as contraditórias, como coexistindo na realidade, no entanto, o filósofo jônio está longe de ter atribuído a sua doutrina o sentido metafísico que Hegel confere à sua. Heráclito não faz, como Hegel, uma distinção entre o pensamento e a realidade: essa distinção só data dos tempos modernos. A verdade é que Heráclito foi marcado pelo fluxo universal das coisas, essa mudança perpétua que, hoje, marcou tão profundamente os partidários da doutrina da evolução. Guiado por essa idéia, concluiu que essa mudança universal talvez fosse mais que uma simples realidade das coisas, que talvez fosse o mais importante, o fundo, a própria existência das coisas[27]; mas o que prova que Heráclito nunca pensou em identificar absolutamente os contrários é que ele admite, no final das contas, sob o fluxo universal das coisas, uma substância permanente, o fogo, que se transforma à maneira de uma pessoa humana, que passa por uma série de estados, que muda continuamente e, não obstante, permanece sempre ela própria. <21> Portanto, a idéia de Heráclito é simplesmente que aquilo que nos parece outro deve ser idêntico no fundo e que os contrários são apenas um fenômeno, uma aparência.

Quanto à harmonia, é difícil determinar exatamente sua natureza: ela se manifesta sobretudo pela medida, "o fogo eterno acende-se segundo uma regra e apaga-se segundo uma regra". Na realidade, Heráclito une estreitamente, intimamente, a discórdia e a harmonia, seguindo, aliás, a tendência de seu sistema para aproximar os contrários. A guerra e a harmonia são apenas aspectos diferentes de uma força que compele* a matéria primitiva, o fogo, a se transformar e a voltar a ser ela própria.

Resta saber como as coisas foram produzidas graças a esse princípio e em que ordem saíram do fogo.

Primeiro, o fogo muda-se em água, depois em terra; de modo inverso, a terra volta a ser água e a água volta a ser fogo. Tudo saiu do fogo, tudo a ele volta um dia. O universo passa, portanto, por alternâncias de criação e de destruição. As coisas que observamos hoje saíram do fogo e aspiram a voltar a ele um dia. Virá um dia em que o universo se incendiará e desse fogo sairá um mundo novo, como um já havia saído antes do fogo primitivo, e assim por diante, indefinidamente. Cada um desses períodos dura mil e oitocentos anos. Quanto ao homem, sua alma vem do fogo como todo o resto, só que, nela, o fogo divino conservou-se mais puro. Quando o fogo da alma é conspurcado pela umidade, a razão desaparece. Após a morte, as almas retornam a uma vida mais pura.

Heráclito parece ter uma teoria da razão. Distingue com precisão o conhecimento dos sentidos e o da razão. Os sentidos dão apenas a aparência, o fenômeno. É a razão que nos permite penetrar até o fato que está no fundo de tudo e que explica a transformação universal. É pelo pensamento, pelo νοῦς, que podemos assim descer até o fundo da <22> realidade.

Por fim, Heráclito parece ter tido idéias sobre a moral e a religião. O sábio distingue-se do homem vulgar, pauta-se por uma lei geral, evita o orgulho, subordina-se ao conjunto das coisas.

---

* A edição francesa traz: "La guerre et l'harmonie ne sont que des aspects différents d'une force pousse qui pousse la matière primitive le feu, à se transformer et à redevenir elle-même". (N. do T.)

Qual é o lugar desse sistema? qual é seu papel? – Os elementos essenciais da filosofia de Heráclito já se encontram em seus predecessores. A idéia de mudança encontra-se nos jônios em geral; a de separação, de substância infinita, de mudança perpétua encontra-se em Anaximandro. A explicação do todo por meio de uma substância determinada encontra-se em Anaxímenes.

Mas a originalidade do sistema consiste na importância atribuída àquilo que, até então, tinha sido apenas acessório: idéia de mudança, de transformação universal. Heráclito põe-se claramente o novo problema: aquele que consiste em procurar como as coisas foram feitas, e não apenas de que são feitas.

VI – Crátilo – Hípon – Ideu – Diógenes de Apolônia

A Escola de Heráclito sobreviveu um certo tempo a esse filósofo. Platão nos diz que ela florescia ainda em Éfeso no século IV. Só nos ocuparemos dos discípulos de Heráclito, aliás bem mal conhecidos.

Crátilo viveu em uma época que é bem difícil determinar. Segundo Platão, era mais jovem que Sócrates. A originalidade de Crátilo foi aplicar à lógica a teoria da mudança universal. Pretendia que não se deve dizer nada, mas apenas gesticular com o dedo, pois mal a palavra é pronunciada, deixa de ser justa, a coisa designada tendo mudado. A mesma razão, segundo ele, faz com que seja impossível enganar-se. Com efeito, enganar-se ainda é enunciar um juízo contrário à realidade, e não há realidade fixa.

<23> Hípon é um físico do tempo de Péricles. Praticamente só o conhecemos pelo que Aristóteles nos diz

dele. Segundo ele, o princípio das coisas é a umidade. Se ele é original por algum lado, é provavelmente em sua teoria da formação das coisas, em particular dos seres vivos. E, ainda assim, a acreditar em Aristóteles, nada teria enunciado de notável. Segundo o mesmo autor, Hípon deve ser contado entre os espíritos grosseiros que querem fazer com que todas as coisas saiam de um princípio material.

Ideu[28] nasceu em Himera. Conhecemo-lo por Sexto Empírico. Como Anaxímenes, parece ter encontrado o princípio das coisas no ar.

Diógenes de Apolônia <é um outro discípulo de Heráclito> do qual temos vários fragmentos. É um jônio pela doutrina. A época de sua vida é mal determinada. Um texto de Simplício nos ensina que ele era mais jovem que Anaxágoras e que Leucipo.

Segundo Diógenes de Apolônia, o elemento que é o fundo de tudo deve ser: 1/ de uma natureza tal que o reencontremos realmente no fundo dos objetos materiais; 2/ esse elemento deve ser inteligente. Deve ser o fundo comum das coisas, porque a mudança só se concebe entre coisas idênticas quanto ao fundo. Se todas as coisas que nos aparecem, diz ele, terra, água, etc., tivessem cada uma sua natureza própria e distinta, seria impossível que as coisas se misturassem entre si; portanto, deve haver um fundo idêntico. É preciso que esse princípio comum seja inteligente, pois sem isso as coisas não estariam dispostas com essa ordem e essa medida que nelas descobrimos. Essas duas premissas sendo postas, Diógenes de Apolônia encontra no ar os dois traços requeridos. Com efeito, o ar tudo penetra, está no fundo das coisas; além disso, é o princípio do pensamento, a alma sendo um sopro do ar. Numa palavra, esse ar transforma-se infinitamente, ao mesmo tempo em que permanece no fundo ele próprio. Deu origem à terra que, fluida de início, ressecou-se sob a influência do <24> calor. O mar é aquilo que resta desse líquido primitivo. Os seres vivos saíram da terra sob a influência do calor. A alma é um ar quente e seco. Essa doutrina não é puramente jônia. Diógenes introduziu nela elementos extraídos de Anaxágoras. Este, com efeito, foi o primeiro a admitir um elemento inteligente, o νοῦς, na constituição das coisas. A filosofia de Diógenes de Apolônia é um ecletismo, uma espécie de conciliação entre Anaxímenes e Anaxágoras. Com Anaxímenes, Diógenes de Apolônia faz do ar o princípio de todas as coisas, mas, com Anaxágoras, atribui a esse princípio a inteligência; faz do ar uma substância análoga à alma.

Conclusão: posteriormente, as doutrinas jônias combinaram-se com outras. Aquele que lhes deu a forma mais clara e que as analisou com mais profundidade foi Heráclito, que permanece para nós o representante mais importante, principal, do jonismo[29]. A filosofia jônia pode ser considerada um dinamismo pendendo para o panteísmo. Esses filósofos são os criadores da filosofia. Introduziram idéias novas no mundo do pensamento: 1/ a de transformação e de mudança dinâmica; 2/ a de movimento eterno. Procuraram uma definição da existência e desembocaram nesta definição, à qual não falta profundidade: a existência consiste na mudança ou no movimento. Com efeito, quando consideramos as coisas tal como aparecem fora de todo raciocínio que o pensamento possa construir, quando nos atemos aos fenômenos, somos naturalmente levados ao dinamismo e à idéia de mudança universal. Em compensação, quando, em vez de considerar a realidade sozinha, nos fixamos além disso e sobretudo no meio de compreendê-la e de nos representá-la inteligentemente, percebemos rapidamente que a mudança é uma coisa ininteligível para o espírito, que a idéia de mudança é quase uma idéia contraditória[30].

Portanto, era natural que, na presença dessa filosofia da <25> mudança ou do devir, se constituísse uma outra que, colocando-se do ponto de vista não da realidade mas da inteligibilidade, declarasse que o movimento é uma ilusão, que não há mudança, que o ser permanece eternamente aquilo que ele é, numa palavra, uma filosofia do ser, não do devir: é a doutrina da escola eleata.

VII – Os eleatas

As fontes são numerosos fragmentos que nos foram conservados. Simplício, Sexto Empírico também nos dão informações. Possuímos sob o nome de Aristóteles[31] um escrito comumente intitulado *Sobre Melisso, Xenófanes e Górgias* que seria precioso se fosse autêntico. Mas, mais provavelmente, deriva de um filósofo peripatético do qual não se pode determinar o nome.

VIII – Xenófanes

O chefe da escola eleata é Xenófanes. A seu respeito, pode-se consultar Aristóteles, *Metafísica*, I, 5, e *Retórica*, I, 15. Há uma obra de Cousin sobre Xenófanes e, em latim, uma obra de Reinhold, *De genuina Xenophanis disciplina*.

Xenófanes nasceu em Colofão, na Ásia Menor. Viveu entre 570 e 480. Tinha muitos conhecimentos. Após ter muito viajado, fixou-se na Magna Grécia, em Eléia. Seu principal poema intitulou-se Περί Φύσεως.

É infinitamente provável que o ponto de partida da filosofia de Xenófanes tenha sido uma crítica do politeísmo. Os deuses, segundo a religião, são múltiplos; ele declara que Deus é uno. A religião pretende que os deuses são engendrados; Deus é eterno. Ela pretende que os deuses podem mudar; Deus é imutável. A divindade é um ser supremo e só pode haver um. <26> Deus não tem uma forma humana. De fato, com que direito atribuir-lhe uma tal forma? Cada um, diz ele, faz os deuses à sua imagem. O negro representa-se Deus preto com o nariz achatado; os trácios, com os olhos azuis e os cabelos vermelhos; e, se os cavalos e os bois possuíssem mãos e pudessem pintar, representariam os deuses sob a forma dos cavalos e dos bois.

Quais são as relações do Deus de Xenófanes com o mundo e em que consistem exatamente?

Aristóteles nos diz que Xenófanes foi o primeiro a reduzir todas as coisas à unidade e que, além disso, tendo considerado o universo em seu conjunto ou, melhor dizendo, tendo considerado a abóbada celeste inteira, declarou que a unidade era Deus. Podemos concluir a partir daí, assim como a partir de vários textos de Simplício, Sexto Empírico, Cícero, que o Deus de Xenófanes não se distinguia da abóbada celeste que, segundo ele, encerra a totalidade do mundo. Xenófanes, inspirando-se em idéias religiosas e encontrando na abóbada celeste algo ao mesmo tempo uno e infinito que contém todas as coisas sem se dividir, considerou a totalidade do universo; e, considerando que a abóbada celeste limita o mundo, extraiu disso a idéia da unidade do ser. Temos aqui, portanto, uma doutrina muito primitiva, uma metafísica quase infantil, que mal se desprende das idéias religiosas e mitológicas, ainda que as combata. Assim havia nascido a filosofia jônia que, com Tales, desprendia-se timidamente da religião. Iremos ver como, com Parmênides, desprende-se dessas hipóteses uma doutrina de uma grande profundidade.

IX – Parmênides

<27> Esse filósofo nasceu em Eléia; deve ter vivido entre 515 e 450. Teve vínculos com os pitagóricos, mas formou-se sobretudo na escola de Xenófanes. Gozou de grande reputação na Antiguidade. No *Sofista* de Platão, Parmênides é chamado *ho mégas*. Sua obra, Περί Φύσεως, foi dividida pelos comentadores em duas partes: uma intitulada a verdade, e a outra, a opinião. Com efeito, é provável que Parmênides, que estabeleceu uma distinção profunda entre o ser e o parecer, tenha feito corresponder a cada um desses dois termos uma parte de sua obra. Em que consiste sua filosofia?

O princípio da doutrina de Parmênides é claramente formulado em diversos fragmentos de seu poema. O ser é, o não-ser não é. A fonte de toda ilusão, científica ou não, é a crença na realidade do não-ser[32]. De forma mais clara, Parmênides nos diz a mesma coisa: entre o ser e o não-ser, não há meio-termo. Ser ou não ser. Em outros termos, Parmênides considera uma ilusão toda mistura de ser e de não-ser.

Esse princípio está repleto de conseqüências, pois cabe notar que o senso comum admite um meio-termo, o devir, o estado de uma coisa que já não é aquilo que era e que ainda não é o que irá ser, é a idéia dessa mudança, desse movimento. Nós admitimos que uma coisa é, sob alguns aspectos, e não é, sob certos outros aspectos. É verdade que, quando analisamos essa idéia de mudança, de devir, de mistura de ser e de não-ser, percebemos que essa idéia é difícil de compreender e que é mesmo inconcebível; é a experiência que nos força a admiti-la; mas o pensamento, deixado às suas próprias forças, não concebe meio-termo entre o ser e o não-ser. Ser ou não ser. Parmênides <28>, portanto, partiu do princípio de contradição sob sua forma mais absoluta.

E qual é essa razão pela qual Parmênides afirma essa impossibilidade de um meio-termo entre o ser e o não-ser? A esse respeito não há dúvida possível. Por repetidas vezes, Parmênides nos diz que o não-ser não poderia ser pensado nem enunciado. Ora, o que não pode ser pensado não pode existir. O motivo da doutrina, portanto, é indicado com precisão[33]. Parmênides supõe uma identidade entre o pensamento e as coisas. E, como não se poderia pensar o não-ser, nem um meio-termo entre o ser e o não-ser, resulta que, na realidade, é preciso que uma coisa seja ou não seja.

Quais são as propriedades desse ser de que Parmênides fala? Não pode ter começado a ser e não pode cessar de ser. Não foi e não será. Está num presente eterno. Com efeito, a partir do que poderia ter nascido? Do nada? Mas o nada não é e, por conseguinte, a coisa não é pensável, inteligível. Do ser? então ele já estava lá, não nasceu, portanto. – Além disso, o ser é indivisível. Pois, uma vez que nada existe fora dele, não há nada que possa separar-lhe as partes. O ser é homogêneo, equilibrado por todos os lados, comparável a uma esfera perfeita, pois, se houvesse diferenças no ser, ele seria divisível. O ser, portanto, é absolutamente uno.

Quais são as conclusões que podemos tirar daí? Que o múltiplo e a mudança são ilusões[34]. É o discípulo de Parmênides, Zenão de Eléia, que irá demonstrar esse ponto. Mas, armado apenas do princípio de contradição, Parmênides já declara que as diferenças qualitativas que acreditamos perceber são ilusões e que, na realidade, o ser é sempre semelhante a si próprio. Declara que o movimento e a mudança são aparências. O ser é incondicionalmente imutável e imóvel. Uma vez que o ser é uno, a reunião <de tudo> que existe não pode ter uma natureza diferente daquela do ser em geral. Tal é o sentido deste verso <29> célebre de Parmênides: o pensamento e o ser são a mesma coisa.

É falso pretender que Parmênides tenha querido dizer com isso que as coisas se reduzem ao pensamento. É cometer um anacronismo fazer de um eleata um idealista no sentido moderno da palavra. Talvez seja igualmente um exagero sustentar com Zeller que Parmênides identifica o pensamento com a matéria e que ele é um materialista. Mas, penetrado dessa idéia de que o ser é uno sob pena de não ser, atribui ao ser os mesmos traços que ao pensamento. Obriga-se a conformar-se estritamente ao princípio de contradição sob pena de contradizer-se. Por outro lado, é verossímil que Parmênides se represente esse ser absolutamente uno e idêntico como algo corpóreo. Isto, aliás, parece resultar: 1/ dos fragmentos de Parmênides que nos representam o ser como contínuo, homogêneo, comparável a uma esfera; 2/ das tendências materialistas de seus discípulos Zenão e Melisso; 3/ de alguns textos de Aristóteles (*Metafísica*, IV, 5; *De Caelo*, III, 1).

A essa metafísica quase materialista[35], Parmênides havia acrescentado uma física, isto é, uma teoria, não mais do ser, mas da aparência. Pois os fenômenos que percebemos só nos parecem tais que se distingam uns dos outros porque acreditamos em uma diferença, porque acreditamos na mistura de ser e de não-ser[36]. Uma teoria dos fenômenos físicos, portanto, não é mais que uma teoria da aparência, da opinião. Em geral, o vulgo crê na existência dos contrários, como o dia e a noite, o masculino e o feminino, etc. A verdade é que de dois contrários, só um pode existir. O dia apenas existe, o masculino apenas existe, etc.

Parmênides parece ter considerado o mundo como formado por círculos concêntricos; <30> a Terra ocuparia o centro. Para ele, aliás, essa física só tem o valor de uma hipótese.

Qual é o lugar histórico dessa doutrina? Ela consiste essencialmente em aplicar o princípio de contradição sob sua forma absoluta e lógica ao ser e em suputar *a priori* um mundo sensível que se conforme estritamente a esse princípio. Parmênides e os eleatas tiveram o grande mérito de supor a harmonia entre o ser e o pensamento, de modo que, para conhecer a verdadeira natureza do ser, basta analisar o pensamento e determinar as condições da inteligibilidade.

Zenão de Eléia

Sobre esse filósofo, pode-se consultar Évellin (*Infini et Quantité*, 1881).

Zenão nasceu em Eléia, por volta do começo do século V. Foi aluno de Parmênides. Platão nos fala de uma obra que Zenão compôs. Essa obra destinava-se a refutar a opinião do vulgo sobre as coisas sensíveis pela redução ao absurdo. Essa obra, escrita em prosa, foi perdida. Só nos restaram alguns fragmentos. Os argumentos que continha são por nós conhecidos sobretudo através de Aristóteles.

Qual é o alvo da filosofia de Zenão? – Enquanto Parmênides expôs diretamente sua doutrina, procurando as condições do pensamento e aplicando-as ao ser, Zenão demonstra essa doutrina por via indireta, considerando a opinião do senso comum que admite a realidade do múltiplo e da mudança, admitindo-a mesmo por um instante, ele prova que somos assim conduzidos a contradições. E nelas chegamos por duas maneiras: ora a conseqüência à qual somos conduzidos está em contradição com o princípio admitido; ora <31> desembocamos em duas conseqüências contraditórias. O primeiro procedimento é a redução ao absurdo. O segundo é aquele que se tornou tão fecundo nas mãos de Kant, a antinomia.

Se o múltiplo existe, pode-se provar que ele é ao mesmo tempo infinitamente pequeno e infinitamente grande.

A) Ele é indefinidamente pequeno, pois toda multiplicidade consiste em um certo número de unidades, isto é, de indivisíveis. Mas o que é indivisível não tem grandeza, pois, por definição, o que tem grandeza é divisível. Portanto, as partes últimas do múltiplo não têm grandeza. Portanto, não se aumenta a grandeza de uma coisa acrescentando-lhe uma tal parte e não se a diminui ao retirá-la. Mas aquilo que, acrescentado ou retirado, não muda nada no objeto é um nada. Portanto, os elementos do múltiplo são nadas e o próprio múltiplo, que é composto de nadas, é infinitamente pequeno.

B) O múltiplo é também infinitamente grande, pois, uma vez que aquilo que não tem grandeza não é nada, é preciso que o múltiplo, para ser, tenha uma grandeza. Portanto, as partes desse múltiplo estão separadas umas das outras. Portanto, há outras partes entre elas e assim por diante. Mas, se dois pontos *a* e *b* são tais que há entre eles uma infinidade de pontos, *a* e *b* são infinitamente distantes. Portanto, o múltiplo é infinitamente grande.

Esse argumento pode ser representado sob uma forma mais concreta. Referimo-nos ao argumento, muito usado na Antiguidade, do monte de grãos. Sendo dada uma medida de grãos, se a despejamos, ela produz um som. Mas será então preciso que um único grão e, mesmo, que uma parte tão pequena quanto se quiser de um grão <32> produza um som ao cair. Pois se cada uma dessas partes não produzisse nenhum barulho, o conjunto tampouco produziria. Ora, a experiência nos mostra que um grão por si só não produz som. Portanto, não é correto dizer que a medida de grãos produz um som.

A esses argumentos contra a existência do múltiplo, Zenão acrescentava outros, relativos à existência do movimento.

A) Sendo dado um corpo que deve ir do ponto A para o ponto B, esse corpo, antes de chegar em B, deve chegar no meio do segmento AB, em A'. Mas, antes de chegar em A', é preciso que ele chegue no meio do segmento AA', em A". Pode-se assim mostrar que, antes de chegar ao ponto B, o corpo precisará passar por um número infinito de pontos. Portanto, nunca chegará lá. O movimento, portanto, é impossível[37].

B) Sofisma de Aquiles e da tartaruga. Esse segundo argumento não é mais que uma forma mais complicada do primeiro. Eu suponho que Aquiles e a tartaruga estejam a uma determinada distância um do outro e se movam no mesmo sentido. Pode-se à vontade supor a velocidade de Aquiles maior que a da tartaruga, ele nunca a alcançará. Com efeito, suponho Aquiles em A e a tartaruga em B. Quando Aquiles está em B, a tartaruga avançou e está em C, por exemplo. Quando Aquiles está em C, a tartaruga está em D, etc. E, entre a tartaruga e Aquiles, há sempre um intervalo, uma vez que, durante o tempo que Aquiles leva para chegar ao ponto em que se encontrava a tartaruga, esta última andou. Por conseguinte, se o movimento fosse uma coisa real, um corpo poderia mover-se bem mais rápido que um outro corpo e, no entanto, nunca o atingiria[38].

C) Sofisma da flecha. Suponhamos uma flecha que voa através do espaço. Considerada durante um instante indivisível, essa flecha está imóvel (fotografia <33> instantânea; um cavalo correndo em desabalada carreira fotografado nitidamente), pois leva tempo para mover-se. Portanto, durante todos os instantes da duração está em repouso. Portanto, não é correto dizer que voa, que se desloca[39].

D) O quarto argumento é bem mais fraco que os precedentes. Suponhamos uma série de quatro pontos eqüidistantes A1, A2, A3, A4; suponhamos uma outra série de quatro pontos, igualmente espaçados, em uma linha paralela à primeira: B1, B2, B3, B4. Por fim, acrescentemos uma nova série de quatro pontos, igualmente espaçados e em uma linha paralela às duas outras C1, C2, C3, C4.

$$\begin{array}{c} A1\ A2\ A3\ A4 \\ B1\ B2\ B3\ B4 \\ \rightarrow \\ C1\ C2\ C3\ C4 \\ \leftarrow \end{array}$$

O primeiro sistema é imutável, o segundo, animado por um movimento no sentido de B1B4. O terceiro é animado por um movimento igual e de sentido contrário. Suponhamos, portanto, que os dois sistemas se ponham em movimento ao mesmo tempo. Quando o ponto C1 estiver sob o ponto A1, o ponto B4 terá chegado sob A4. O ponto C1, portanto, terá percorrido, nesse momento, o intervalo A1A3, mas, ao mesmo tempo, terá percorrido o espaço B4B1. Portanto, será preciso admitir que um mesmo móvel C1 percorre no mesmo tempo e com a mesma velocidade duas distâncias A1A3 e B1B4 diferentes uma da outra[40].

Qual é o fundamento desses diversos argumentos? Zenão demonstrou que, se os elementos de um todo são de mesma natureza que o próprio todo, chegamos, pelo raciocínio, a conseqüências que parecem contraditas pela realidade. Portanto a realidade é uma ilusão.

Zenão parte desse princípio segundo o qual a realidade deve conformar-se aos raciocínios <34> construídos pela inteligência. Ora, o espírito não pode admitir que os elementos de um todo não sejam de mesma natureza que o todo. Portanto, se raciocinamos *a priori*, considerando as coisas como só existindo na condição de serem conformes à nossa inteligência, o movimento e a multiplicidade não existem[41]. A esse respeito, Évellin disse em sua tese, *Infini et Quantité* (Paris, 1881): "Tudo leva a crer que, nas coisas e em particular mesmo no tempo e no espaço, as partes são heterogêneas, de modo que se dividimos indefinidamente uma linha dada, devemos chegar em última análise em algo que não é uma linha e do qual não podemos formar uma idéia. Mas isto só é possível se admitimos uma oposição entre a inteligência e as coisas reais."[42]

É preciso admitir que o todo e as partes são heterogêneos um ao outro. É, aliás, o que acreditamos quando cremos na causalidade. Pois dizer que os elementos A, B, C dão origem a um composto M, diferente de cada um deles e mesmo de sua soma, é admitir esse absurdo.

Portanto, o pecado e ao mesmo tempo o mérito dos eleatas e de Zenão em particular foi confundir o princípio de causalidade com o princípio de contradição. O segundo opõe-se ao primeiro. Pois admitir o princípio de causalidade é admitir que, ali onde são dados elementos A, B, C, D, pode existir algo diferente de A, B, C, D. – É ao mesmo tempo um mérito, pois era preciso uma perspicácia singular e uma grande força de raciocínio para notar que a idéia de causalidade encerra uma contradição. É verdade que os eleatas não exprimiram a coisa sob essa forma abstrata. Acreditaram na harmonia das coisas e do pensamento. E, do fato de <35> que se chega a contradições ao supor as partes do movimento idênticas ao todo, concluíram não que há uma contradição entre o pensamento e o ser, mas que uma boa parte daquilo que aparece é uma ilusão. Seus argumentos foram retomados por Bayle[43].

Seja lá como for, é sempre preciso admitir, em presença do movimento, ou que a realidade é absurda ou que ela é ilusória[44].

X – Melisso

Melisso nasceu em Samos e florescia provavelmente por volta de 444 a.C. Temos dele alguns fragmentos que nos foram conservados sobretudo por Simplício[45]. Melisso não é um filósofo original. Desenvolveu a doutrina dos eleatas no sentido materialista[46]. A doutrina parece poder ser reduzida às teses seguintes:

1 – *O ser é eterno*: pois se tivesse um começo, teria saído do ser ou do não-ser. Se tivesse saído do ser, o ser já existiria; se saiu do não-ser, enuncia-se uma proposição ininteligível, pois o não-ser, sendo o nada, nada pode produzir. Pela mesma razão, o ser não pode acabar. Portanto, é eterno.

2 – *O ser é infinito*: pois se fosse limitado, seria envolto pelo vazio. Mas o vazio, sendo o nada, não pode existir. Notemos que, a esse respeito, Melisso separa-se de Parmênides.

3 – *O ser é uno*: isto resulta de que ele é infinito, pois se houvesse vários, limitar-se-iam uns aos outros. Além disso, a pluralidade só é compreensível caso se admitam partes vazias entre as partes do ser, e o vazio não pode existir.

<36> 4 – *O ser é imutável*: pois o movimento no espaço é inconcebível a não ser no vazio. Ora, o vazio não existe. Como se vê, essa doutrina não é mais que a doutrina de Parmênides interpretada no sentido materialista. O ser é identificado com a matéria. E, do fato de que o não-ser é ininteligível, conclui-se que não há vazio. E é dessa teoria sobre o vazio que deriva todo o resto da doutrina[47].

XI – Os pitagóricos

As fontes tidas por imediatas são muito numerosas. Uma série de pretensas citações pode ser encontrada em Diógenes, Proclo, Estobeu. Transmitiram-nos até mesmo pretensos escritos de Pitágoras. Mas ficou demonstrado que os escritos transmitidos eram inautênticos. Além disso, está praticamente demonstrado que antes do pitagórico Filolau não havia exposição do pitagorismo. É, portanto, possível que os fragmentos de Filolau que chegaram até nós sejam autênticos, mas pode-se ver como apócrifos aqueles que são atribuídos a filósofos anteriores.

Quanto às fontes mediatas, são muito consideráveis, mas na maior parte pouco dignas de fé. Nos séculos III e II, uma espécie de lenda pitagórica se desenvolve e, na época do neopitagorismo, uma série de escritos é produzida tendo em vista o pitagorismo: mas esses escritos assemelham-se muito pouco às teorias de Pitágoras. A bem dizer, em termos de documentos autênticos, só temos os textos de Aristóteles. E a maior parte das informações precisas e dignas de fé, em particular as dos comentadores de Aristóteles, não fazem mais que repeti-las. Iremos, portanto, <37> nos remeter a ele.

Resumindo, as fontes imediatas autênticas são muito magras: as informações são poucas, mas provavelmente exatas. Quanto às fontes posteriores, como não fazem mais que repetir Aristóteles, são destituídas de valor. É, portanto, difícil estudar a doutrina de cada pitagórico em particular, de modo que estudaremos o pitagorismo em geral.

Pitágoras, nascido em Samos entre 584 e 581 a.C., foi para a Itália entre 544 e 542. São-lhe atribuídas viagens muito numerosas. Fundou em Crotona, na Magna Grécia, uma espécie de associação religiosa, moral e política. A tendência dessa associação era aristocrática. No entanto, pregava-se, nela, a comunidade dos bens. Para entrar na sociedade, era preciso uma iniciação. O silêncio era imposto aos noviços. Reconheciam-se através de sinais misteriosos. Essas informações talvez não sejam autênticas, mas são interessantes porque confirmam essa opinião que haveremos de emitir sobre o pitagorismo: essa doutrina tem provavelmente uma origem estrangeira oriental. Seja lá como for, seu caráter político foi-lhe fatal. Pitágoras, expulso de Crotona, morreu em Metaponto.

Outros pitagóricos viveram fora da Itália: Filolau, Lísis, Timeu de Locres, Eurito, etc.

Outros viveram na Itália: Clínias, Árquitas de Taranto, esse último por volta de 375.

1. Exposição do sistema

O princípio do pitagorismo ainda se encontra claramente em Aristóteles (*Metafísica*, I, 5). Os princípios da matemática são também os princípios das coisas e os elementos dos números são <38> os elementos de todos os seres. Toda coisa pode ser reduzida aos números e é pelos números que toda coisa se explica. Antes de interpretá-lo, cabe indicar os motivos que podem ter levado os pitagóricos a pôr esse princípio.

1 – Os pitagóricos, segundo Aristóteles, acreditaram observar que as coisas tinham mais semelhança com os números do que com o fogo, a terra ou a água.

2 – Os números pareceram-lhes anteriores a qualquer outra coisa, o que provavelmente quer dizer que as coisas só são compreensíveis, inteligíveis, por meio de números. Filolau afirma-o em um fragmento: "É o número que torna as coisas cognoscíveis; nada de cognoscível sem o número; tudo que é conhecido tem número."[48] É impossível conceber algo sem ele. Os pitagóricos são, portanto, matemáticos que, marcados pelas relações existentes entre as coisas e as construções da matemática, imaginaram que os princípios da matemática eram os

princípios das coisas. Mas em que sentido consideraram os números como os princípios das coisas?

Qual é a natureza do número tal como os pitagóricos o concebem? Existe por si mesmo ou é apenas um atributo? O número é uma substância ou é apenas uma qualidade das coisas? Um texto de Aristóteles resolve esse nosso problema (*Física*, III, 4). Aristóteles diz que, segundo os pitagóricos, o princípio das coisas, o infinito, existe por si mesmo, e não como atributo. Ora, veremos que o infinito, segundo os pitagóricos, é apenas uma parte do número. Mas, se o número existe por si mesmo, é ele capaz de existir separadamente? Em outros termos, esse mundo considerado como número puro é algo real ou é apenas uma simples abstração do espírito? Os textos parecem indicar que os pitagóricos consideram <39> o número como de tal modo vinculado às coisas sensíveis que só pode ser delas separado por um esforço de abstração. O número na coisa é o princípio da coisa. No entanto, a esse respeito, levantaram-se discussões. Com efeito, Aristóteles nos diz que, segundo os pitagóricos, as coisas são números. Se nos diz igualmente que os pitagóricos fazem do número a causa material das coisas, em compensação, em um trecho de *Metafísica*, I, 6, o mesmo Aristóteles nos diz: "Platão professa a participação, mudando, nisso, apenas a palavra dos pitagóricos. Pois os pitagóricos dizem que as coisas existem por imitação dos números, e Platão apenas substitui a palavra imitação pela palavra participação, μίμησις por μέθεξις." Além disso, o texto de Estobeu (1-302) poderia confirmar o testemunho de Aristóteles. "Eu sei, diz ele, que muitos consideram Pitágoras como tendo dito que as coisas nascem do número. Mas, na realidade, Pitágoras não disse que as coisas saem do número, mas que são segundo o número, κατ' ἀριθμόν."⁴⁹ Parece difícil, então, conciliar textos tão opostos. Segundo certos críticos, e Brandis⁵⁰ em particular, teria havido duas tendências opostas entre os pitagóricos. Segundo uma delas, o número seria o princípio imanente das coisas; e, segundo a outra, o número seria como que um ideal na imitação do qual as coisas seriam feitas. Mas nenhum texto de Aristóteles nos autoriza a distinguir essas duas direções. Em contrapartida, em *Metafísica*, I, 5, encontramos esta frase que talvez nos permita conciliar textos aparentemente contraditórios: "Porque os pitagóricos encontravam uma semelhança entre os números e as coisas, admitiram que o número é o princípio das coisas." Parece provável que, nos pitagóricos, <40> tenha se estabelecido uma confusão entre a simples semelhança e a identidade. Uma tal confusão parece estranha, hoje, porque as doutrinas filosóficas posteriores àquela fixaram e distinguiram claramente as duas noções. Mas não parece verossímil que os pitagóricos tenham estabelecido uma diferença entre a semelhança e a conformidade constante(s), de um lado, e a identidade absoluta, de outro. Percebendo que as coisas se submetiam a relações matemáticas precisas que possuíam as características do número, concluíram que eram números. É somente vários séculos mais tarde que se chegará a distinguir as duas concepções. Uns fixaram sua atenção na razão dada pelos pitagóricos: a simples semelhança; os outros, na conclusão que tiraram: a identidade ou a imanência. O que cabe dizer é que para os pitagóricos, como diz claramente Aristóteles, o número é princípio das coisas porque as coisas se assemelham a números.

Resumindo, o pensamento dominante do pitagorismo será fortemente esclarecido se nos transportarmos ao fragmento de Filolau onde nos é dito: "Se quisermos explicar a disposição harmoniosa das coisas, cabe pôr a harmonia no interior das coisas." Os pitagóricos, matemáticos antes de tudo, percebendo que as coisas só são inteligíveis quando são reduzidas aos números, pensaram em pôr o número no interior das coisas como uma matéria, matéria imanente, aliás. A expressão de Aristóteles é de uma precisão extrema[51]. Os pitagóricos, com efeito, não tendo ainda distinguido um princípio metafísico de um princípio material, não se tendo ainda dado conta de que a realidade das coisas e sua inteligibilidade são duas coisas distintas, percebendo <41> que o número é a condição de inteligibilidade das coisas, concluíram que o número constituía o fundo, a matéria das coisas. O número, portanto, é um princípio metafísico empregado como princípio material por filósofos que não faziam essa distinção.

Falta-nos resolver uma última questão, concernente à natureza do número pitagórico. Essa questão é levantada por um texto de Aristóteles, *Metafísica*, XIII, 6. Ali nos é dito que os pitagóricos fazem as coisas sensíveis consistir em números. Consideram, pois, as unidades, diz Aristóteles, como tendo grandeza, mas quanto a saber como o primeiro Um, a primeira unidade pôde adquirir grandeza, isto os embaraça. Pode parecer resultar desse texto que o número dos pitagóricos é algo corpóreo, material, e essa teoria, com efeito, foi sustentada por vários historiadores. O número seria visto pelos pitagóricos como uma matéria de onde as coisas saíram como teriam saído, segundo outros filósofos, da água, do ar, do fogo, etc. Essa opinião parece inconciliável com outros textos de Aristóteles mais precisos, onde nos é dito que o número é sujeito e não atributo, que ele é substância por si mesmo, sem ter necessidade de nenhuma qualidade natural. Mais adiante, Aristóteles chama o número pitagórico μαθηματικός. Não se trata, portanto, de matéria. Alhures, Aristóteles reprocha aos pitagóricos como uma contradição o terem considerado os corpos materiais como formados pelo número matemático. Portanto, a interpretação materialista dos historiadores alemães Reinhold e Brandis não pode ser adotada. Mas um outro historiador, Retter[52], propôs uma interpretação mais fina, ainda que <42>, a nosso ver, do mesmo modo inexata. Segundo ele, o número pitagórico, sem ser matéria propriamente dita, seria um ser geométrico: a unidade seria o ponto, e os números, relações de grandezas no espaço. Assim, os pitagóricos teriam reduzido todos os corpos a suas propriedades geométricas e seriam essas propriedades geométricas que teriam representado por números. Notemos que uma teoria desse gênero não é muito possível antes de Demócrito. Desse modo, o ponto seria identificado ao átomo. Ora, o átomo é um produto imediato do ecletismo posterior ao pitagorismo. Na realidade, a dificuldade consiste em explicar o texto que citamos no início. Mas note-se o procedimento histórico de Aristóteles: é a partir de suas idéias que ele interpreta seus predecessores. Ora, segundo ele, apenas o semelhante explica seu semelhante. Por conseguinte, para explicar as coisas extensas, precisamos de elementos extensos. Portanto, no pensamento de Aristóteles, se os pitagóricos reduziram as coisas a números é porque conferiam a extensão aos números. Mas os pitagóricos nunca emitiram essa opinião e, se Aristóteles os faz dizer isso, é que lhe parece absurdo, contraditório, supor que uma coisa extensa seja formada por elementos inextensos. A prova de que eles não o disseram é este membro de frase que se encontra em Aristóteles: "Quanto a saber como o primeiro um pôde adquirir a grandeza, isso os embaraça."[53] Com efeito, considerando o número como puramente matemático, eles se veriam em embaraço para dar uma grandeza material às unidades.

Conhecida a natureza em geral do número, perguntemo-nos qual é a aplicação que os pitagóricos deram ao número na explicação geral das coisas.

Os números dividem-se em pares e ímpares. Há mesmo uma terceira <43> categoria, os números pares-ímpares.

O ímpar é identificado por eles com o ilimitado, o infinito, porque põe um termo à divisão por dois. Pelo contrário, o par é considerado o finito, o perfeito. Assim, os números pares, os números ímpares e os números pares-ímpares cuja natureza é bastante obscura: eis as diversas categorias de números que serão utilizados.

As oposições. O par e o ímpar constituem duas determinações opostas. Podemos presumir que as oposições entre as qualidades das coisas podem ser reduzidas à oposição fundamental do ilimitado e do limitado. Os pitagóricos estabeleceram uma tábua das oposições. Elas são dez:

1 / Limitado e ilimitado;
2 / Ímpar e par;
3 / Unidade e multiplicidade;
4 / Direita e esquerda;
5 / Masculino e feminino;
6 / Repouso e movimento;
7 / Reta e curva;
8 / Luz e obscuridade;
9 / Bom e mau;
10 / Quadrado e retângulo.

Harmonia. Os elementos das coisas sendo de natureza diferente, é preciso um nexo para reunir as determinações opostas em cada objeto. É nisso que consiste a harmonia. Em toda coisa, há oposições de início, depois uma harmonia que as une entre si. Isso resulta do fato de que toda coisa se reduz a um número. Ora, todo número é composto de par e de ímpar e, no entanto, todo número é uno. Em outros termos, os pitagóricos notam que o número é uno e múltiplo ao mesmo tempo. Ele reúne, portanto, oposições e funde-as entre si, por assim dizer, e, uma vez que toda coisa é número, é preciso que haja, em toda coisa, oposição e unidade ao mesmo tempo. Desde então, é preciso admitir que as qualidades opostas que encontramos em todo objeto, direita e esquerda, retilíneo e curvo, etc., podem ser reduzidas às oposições <44> numéricas do par e do ímpar e que aquilo que faz a unidade de um objeto seja aquela mesma causa que faz a unidade do número.

Essa teoria das oposições e da harmonia é bastante obscura. Não é, portanto, de se espantar que interpretações diversas tenham sido propostas na Antiguidade, as quais, na maior parte, inspiram-se em idéias posteriores ao pitagorismo.

Dessas explicações, a principal é uma explicação panteísta que encontramos na Antiguidade. Para os neopitagóricos e neoplatônicos, Pitágoras teria identificado o um com a Divindade. Dessa unidade primitiva teriam saído dois princípios: o Um e a Dualidade indeterminada. Ao primeiro desses dois princípios deve ser atribuído todo o bem, ao segundo, todo o mal. E são esses dois princípios que, diversificando-se, assumindo formas diferentes, teriam dado origem às qualidades contrárias que encontramos enumeradas na tábua das oposições. Reconhecemos, aqui, sob uma forma ligeiramente modificada, a doutrina dos neoplatônicos e dos alexandrinos. Estes supõem que, da unidade primitiva superior ao pensamento e mesmo à existência, teria saído, por uma espécie de processão, a multiplicidade. Mas essa oposição da unidade e da díade e, sobretudo, esse progresso do ser são idéias que datam dos últimos tempos da filosofia grega. Dissemos que os textos de Aristóteles são os únicos que merecem alguma confiança quando se trata dos pontos essenciais do pitagorismo. Ora, todos os textos aos quais se pôde recorrer para uma tal interpretação são bem posteriores. É apenas no século I que se encontra uma tal teoria, em Alexandre Poliístor, o historiador. É certo que os pitagóricos admitiram deuses <45> múltiplos, ao mesmo tempo em que seguiam, em certa medida, a direção monoteísta que teve uma tão grande importância na filosofia a partir de Xenófanes. Rejeitaremos, portanto, como uma teoria neoplatônica, a idéia do desdobramento de Deus no mundo, de uma cisão, de uma emanação da unidade primitiva que dá origem às oposições do uno e do múltiplo. É uma teoria panteística na qual os pitagóricos provavelmente nunca pensaram[54].

Para aplicar os números às coisas, recorrem a analogias quase sempre superficiais. Se os pitagóricos, diz Aristóteles, encontrassem alguma analogia entre os números, de um lado, e os fenômenos celestes, de outro, exprimiam isto por aquilo; e se havia lacunas entre as coisas, preenchiam-nas com alguns elementos.

Por exemplo, a década sendo o número perfeito, concluem daí que os planetas são dez e, como só se viam nove, inventaram o *antikhtonos* ou antiterra para completar o número. Encontramos um número considerável de simbolizações desse gênero. Assim, a justiça, que consiste em restituir o mesmo pelo mesmo, é idêntica ao quadrado e, como o quadrado é idêntico a quatro, representavam a justiça por 4. A ocasião é o número 7, porque a lua muda de fase todos os sete dias, porque algumas doenças compreendem sete períodos, etc. O casamento era representado pelo número 5, soma do primeiro número macho, 3, e do primeiro número fêmea, 2. No entanto não se deve acreditar que essas aproximações sejam sempre feitas sem método. Pouco a pouco, o pitagorismo procedeu sistematicamente. Pode-se distinguir a aplicação desses princípios à aritmética, à música, à geometria <46>, à física e à história natural.

Aritmética. O que domina a aritmética pitagórica é a importância atribuída à década. Os pitagóricos são considerados os inventores do sistema de numeração decimal. É provavelmente a eles que se deve atribuir a invenção dos pretensos algarismos árabes. O número quatro tem também uma grande importância no sistema, uma vez que é o primeiro quadrado e porque a soma dos quatros primeiros números dá dez. Os números 3, 4, 5 também gozam de privilégios, uma vez que a soma dos quadrados dos dois primeiros é igual ao quadrado do terceiro.

Música. Os pitagóricos levaram longe o estudo teórico da música[55]. Determinaram as relações que existem entre a altura de um som e o comprimento da corda vibrante. Encontraram para a quarta a relação 3/4, para a quinta, 2/3, para a oitava, 1/2.

Geometria. Tiveram a idéia, que mais tarde Descartes retomaria, de representar as figuras por símbolos aritméticos. Infelizmente, em vez de procurar representar aritmeticamente, como iria fazê-lo Descartes, a lei do movimento pelo qual uma linha é engendrada, o que os teria levado à geometria analítica, limitaram-se a uma aproximação factícia[56].

Física. Os pitagóricos admitiam, segundo Filolau, cinco corpos primordiais: terra, fogo, ar, água e um quinto elemento do qual é difícil determinar a natureza exata.

Cosmogonia. Pitágoras acreditava em um começo do mundo. No coração do universo ter-se-ia formado primeiro o fogo. Esse fogo central atrai as partes do infinito e essa atração dá forma a esse indefinido. Assim <47> formou-se o mundo atual de forma esférica, tendo o fogo no centro e girando de oeste para leste em volta desse fogo. Há dez corpos celestes. Segundo os primeiros pitagóricos, a terra é esférica, mas não gira em volta do sol. No entanto, pouco a pouco, os pitagóricos admitiram não apenas um movimento da terra em volta do sol, mas também um movimento de rotação sobre si mesma. Dessas revoluções dos astros em volta do fogo central, resulta uma harmonia. Com efeito, esses corpos movem-se rapidamente, e todo movimento produz um som cuja altura está em uma certa relação com a velocidade do móvel. É preciso, portanto, que cada um dos astros, ao girar, emita uma nota especial e o conjunto das notas produza uma harmonia. É o hábito que nos impede de escutar essa música.

Idéias morais. Essa doutrina moral, como Zeller demonstrou, não se consubstancia com a doutrina filosófica dos pitagóricos. Pitágoras é sobretudo conhecido vulgarmente por sua doutrina da metempsicose. Ora, é precisamente o que não lhe pertence; ele a tomou de empréstimo ao Oriente. A alma, então, estaria no corpo como em uma prisão. No dia em que dele se separar, poderá gozar de uma vida imaterial, caso se tenha mostrado digna disso. O dever do homem sobre a terra, portanto, é purificar-se moralmente. Ele poderá consegui-lo pondo ordem em sua conduta, combatendo, antes de mais nada, os caprichos.

Pitágoras recomendava o respeito dos pais e da lei, a fidelidade, a amizade, o respeito da velhice e sobretudo a medida e a moderação. Está mais ou menos estabelecido, por outro lado, que no pitagorismo as qualidades morais e as virtudes eram representadas por números. É difícil saber que conseqüências eram retiradas dessa simbolização.

O que deve ser guardado do pitagorismo? O que há de evidente, de incontestável, <48> de indiscutível e ao mesmo tempo de extremamente fecundo nas abstrações matemáticas – e os pitagóricos convictos o reconhecem – é que eles pretendem que tudo é número e que nada é cognoscível a não ser pelo número. Todo especialista experimentou uma tendência desse tipo, uma tendência para explicar todas as coisas pela ciência que se conhece melhor. Eis o ponto de partida, a razão dessa idéia. Ora, é incontestável que essa idéia deu aos pitagóricos uma superioridade sobre os jônios. Compreenderam que, quando se trata de ciência, de explicação científica, a principal questão a ser colocada é a seguinte: a explicação será cômoda para nosso espírito? Sem fazer a distinção entre o subjetivo e o objetivo, vislumbraram que o objeto, o absoluto tal como é em si, não é provavelmente um objeto de ciência[57] e que o espírito deve contentar-se com escolher, dentre todas as possíveis concepções das coisas, aquela que se presta a cálculos e satisfaz melhor nossas próprias necessidades. Portanto, a idéia de explicar as coisas por um elemento inteligível constitui um progresso real e notável. Nesse aspecto, pode-se pôr no mesmo nível os pitagóricos e os eleatas. Mas os pitagóricos tiveram uma superioridade sobre os eleatas; pois não apenas compreenderam que cabia, antes de mais nada, preocupar-se com uma explicação inteligível pelo espírito, mas pressentiram ainda aquilo que só deveria tornar-se clássico em nosso tempo: que a explicação científica mais inteligível é uma explicação matemática.

Foi Descartes quem conferiu legitimidade a essa idéia na ciência, mas os pitagóricos foram os primeiros a tê-la vislumbrado. Perceberam que explicar as coisas é, antes de tudo, representá-las por símbolos e que o alvo da ciência é substituir o objeto por um símbolo matemático. Essa idéia basta para colocar os pitagóricos numa posição ímpar. Eles são, com os atomistas talvez, aqueles que, na Antiguidade, melhor <49> compreenderam a ciência. (Aristóteles está longe de ter compreendido a ciência ideal com essa precisão.)

Mas não compreenderam que a aplicação do símbolo matemático às coisas deveria ser feita não por causa de uma analogia superficial, mas após uma observação da consciência. Foi aperfeiçoando, primeiro, os procedimentos de investigação física e, depois, a análise dos movimentos que se pôde exprimir matematicamente, por exemplo, os fenômenos de calor. Portanto, a ciência, tal como os modernos a entendem, compreende dois procedimentos, duas diligências:

1 – O estudo da matemática, o aperfeiçoamento progressivo dessa ciência.

2 – A aplicação sistemática e refletida da matemática às coisas físicas, em decorrência de observações, de experimentações e de hipóteses de todo tipo.

Os pitagóricos captaram admiravelmente os princípios dessas duas operações. No que diz respeito à primeira, não apenas captaram-lhe os princípios, mas extraíram conseqüências que fazem deles os matemáticos mais hábeis da Antiguidade. Mas, na segunda, extraviaram-se. Acreditaram que havia um tal acordo entre a natureza e o espírito, que este último podia, em virtude de analogias superficiais, escolher um número e substituí-lo ao objeto. É por esse lado de sua doutrina que são freqüentemente ridículos. Mas não se deve esquecer que a idéia fundamental dos pitagóricos foi retomada por Descartes e domina toda a ciência moderna.

XII – Empédocles[58]

1. Fontes

Fragmentos bastante consideráveis, que se encontram em Sexto, Plutarco, Simplício. Textos de Aristóteles, de Tímon de Alexandria, Diógenes, Lucrécio (Livro I). São numerosas as obras sobre Empédocles. As principais são: Panzerbieten, *Contribuição à crítica de Empédocles*; Raynaud, *De Empedocle*, 1848.

Empédocles viveu entre 492 e 432, nasceu em Agrigento. <50> Viajou muito e morreu no Peloponeso.

Segundo Empédocles, a lei que preside universalmente é a seguinte: não há nascimentos, há apenas misturas e separações. Essa idéia volta constantemente nos fragmentos de Empédocles que nos foram conservados. É fácil determinar sua origem, é a aplicação pura e simples das idéias eleáticas. Os filósofos que iremos estudar, Anaxágoras, Leucipo, Demócrito, podem ser chamados ecléticos. Procuraram uma conciliação entre a doutrina dos jônios e a dos eleatas.

Os jônios, partindo da experiência, haviam concluído pela mudança universal. É em Heráclito que o dinamismo, essa concepção de uma transformação universal, é expresso sob a forma mais radical.

Os eleatas, pelo contrário, partindo da inteligência e das condições de inteligibilidade, concluíram que toda mudança é inconcebível. E, com efeito, nosso espírito não concebe que algo se torne outra coisa. Essas doutrinas opostas podem ser consideradas como igualmente verdadeiras: tudo depende do ponto de vista.

Portanto, não é de se espantar que a filosofia grega tenha feito um esforço para conciliá-las. Esse esforço foi feito em sentidos diferentes por Empédocles, Anaxágoras e Demócrito. Veremos a filosofia grega debater-se assim até o momento em que, desesperando, abandonar a física e a metafísica para voltar-se, com os sofistas, para a moral. É aí que irá encontrar os elementos de uma conciliação nova entre as idéias contrárias dos jônios e dos eleatas; de modo que se pode considerar que toda a filosofia grega oscilou entre os dois extremos, o eleatismo e o jonismo, tentando, por esforços incessantemente renovados, conciliar o que talvez seja no fundo inconciliável, as exigências do espírito e as propriedades do ser.

Empédocles, dizíamos, vai extrair seu princípio do eleatismo. E, com efeito, são <51> os eleatas que disseram: uma coisa não pode nascer nem perecer. E a prova de que foi realmente aí que Empédocles se abasteceu é que a demonstração que oferece de seu princípio é a mesma que a dos eleatas. Se o ser perecesse, diz ele, nunca voltaria ao ser, pois nada pode sair do nada. Por outro lado, os jônios mostraram que a mudança é incontestável. A esse respeito, Empédocles está de acordo com os jônios.

Como conciliar as duas coisas? Se A torna-se B, é preciso que tenha deixado ser A. Portanto A desapareceu e B veio a nascer. É para afastar essa contradição que Empédocles imaginou a teoria dos quatro elementos, que se misturam, se separam, mas permanecem idênticos, imutáveis, no fundo. Na natureza, há quatro elementos: a terra, a água, o ar e o fogo. Esses quatro elementos são absolutamente imutáveis; eis a parcela de razão dos eleatas. Mas, muito embora não possam se transformar, nada os impede de se justaporem e de se separarem. E essas misturas, essas separações assumirão para nós o aspecto de mudanças.

Portanto, o objeto muda, mas o fundo permanece idêntico e imutável.

No entanto, quando se trata de explicar a origem desses quatro elementos, Empédocles vê-se bastante embaraçado, pois a unidade científica exige que se investigue de onde eles saíram. Empédocles admite na origem a existência de uma mistura, σφαῖρος, e é dessa mistura que os elementos saíram. Mas como saíram? Esse ponto permanece obscuro. O princípio de Empédocles exigiria que os elementos houvessem saído da mistura por simples via de separação mecânica. E Zeller, partindo desse princípio, concebe o σφαῖρος como uma mistura na qual os elementos já existiam na forma de terra, água, etc., mas os textos parecem dizer o contrário.

Isso não é de se espantar, pois supor que os elementos estivessem tais e quais na mistura é renunciar a explicar sua formação. Assim, Empédocles procurou explicar que os elementos haviam saído da mistura por transformação; <52> ao assim proceder, infringiu seu princípio: tal é, aliás, a lei de todo ecletismo; de modo que Empédocles supõe uma matéria indeterminada, o σφαῖρος, que, por via de transformação dinâmica, deu origem à terra, à água, ao ar, ao fogo. Depois, aplicando a esses quatro elementos o princípio eleático da impossibilidade de mudança qualitativa, declara que todos os fenômenos que temos diante dos olhos se devem às aproximações e às separações desses quatro elementos.

Ele se municia nos jônios quando faz os quatro elementos saírem do σφαῖρος; torna-se eleata quando, a partir desse momento, declara imutáveis os quatro elementos e considera a mudança como sendo apenas aparências com que as justaposições e separações se revestem.

Cabe voltar à divisão dos elementos de que Empédocles nos fala. Esses elementos são de duas naturezas: 1/ princípios materiais; 2/ princípios de mudanças. Os princípios materiais são a terra, a água, o ar e o fogo. São homogêneos, o que significa que cada um deles é composto de elementos de mesma natureza que o todo. Não ficou demonstrado que esses elementos fossem eternos segundo Empédocles. Qual é exatamente sua natureza? Seria ao mesmo tempo física e mítica? Seriam coisas materiais, divindades? O certo é que as expressões de Empédocles são de natureza a fazer crer que ele atribuía a esses elementos uma essência divina. São realmente corpos, mas participam do divino.

A bem dizer, a distinção entre a física e a teologia ainda não se completou. A origem desses elementos remonta aos jônios, que consideravam as coisas como formadas por um elemento determinado. Consideravam, aliás, em geral, a terra, a água, o ar e o fogo como as principais etapas dessa transformação universal. Prova disso é o fato de que uns consideravam o fogo como o mais primitivo, outros, a terra, etc. Aplicando às doutrinas jônias o princípio eleático, o princípio de Parmênides, segundo o qual a mudança qualitativa é impossível, Empédocles pega as diferentes fases da transformação universal dos jônios e faz delas elementos distintos, imutáveis. Em outros termos, tomou os principais graus da rarefação e da condensação de que falavam os jônios e os hipostasiou; justamente por isso, distinguiu-os radicalmente em vez de considerá-los como fases <53> diversas da transformação de uma mesma coisa. Portanto, a distinção dos quatro elementos não é mais que uma conseqüência da aplicação do princípio eleático às doutrinas jônias.

Ao lado desses quatro elementos, encontram-se dois princípios de mudança. Empédocles deu-lhes os nomes de Amor e de Ódio. Para caracterizá-los, aliás, emprega freqüentemente expressões mitológicas. É verdade que esses princípios apresentam um certo caráter moral. Que papel desempenham? Presidem às misturas e às separações, isto é, às mudanças. Mas não se deve acreditar que, segundo ele, o Amor seja unicamente o princípio do nascimento e o Ódio, o princípio da morte. Segundo Empédocles, toda mudança, em vez de ser uma transformação dinâmica, é apenas uma mistura ou uma separação de elementos que permanecem idênticos quanto ao fundo. Mas o Amor e o Ódio podem ser indiferentemente princípios de mistura ou de separação; pois as duas coisas se tocam. E toda mistura equivale a uma separação e, de modo inverso, uma separação normalmente acarreta uma mistura. Isso resulta claramente dos textos de Empédocles que chegaram até nós. É em vão que Zeller quer reduzir todo nascimento a uma mistura e toda morte a uma separação. A idéia de Empédocles é bem mais complexa. Ele nos diz com todas as letras: "duplo é o nascimento, dupla é a morte das coisas mortais, pois a reunião engendra e destrói ao mesmo tempo, e a separação produz ao mesmo tempo o nascimento e a morte"[59].

É, aliás, evidente que as duas forças em questão agem mecanicamente, o que significa que não podem acarretar transformação qualitativa. O mecanicismo de Empédocles resulta claramente de um número considerável de textos.

Mistura, separação, mas identidade constante dos elementos da mistura, imutabilidade desses elementos, eis o fundo estrito da doutrina de Empédocles.

Falta indagar, acerca dos princípios de mudança, por que razão Empédocles fez deles algo distinto, que existe separadamente, fora dos quatro elementos materiais.

A nosso ver, temos aqui novamente a pura e simples aplicação do princípio de Parmênides. Com efeito, do fato de <54> que toda transformação qualitativa é impossível segundo a doutrina eleática de Parmênides, Empédocles conclui que as coisas que não são idênticas devem ser explicadas por um princípio radicalmente distinto. Ora o ser e a mudança são igualmente reais e não podem identificar-se logicamente. Portanto, é preciso dois princípios: o princípio do ser: elemento material e o princípio de mudança: Amor e Ódio. Como se dá a mistura e a separação?

Empédocles, para explicar a ação de um corpo sobre outro, admite que os objetos materiais têm poros nos quais as emanações dos outros objetos penetram. Dois corpos amam-se tanto mais, têm tanto mais afinidade um pelo outro quanto mais as emanações de um correspondem aos poros do outro.

Que cosmogonia resulta dessa física geral? Os quatro elementos materiais e as duas forças motrizes são imutáveis; mas suas relações mudam continuamente, de modo que o mundo em seu conjunto está sujeito à mudança. O mundo teve um começo e terá um fim, o Amor e o Ódio dividem hoje o império do mundo, mas o equilíbrio dessas duas forças é incapaz de se manter por muito tempo. Cada uma delas domina sucessivamente. Ora os elementos são todos reunidos pelo Amor, ora são violentamente separados pelo Ódio. De modo que a vida do Universo forma uma espécie de *circulus*.

Nela, podemos encontrar quatro fases: 1/ reino exclusivo do amor, unidade absoluta das substâncias. As coisas estão reunidas no seio do σφαῖρος; 2/ surgimento do Ódio, que rechaça pouco a pouco o Amor; o que leva à separação gradual das coisas; 3/ reino exclusivo do Ódio, o que leva à separação absoluta dos elementos; 4/ ressurgimento e progresso constante do Amor, que termina por reconstituir o estado primitivo.

Os seres individuais, cuja existência constatamos, só são possíveis na segunda e na quarta dessas fases, pois a existência tal como a constatamos parece uma combinação do Amor e do Ódio, das misturas e das separações. Pelo contrário, na primeira e na terceira, separação absoluta e união <55> absoluta, todo movimento, toda mudança é impossível, de modo que há, na existência do mundo, fases de movimento e de vida e fases de morte e de imobilidade absoluta. E, quando as coisas voltam ao estado primitivo, o mesmo período se reitera e assim por diante, eternamente.

Caberia, para concluir, expor as vistas de Empédocles sobre alguns pontos particulares de física e de história natural. A mais importante dessas idéias é aquela que permitiu que se considerasse Empédocles um antepassado do evolucionismo contemporâneo. Não ficou demonstrado que Empédocles tenha expressado essa idéia com toda a precisão que lhe confere Aristóteles ao relatá-la. Mas, tal como é formulada por Aristóteles, contém, sob uma forma matematicamente exata, o princípio darwinista. Eis a frase de Aristóteles: "Lá onde tudo se produz como se as coisas existissem em vista de um fim, lá simplesmente sobreviveram por si mesmas coisas que se encontravam constituídas de um modo conveniente."[60]

Vemos as coisas relativas à sensação. A sensação nos faz crer em mudanças dinâmicas. O desejo é o esforço de um ser para unir-se ao seu semelhante. O pensamento é uma mistura de substâncias. São as emanações dos corpos que nos põem em comunicação com os corpos.

Empédocles parece ter acreditado na transmigração das almas: "Os homens pios podem tornar-se deuses após sua morte." Empédocles é um eclético. Desejoso de conciliar o princípio eleático da impossibilidade do devir com o princípio jônio da mudança universal, substituiu a idéia de transformação pela da mistura e da separação, tomando elementos imutáveis ou forças imperecíveis, princípios que não podiam ser reduzidos logicamente um ao outro, e fazendo-os misturarem-se, separarem-se, etc. É verdade que, para explicar a origem desses elementos, ele é obrigado a violar os princípios de que partiu inicialmente. Tornou-se dinamista para explicar como os elementos <56> saíram do σφαῖρος. Essa contradição nos explica por que é que seu sistema não vingou. Iremos nos defrontar, em Anaxágoras, com uma nova tentativa de conciliar o eleatismo e o jonismo.

XIII – Anaxágoras

Restaram-nos de Anaxágoras poucos fragmentos, mas muito importantes[61]: Aristóteles: *De Generatione* II; *De Caelo* III; *Física* IV, 6; *Metafísica* I, 3.

Anaxágoras viveu entre 500 e 428. Nascido em Clazômenas na Jônia, foi para Atenas, foi amigo de Péricles, introduziu a filosofia em Atenas; foi acusado de impiedade e teve de partir. Acredita-se que tenha sido físico e astrônomo. A idéia geral do sistema é indicada em um fragmento: "É de modo impróprio que os gregos falam de geração e de morte (γίγνεσθαι καὶ ἀπόλλυσθαι), pois nenhuma coisa nasce nem perece; mas coisas já existentes combinam-se e separam-se. Através dessa separação, é preciso saber que nada se perde, nada se cria; não há diminuição nem aumento possíveis."

Resulta disso que o objetivo de Anaxágoras é o mesmo que o de Empédocles: explicar a mudança por meio de elementos que não mudam, isto é, conciliar Heráclito e Parmênides.

Para tanto, dois princípios são necessários: 1. Elementos múltiplos, germes, σπέρματα; 2. um princípio *UNO*, o espírito, νοῦς.

1. Os germes

No que concerne às qualidades, os germes têm uma variedade infinita. Cada um deles tem uma forma, uma cor, um sabor, e há uma infinidade de cores, uma infinidade de sabores diferentes. Além disso, nenhum desses germes se assemelha aos outros. Parece, aliás, resultar dos fragmentos de Anaxágoras, contrariamente àquilo que crê Zeller, que não existe nem um único germe que possua apenas uma qualidade. Anaxágoras nos diz que, no mundo, nada é cortado a machado, nada é absolutamente distinto, tudo está em tudo. É mais verossímil <57> que, segundo Anaxágoras, cada um dos σπέρματα possua todas as qualidades possíveis, mas em graus diferentes, assim como cada uma das mônadas de Leibniz representa o universo inteiro sem que haja duas Mônadas semelhantes no Universo porque aquilo que é confuso numa é claro na outra. Há um número infinito de σπέρματα. A divisão de um corpo é infinitamente possível; por conseguinte, não há corpo que não seja composto de uma infinidade de germes.

É fácil distinguir esse germe de Anaxágoras dos elementos de Empédocles e dos átomos de Demócrito. Empédocles só admite quatro qualidades primitivas. O átomo de Demócrito é indivisível e só possui qualidades geométricas. O σπέρμα de Anaxágoras, pelo contrário, é infinitamente divisível e, além disso, possui uma infinidade de qualidades diferentes. Anaxágoras não admite o vazio e, sem o vazio, não há atomismo possível.

Quais são as relações do σπέρμα com as coisas?

Entre o germe e as coisas, há uma relação de analogia e mesmo de semelhança. Os corpos são os compostos desses germes, e o que distingue um corpo determinado é a proporção superior, nele, de germes possuindo certas qualidades. Os germes que estão em maioria formam a qualidade dominante do corpo. Aliás, como todas as qualidades estão em todos os germes, pode-se dizer que todas as qualidades estão em um corpo determinado, mas em proporções diferentes. É verdade que, aqui, estamos frente a certos textos de Aristóteles, que são confirmados por testemunhos posteriores.

Anaxágoras teria considerado como simples as coisas que nos parecem compostas, e, ao contrário, como compostas: a água, o ar, a terra, o fogo, que são normalmente considerados elementos; de modo que Anaxágoras teria admitido que existem algumas substâncias que são tais que, se as dividimos mecanicamente, nelas encontramos partes semelhantes homeômeras.

Pelo contrário, os corpos aparentemente simples não são divisíveis em partes semelhantes. Essa interpretação seria contrária à doutrina de Anaxágoras tal como a expusemos. Pois, dada a concepção dos germes tal como a entendemos, todos os corpos possuem todas as qualidades. Tudo está em tudo, <58> não há substância mais simples que as outras substâncias.

Cabe notar que o termo homeomeria[62], que encontramos em Lucrécio, depois em Plutarco, Sexto, Simplício, Estobeu, etc., não é empregado por Anaxágoras.

Notemos também que todos os fragmentos que nos restam de Anaxágoras contêm asserções incompatíveis com uma tal teoria. "Em cada coisa, diz Anaxágoras, há uma parte de cada coisa"[63], de modo que os germes não podem diferir qualitativamente. De onde se pode concluir que a interpretação de Aristóteles é provavelmente viciosa. Ele se deixou extraviar pela comparação entre Empédocles e Anaxágoras.

Como os germes formaram as coisas? No início, tudo estava confundido. Os germes, próximos uns dos outros, formavam uma massa homogênea. Saíram da mistura por separação. Portanto, era preciso que, já no seio da mistura, cada um possuísse todas as qualidades possíveis.

Mas como podia a mistura ser homogênea e mesmo indeterminada? Podemos compreendê-lo se notarmos que os germes são diferentes, por assim dizer, complementares uns aos outros. Se misturamos cores variadas representando as cores do espectro, obtemos uma cor cinza; e, no entanto, cada uma das partículas que são retiradas da mistura adquire uma cor determinada. Assim, a nosso ver, a indeterminação da mistura provém do fato de que os germes que contêm as diversas qualidades em graus diferentes se completam mutuamente.

2. O espírito

Os germes não bastam para explicar as coisas; é preciso uma causa de movimento; é o espírito, νοῦς. Essa hipótese explica-se de forma simples. É preciso primeiro um princípio motor distinto, porque o ser e o movimento são diferentes e provêm de princípios diferentes.
Por que esse motor é dotado de inteligência?
Notemos que os germes, ao se separarem da mistura primitiva, aproximaram-se de um modo tal que apenas os germes análogos se encontram juntos; ora, uma distinção qualitativa só pode ser feita <59> por um princípio inteligente, não é a obra de uma força mecânica. Ela supõe uma percepção. Em que consiste esse νοῦς? É a mais tênue de todas as substâncias; é infinito, ἄπειρος; só depende de si mesmo, possui o pensamento, γνώμη, e a força, ἰσχύς. É absolutamente homogêneo; tem, por esse lado, uma diferença com relação aos σπέρματα. Não pode haver nele uma mistura de algo, mas ele se mistura a todas as outras coisas. Duas questões se colocam acerca desse espírito, que parece ter sido mal compreendido.

1 – O νοῦς é material? Ele possui até certo ponto a materialidade. Assim, Aristóteles diz que ele é tênue, qualidade que só se aplica a um objeto material. É portanto um princípio tão pouco material quanto possível, mas é duvidoso que Anaxágoras se tenha elevado até a imaterialidade absoluta.

2 – O νοῦς é pessoal? Ele possui um atributo que tem certos nexos com a personalidade: o pensamento, γνώμη. Mas, por outro lado, o νοῦς é divisível. Isso resulta dos fragmentos. Ele é suscetível de mais e de menos e pode misturar-se às coisas. Portanto, o νοῦς é algo intermediário entre a matéria e o espírito, mas não é

nem um nem o outro. Quis-se ver, aqui, equivocadamente, uma analogia entre o νοῦς de Anaxágoras e o deus dos judeus[64].

A inteligência de que nos fala Anaxágoras não é senão uma força física, com esta diferença de que essa força é dotada de certos atributos que a aproximam de um ser pensante e espiritual.

Qual é a ação do νοῦς? Ele ordenou as coisas, arranjou-as, é ele quem produziu o movimento circular inicial. Foi ele quem provocou a separação da mistura primitiva. É exagero sustentar que Anaxágoras tenha emprestado a seu νοῦς considerações de ordem e de beleza. Sem dúvida, o νοῦς é sensível à consideração de finalidade, mas em momento algum, em Anaxágoras, fala-se de um arranjo em vista do Bem e do Belo.

3. Cosmogonia

As coisas, ao se separarem, produziram o claro e o obscuro, o <60> quente e o frio, etc. De onde duas grandes massas: a terra e o ar. Da ação recíproca dessas duas massas saíram os fenômenos celestes. Vapores criaram a água e a pedra. Pedras soltaram-se da terra que gira e formaram as estrelas e o sol. É a primeira vez que as estrelas e o sol são considerados objetos inanimados. Uma idéia nova de Anaxágoras é a de que o monopólio [*sic*] é um; ele não admite *circulus*. Todos os filósofos anteriores haviam admitido que o universo acabava e recomeçava periodicamente. Encontramos em Anaxágoras idéias originais sobre o homem. Segundo ele, o homem retiraria sua superioridade do fato de que tem mãos.

O que pensar do sistema de Anaxágoras?

Não é mais que uma tentativa, como a de Empédocles, de conciliar o jonismo e o eleatismo. Empédocles havia conseguido explicar mecanicamente as coisas. Mas, por uma fatalidade inerente a todo ecletismo, ele tivera que recorrer ao dinamismo para explicar o surgimento dos quatro elementos e, em conseqüência, contradizer-se. O sistema de Anaxágoras, pelo contrário, é um mecanicismo absoluto. Com os jônios, admite a mudança, mas, com os eleatas, nega que os elementos possam mudar. É daí que vem que os germes tenham desde o começo todas as qualidades possíveis. Por conseguinte, não são necessárias transformações para engendrar as diversas qualidades. E, enquanto os elementos de Empédocles saem do σφαῖρος por via de transformação, aqui, graças à mistura indeterminada, e porque os diferentes germes se completam uns aos outros, as coisas saem da mistura sem que seja necessário nenhum tipo de transformação.

Essa explicação não encerra contradição interior; em compensação, Anaxágoras não explica muita coisa. Pode-se fazer-lhe esta objeção: pôr tudo na origem é renunciar a explicar qualquer coisa. É uma censura que poderá ser endereçada, mais tarde, a Leibniz, acerca de sua teoria das mônadas.

Compreende-se, então, que tenha surgido uma nova tentativa desse gênero: a dos atomistas. O átomo não é senão o germe de Anaxágoras desembaraçado de todas as suas qualidades. E procurar-se-á explicar o surgimento e a formação das qualidades das coisas pelos movimentos <61> dos átomos.

É duvidoso que Anaxágoras tenha influenciado Demócrito. Mas, quando uma questão se coloca, em filosofia, todas as soluções possíveis são propostas de uma só vez ou sucessivamente, de modo que, ao lado das soluções metafísicas, era natural que viesse postar-se a explicação de Demócrito.

XIV – Atomistas, Leucipo, Demócrito[65]

De Leucipo, não temos fragmentos. Diógenes, IX, p. 30; Aristóteles, *De generatione*, I, 8.

De Demócrito, fragmentos bem numerosos. Aristóteles fala dele com a maior estima (*Física*, I, 4; *De Anima*, I, 2).

Não se fala de Demócrito em Platão, que afetava o maior desprezo pelos filósofos materialistas. Liard, *De Democrito*, Paris, 1873, *Revue philosophique*, Levêque.

Sabemos pouco sobre Leucipo; era mais velho que Demócrito. É difícil [dizer]* se ele escreveu sua doutrina. Em todo caso, a doutrina atomista é sobretudo a obra de seu discípulo Demócrito.

Demócrito nasceu em Abdera, por volta de 460; morreu por volta de 370. Viajou para o Egito, a Ásia Menor, a Pérsia e, por fim, voltou para sua pátria, onde seus compatriotas apelidaram-no a sabedoria, σοφία. Havia escrito sobre todos os assuntos, matemática, ciências naturais, gramática, agricultura, etc. Era um escritor destacado, ao mesmo tempo que um grande filósofo.

O ponto de partida do atomismo é a seguinte idéia: que as qualidades das coisas são puramente aparentes e dizem respeito não à sua natureza, mas à constituição de nossos órgãos. De onde resulta que, acerca da essência das coisas, só podemos nos pronunciar em virtude do raciocínio, e não das sensações. A melhor explicação das coi-

---

* Inserção do tradutor.

sas será a explicação mais simples. Uma explicação simples deve existir. Não vemos nós que, com as letras do alfabeto, cujo número é limitado, construímos um número infinito de tragédias e de comédias? Assim, as qualidades, em número infinito na natureza, talvez não sejam senão as aparências revestidas por elementos sempre idênticos ou cujas diferenças talvez sejam em número limitado. É sobre essa concepção que repousa o atomismo. Demócrito pede que lhe concedam dois elementos: o átomo e o vazio.
<62>

1. Átomos

Os átomos são corpos de tal modo pequenos que são indivisíveis; daí seu nome; são também invisíveis, sempre por causa de sua pequenez. Não contêm vazio em seu interior, pois senão poder-se-ia dividi-los, uma vez que teriam partes separadas por intervalos. O átomo é imutável; com efeito, só poderia mudar por um deslocamento de suas partes; ora, não tem partes. O átomo é eterno, porque o tempo nunca tendo começado, o átomo tampouco pôde começar.

Os átomos têm todos a mesma natureza, ὁμοφυεῖς; são desprovidos de qualidades. Demócrito entende com isso que não têm propriedades físicas, nem cor, nem calor, nem sabor, etc. Por fim, os átomos são infinitos em número. Com efeito, os objetos sendo em número infinito, é preciso uma infinidade de elementos para explicá-los. E, além disso, como não há razão para que os átomos não assumam todas as formas possíveis, e uma vez que estas são infinitas, há sem dúvida uma infinidade de átomos.

É verdade que, no que diz respeito às figuras dos átomos, há alguma obscuridade: não ficou demonstrado que Demócrito tenha admitido uma infinidade de formas. Ainda que o número dos átomos seja infinito, talvez não haja, segundo Demócrito, mais que um número limitado de formas possíveis.

Se assim é, quais são os elementos de diferenciação dos átomos? As determinações são três: a forma, σχῆμα, a disposição, τάξις, a orientação, θέσις. Dois átomos diferem pela forma quando são diferentemente constituídos. É assim que as letras gregas A e N diferem uma da outra. Mas, ainda que sendo de mesma forma, podem estar dispostos diferentemente uns com relação aos outros. Ex.: AN e NA. Suponhamo-los dispostos do mesmo modo, e tendo a mesma forma, sua orientação pode diferir. Ex.: N e Z. Se derrubamos o primeiro, obtemos o segundo. Assim se explicam as diferenças que os objetos materiais apresentam: cor, sabor, calor, etc. Essas diferenças não são mais que as diferentes impressões feitas sobre nossos órgãos por diferentes disposições de átomos.

Dizemos que dois corpos são diferentes porque são compostos de átomos diferentes na forma ou na disposição <63> ou na orientação.

Assim, as diferenças físicas ou qualitativas são reduzidas a diferenças qualitativas* ou matemáticas. Tal é o fundo estrito do atomismo. É verdade que, segundo alguns autores, e Zeller em particular, Demócrito teria atribuído aos átomos um quarto elemento de diferenciação: o peso, causa do movimento. A esse respeito, os textos são contraditórios. Estobeu, Plutarco, Alexandre afirmam claramente que foi Epicuro quem atribuiu o peso aos áto-

---

* Certamente um lapso para quantitativas. (N. do T.)

mos e que o átomo de Demócrito não pesa. Por outro lado, Aristóteles e Teofrasto parecem afirmar o contrário. No entanto, se examinamos de perto esses textos, percebemos que Demócrito atribuiu o peso aos átomos, o que é bastante problemático. É impossível que ele tenha considerado esse peso como causa do movimento. É mesmo provável que Demócrito tenha considerado o peso como resultando imediatamente da grandeza do átomo. Do fato de os átomos terem formas diferentes, resulta que têm pesos diferentes. Mas esse peso é uma qualidade física resultante e não primitiva. Zeller equivoca-se, portanto, em atribuir a Demócrito o que pertence a Epicuro.

A introdução do peso como elemento primitivo de diferenciação viciaria o sistema. Pois a idéia científica de Demócrito foi a de recusar ao átomo todo tipo de propriedade física.

2. Vazio

Consideremos o segundo elemento do sistema: o vazio. O vazio separa os átomos uns dos outros, encontra-se, portanto, realizado em todo ser. Como Demócrito prova o vazio? É que sem ele o movimento seria impossível. Além disso, como explicar, sem o vazio, a condensação e a rarefação? Cabe admitir que há poros no interior das coisas, a nutrição só se explica se o alimento penetra nos vazios do corpo. O vazio é ilimitado, infinito. Isto posto, como se explicam os fenômenos? Sempre por movimentos: o movimento é inerente ao átomo. Desde sempre, os átomos moveram-se, movem-se e continuarão a mover-se no vazio. Não é provável que Demócrito tenha conferido uma causa a esse movimento; é um absoluto como o próprio átomo. É em vão que Zeller procura colocar no peso a causa desse movimento. Pelo contrário, é um princípio do sistema a <64> introdução do dinamismo na explicação das coisas.

Quais são as formas principais desse movimento? O choque e a resistência. Portanto, toda ação a distância é impossível e toda influência resulta de um contato: esta é uma idéia mecanicista. Esse movimento explica todas as mudanças possíveis. Com efeito, o que chamamos nascimento é apenas um movimento em virtude do qual alguns átomos aglomeram-se em uma ordem determinada. A morte é uma separação de átomos. A metamorfose, a mudança qualitativa resulta do movimento pelo qual os átomos de um corpo mudam de lugar ou de orientação, ou graças ao qual alguns átomos desaparecem de um local onde* outros átomos vêm juntar-se. De onde resulta que toda mudança qualitativa se reduz a uma ação puramente mecânica ou mesmo geométrica, a uma mudança de lugar, no espaço, de elementos que permanecem idênticos a si mesmos desde sempre. Aliás, não se deveria sustentar que, segundo Demócrito, a lei do movimento seja o simples acaso. A palavra acaso tem dois sentidos: pode significar ausência de toda causa ou ausência de todo fim[66]. Ora, é certo que Demócrito não deixou lugar algum para considerações de finalidade; seria uma violação do princípio materialista de sua doutrina. Mas é igualmente certo que, na concepção de Demócrito, cada movimento é determinado por leis fixas, imutáveis. É o que Demócrito afirma em um texto impor-

---

* O texto traz "où", *onde,* mas o texto fica mais claro se lermos "ou", *ou,* caso em que seria preferível traduzir "viennent s'y joindre" por "vêm acrescentar-se", em vez de "vêm juntar-se". (N. do T.)

tante, que nos foi transmitido por Estobeu: οὐδὲν χρῆμα μάτην γίγνεται, ἀλλὰ πάντα ἐκ λόγου τε καὶ ὑπ' ἀνάγκης[67]. Só nos resta agora indicar as conseqüências gerais para a explicação do mundo e a análise do ser humano que Demócrito extraiu de sua doutrina.

3. Cosmogonia

Inumeráveis amontoados de átomos despregaram-se do conjunto e cada amontoado formou um mundo. Esses mundos são em número infinito. Nasceram do movimento dos átomos que a fatalidade aproximou uns dos outros. E, como o movimento dos átomos é eterno, o mundo cresce, diminui, perece. A terra é um cilindro chato. A lua é análoga à terra, contém montanhas que chamamos manchas. O homem nasceu do limo da terra. É notável a descrição que Demócrito dá dos corpos vivos e, sobretudo, do corpo humano. Pois, a despeito de si mesmo, o filósofo admira a maravilhosa organização dos órgãos e enuncia algumas <65> elevadas considerações de finalidade.

A alma é um composto de átomos móveis, redondos e polidos como os do fogo; é formada pelo movimento dos átomos. Portanto, a alma não tem lugar determinado. Na alma está a sede da felicidade, da beleza.

As plantas são animadas como o corpo humano.

Deus é apenas uma parte do mundo criado.

Como se explicam a sensação e o pensamento? Em primeiro lugar, diz Demócrito, cabe admitir que há uma série de coisas que não percebemos porque nossos sentidos não são feitos para percebê-las. Mas toda sensação tem sua causa em uma ação mediata ou imediata do mundo exterior. A visão é formada por pequenas imagens que conservam a forma; estas vêm refletir-se no olho e a partir dali espalham-se por todo o corpo. O mesmo para o som. O pensamento tem a mesma origem que a sensação. Deriva de movimentos produzidos no cérebro. Mas o pensamento é superior à sensação. O amargo e o doce são apenas palavras, o pensamento reencontra, sob essas qualidades, os átomos. O filósofo distingue-se dos outros, portanto, por contemplar a verdade, ao passo que os outros vêem apenas as aparências.

4. Moral

As idéias morais de Demócrito, muito puras e muito elevadas, não se vinculam ao resto de seu sistema. Demócrito fez da felicidade o objetivo da vida humana. Mas a verdadeira felicidade consiste em uma boa disposição de espírito. Uma única coisa é digna de ser buscada: a fruição do belo e a contemplação do verdadeiro. Mais de uma vez idéias morais tão elevadas acompanharam doutrinas materialistas. Quanto aos deuses, são apenas palavras e produtos da imaginação. No entanto, no ar existem homens maiores que nós que presidem às tempestades.

Conclusão

Talvez seja este o sistema mais científico e mais profundo de toda a Antiguidade.

Lange lamenta que a filosofia grega não se tenha engajado por essa via[68]. Sócrates, para ele, foi fatal para o desenvolvimento do espírito humano. Não iremos tão longe; Sócrates descobriu um mundo novo; mas o certo é que, se a filosofia grega <66> tivesse seguido a via de Demócrito, o espírito sutil dos gregos teria chegado a descobertas feitas quinze ou vinte séculos mais tarde.

O espírito do sistema consiste em considerar a qualidade como uma aparência e a quantidade como real, como o fundo estrito das coisas, toda diferença reduzindo-se a uma diferença geométrica. Esta é uma idéia da física moderna. Mas é notável que Demócrito a ela tenha chegado *a priori*, procurando conciliar os eleatas e os jônios.

Com efeito, o atomismo deduz-se do eleatismo assim que se considera o vazio como sendo apenas o não-ser realizado. O eleatismo dizia: o ser é, o não-ser não é, portanto não há mudança. Demócrito parte do mesmo princípio: o ser é e é imutável. Demócrito o personifica no átomo que existe desde sempre. Mas o não-ser não existiria até certo ponto? Sim, responde Demócrito, desde que representado sob a forma do vazio. Colocando o vazio ao lado do ser, Demócrito consegue explicar a mudança sem por isso admitir a transformação. Basta representar-se o ser como mudando de lugar no vazio e aquilo que para os nossos sentidos dá a impressão de uma metamorfose reduz-se a um deslocamento de partes. Encontramos nessa doutrina uma concepção clara e profundamente científica, a idéia de explicar o maior número possível de coisas com o menor número de postulados; de substituir por considerações geométricas as considerações físicas e, por fim, de representar a série dos fenômenos por uma cadeia ininterrupta de causas e de efeitos ligando-se uns aos outros.

XV – Sofistas

1. Fontes

Fragmentos conservados por Plutarco, Aristóteles, Platão, Xenófanes, Sexto Empírico.

Diálogos de Platão: *Górgias, Mênon, Protágoras, Teeteto, o Sofista*; *Memoráveis* de Xenofonte; trechos bastante numerosos de Aristóteles: *Tratado da Alma, Metafísica*, livros IV e VI, *Ética a Nicômaco*, IX; Pseudo-Aristóteles: *De Melisso, Xenophane et Gorgia*; Plutarco, Diógenes Laércio, etc.

A sofística estende-se entre 440 e 400 a.C.; é o período de hegemonia de Atenas.

A causa <67> da sofística não é puramente filosófica. Ela se explica em parte pela situação política e social de Atenas nessa época. Nesse momento, a aristocracia de nascimento havia sido substituída pela aristocracia de riqueza, a qual foi desalojada pela democracia pura.

Essas mudanças tiveram conseqüências morais e filosóficas. Percebeu-se então que as leis não eram de origem divina, mas de origem humana, uma vez que eram instáveis. Perguntou-se se não seria o caso de instituir um estudo especial das questões relativas ao governo, à legislação. Além disso, a eloqüência desempenhava então um grande papel, servia para conseguir as honras. De onde o culto da retórica e da dialética.

De outro lado, o estado religioso estava num processo de transformação. As guerras médicas haviam feito os gregos conhecerem novos deuses. Então, a fé nos antigos deuses foi abalada. Percebeu-se que a imaginação desempenhava um grande papel na religião. O livre exame substituiu o respeito supersticioso da tradição.

Por fim, a filosofia puramente especulativa, a despeito das tentativas de Heráclito, de Parmênides, de Empédocles, de Demócrito, tinha desembocado em doutrinas contraditórias. E o espírito grego parecia enfastiado dessas especulações estéreis.

Todas essas causas fizeram com que uma filosofia de um novo gênero e de um caráter original se constituísse em filosofia que tomou por objeto de estudo não mais a natureza, mas o homem. Isso não quer dizer que essa filosofia tenha sido uma psicologia; pois Sócrates, ele mesmo, nem sequer o cogitou. Entendemos com isso que os filósofos se colocaram as seguintes questões: Qual é para o homem o melhor meio de tirar proveito das condições em que se encontra e viver feliz, honrado, estimado? Como conseguir desempenhar um papel no Estado? Como proceder para convencer seus semelhantes? Como fazer adotar suas razões?

A sofística é portanto uma filosofia de um gênero particular e que não é uma simples negação. Os sofistas relegam ao segundo plano as questões especulativas e a primazia recai sobre as questões práticas.

É uma filosofia que prepara a de Sócrates. Assim, Grote pôde classificar Sócrates entre os sofistas: é um sofista genial.

Falaremos sucessivamente dos diversos sofistas, insistindo apenas nos mais famosos. E é <68> somente após tê-los estudado cada um em particular que emitiremos um juízo geral sobre a sofística e o papel que desempenhou.

2. Protágoras

Fontes. Diálogos de Platão: *Protágoras*, alguns fragmentos no *Teeteto*. Aristóteles: *Metafísica*, IX e XI. Diógenes, Sexto Empírico: *Hypotyposes pirronianas* e *Adversus mathematicos*.

Viveu entre 480 e 408, aproximadamente; era compatriota de Demócrito e florescia entre 444 e 440. A partir de seu trigésimo ano de vida, percorreu as cidades gregas, oferecendo seu ensino mediante uma retribuição. O que os sofistas pretendiam ensinar sobretudo era a arte de levar a melhor em uma discussão. Além disso, ensinava a economia doméstica e as virtudes cívicas. Teve um grande sucesso. Foi o primeiro a ter a idéia de instituir lutas oratórias, λόγων ἀγῶνες, nas quais as pessoas discutiam uma tese dada, onde* propunham-se refutar uma teoria qualquer, logo que fosse adotada pelo adversário.

Se consultamos os testemunhos, parece de início que Protágoras seja um filósofo como aqueles que precederam a sofística e que se interessava pelas questões especulativas (Protágoras de Platão). No entanto, rapidamente percebemos que a parte especulativa e teórica da doutrina de Protágoras é pouca coisa e que a prática, nele, toma o primeiro lugar. Sua doutrina moral é uma doutrina da virtude, ele pretende que a virtude se ensine. A tese que ele sustenta no diálogo de Platão é a de que a virtude pode ser adquirida. Mas o que é a virtude? Tudo aquilo que pode nos assegurar o sucesso nos empreendimentos, tudo o que nos torna corajosos, capazes de sobrepujar os outros, a habilidade nas coisas domésticas e públicas. Agir e falar, este é o objetivo da sabedoria. Para agir bem, cabe observar a justiça e o pudor. Ora, essas duas virtudes adquirem-se, ainda que seus germes este-

---

* O texto traz "où", *onde*; mas talvez aqui também o texto fique mais claro se lermos "ou", *ou*. (N. do T.)

jam depositados em nós desde o nascimento. Mas a natureza não bastaria para completá-los, é preciso a educação. Se as virtudes não são adquiridas, diz ele, como seria possível que tivéssemos o direito de punir os culpados?

As idéias sobre a religião têm a mesma origem. Resta-nos a primeira frase do tratado de Protágoras sobre os deuses: acerca dos deuses não é possível dizer como são e como não <69> são; pois muitas coisas nos impedem de sabê-lo. Esta é uma afirmação cética; é por esse ceticismo que Protágoras foi expulso de Atenas.

Quanto à sua doutrina especulativa, os textos numerosos que chegaram até nós reduzem-se, à luz da crítica, a essa frase: o homem, diz ele, é a medida de todas as coisas, ἄνθρωπος πάντων χρημάτων μέτρον[69].

Qual é o sentido dessa frase? Ela ocasionou inumeráveis discussões. E a opinião geralmente admitida na Antiguidade era a de que essa máxima é sensualista e mesmo cética. Protágoras teria afirmado que há tantas verdades quanto indivíduos e que o verdadeiro é aquilo que parece tal para cada um. No entanto, quando examinamos os textos nos quais Platão não faz intervir sua opinião pessoal, a palavra ἄνθρωπος não designa um indivíduo, mas o homem em geral. Tal é o sentido que um texto de Sexto Empírico nos autoriza a dar aqui à palavra ἄνθρωπος.

Sobre o último termo da frase, as discussões não são menos numerosas. A opinião adotada, seguindo Platão, é geralmente a de que esse termo deve ser tomado em um sentido idealista. Protágoras teria dito que as coisas não existem objetivamente, elas estão apenas na sensação. No entanto, essa interpretação idealista não parece confirmada pelos textos em que Platão não intervém pessoalmente. Há, com efeito, um trecho bastante notável de Aristóteles no qual nos é dito que, segundo Protágoras, o que faz com que a ciência humana tenha um caráter puramente relativo é o fato de que os símbolos matemáticos não coincidem com as coisas reais. O que nos leva à interpretação seguinte: segundo Protágoras, as coisas são para o homem tal como lhe aparecem. Mas isto não quer dizer que não tenham uma realidade objetiva. Ele apenas sustenta que a razão humana deve considerar como verdadeiro o que lhe aparece como tal. Vê-se como essa doutrina se aproxima então do ensinamento moral de Protágoras. Há uma verdade objetiva, mas essa verdade não sendo nunca conhecida pelo espírito de um modo perfeito, a verdade seria sempre apenas provisória para nossa <70> razão. Cabe antes de tudo aperfeiçoar a razão humana. É sempre a idéia do poder da educação, a idéia do aperfeiçoamento do homem. Se assim é, não se pode dizer que Heráclito tenha tido uma influência muito grande sobre Protágoras; se este sofreu uma influência, foi a de Demócrito. Demócrito havia dito: o doce e o amargo só existem como aparências. Foi Demócrito quem acreditou em uma verdade objetiva diferente daquilo que ela parece ser. É provável que Protágoras, compatriota de Demócrito, tenha sofrido sua influência.

3. Górgias

Conhecemo-lo por alguns fragmentos conservados por Aristóteles, Estobeu; diálogo de Platão: o *Górgias*; Aristóteles; Sexto Empírico, *Adversus mathematicos*, XIII.

Górgias nasceu em Leontini, viveu entre 483 e 375. Tornou-se célebre como professor de eloqüência em Atenas. Dali, foi para a Magna Grécia, ensinando a arte de bem falar. Havia composto seis discursos e uma obra filosófica sobre a natureza e o não-ser.

Nele, a parte prática e moral assume o posto principal. Só que, enquanto Protágoras dá preferência à arte de bem-fazer, ele põe no primeiro plano a arte de bem falar. Essa tendência acentua-se cada vez mais entre os sofistas. O objetivo da filosofia, segundo Górgias, é produzir a persuasão nas assembléias no que diz respeito às coisas justas e injustas. Para consegui-lo, há procedimentos. Górgias dava a seus discípulos, para serem aprendidos de cor, discursos já prontos que podiam intercalar em uma discussão qualquer para darem-se o tempo de refletir. São os lugares-comuns.

Górgias gabava-se de responder de improviso a qualquer questão. Essa arte perfeitamente empírica mistura-se, em Górgias, a teorias especulativas muito próximas do ceticismo. Eis a teoria pela qual ele se tornou célebre: 1. O ser não é; 2. Se fosse, não poderia ser concebido; 3. Se fosse concebido, não poderia ser expresso.

1 – O ser não é. Com efeito, se algo existisse, seria um ser ou um não-ser. Ora, não pode ser um não-ser, pois se o não-ser existisse, seria ao mesmo tempo <71> ser e não-ser, o que é uma contradição. Sobra a hipótese na qual seria o ser que existiria. Se esse ser existe, ou foi criado ou não foi; se não foi criado, é que não tem começo, é infinito, e o que é infinito é contido em nada e, por conseguinte, não se encontra em lugar nenhum, portanto não existe. Suponho que o ser tenha sido criado; então saiu quer do ser quer do não-ser. Mas não pode ter saído do não-ser, uma vez que, de nada, nada provém, e se saiu do ser, então é preciso admitir que o ser se transformou, uma vez que algo saiu dele; o que é absurdo, pois então não seria mais o ser.

2 – Se o ser fosse, não poderia ser concebido. Com efeito, o ser não é um pensamento e um pensamento não é o ser, pois então tudo o que pensamos deveria existir, e uma idéia falsa seria uma coisa impossível que não pode ser admitida. Mas então se o ser não é pensado, não é nem conhecido nem cognoscível.

3 – Se o ser fosse pensado, não poderia ser expresso; pois a linguagem não pode reproduzir a coisa de que se fala. A palavra que exprime a cor, por exemplo, não é a cor. Mas, então, se o discurso exprime outra coisa além do objeto de que se trata, é que esse objeto não pode ser expresso. É fácil reencontrar nesses argumentos os raciocínios dos eleatas e de Parmênides em particular. No entanto, no segundo e no terceiro ponto pode-se dizer que o raciocínio de Górgias contém elementos novos, estranhos ao primeiro período da filosofia.

Não podemos, diz ele, pensar nem exprimir o ser porque, para traduzir no estilo moderno a idéia de Górgias, o sujeito pensante desnatura e deforma o conhecimento. Sem dúvida, essa idéia da intervenção do sujeito no conhecimento é grosseira, mas existe. E encontramos nele essa tendência para voltar a atenção para o homem. É assim que, partindo de premissas que não têm nenhuma semelhança entre si, esses dois filósofos, Protágoras e Górgias, de espírito inteiramente diferente, chegaram a uma mesma conclusão.

4. Pródico

Nascido em Ceos por volta de 465, foi um dos mestres de Sócrates.

Havia composto uma coletânea de declamação na qual se encontrava a famosa alegoria de Hércules escolhendo entre a virtude e a volúpia. <72> Suas idéias morais são muito largas e não lhes falta elevação. Em um discurso sobre as riquezas, diz que tudo depende do uso que delas se faz: podem ser boas ou más. Esse filósofo vincula-se antes ao [ ][70] do que aos físicos ou aos filósofos propriamente ditos.

No entanto, à sua moral prática vinculam-se idéias novas sobre a religião. Ele considera os deuses como a personificação dos objetos e das forças da natureza.

5. Hípias

Nascido por volta de 460, florescia por volta de 420. Ficou célebre por sua vaidade. Pretendia ser capaz de tudo ensinar e de responder a qualquer questão. Foi o primeiro a estabelecer uma distinção entre o direito natural e o direito positivo, declarando que há uma lei universal, divina, imutável, diferente das leis escritas, particulares e variáveis. A lei escrita, diz ele, é um tirano que nos força a muita ação contranatural. No entanto, Hípias não se revolta contra a lei escrita: limita-se a estabelecer uma distinção.

6. Trasímaco

Trasímaco de Calcedônia era contemporâneo de Sócrates. Foi estigmatizado por Platão por seu egoísmo, sua fanfarronice e sua cupidez. O certo é que sua moral, sem ser precisamente uma moral de corrupção, está longe de ter a elevação que encontramos nos primeiros sofistas. Segundo ele, são os chefes do Estado que estabeleceram as leis com vistas a seu interesse pessoal de enriquecer ou de permanecer poderosos, de modo que elas são apenas o arbítrio e a utilidade do mais forte. Assim, após ter distinguido a lei escrita e a lei natural, a sofística acaba por considerar a lei escrita como o oposto da justiça. Tal é a concepção moral dos últimos sofistas.

7. Eutidemo e Dionisodoro

São os fundadores da nova arte que foi chamada erística e que se torna a única ocupação dos sofistas da decadência.

A erística tem por alvo assegurar o triunfo na discussão, seja lá qual for a causa que se sustente.

Quanto mais a tese é paradoxal, mais há mérito em sustentá-la. O objetivo dessa ciência, portanto, é fazer admitir aquilo que é absurdo para fazer-se admirar.

<73> Quais são os procedimentos da erística? Nós os conhecemos por intermédio de Platão e por Aristóteles.

1 – Quando um assunto é embaraçoso, fala-se de outra coisa e passa-se ao largo.

2 – Reúnem-se duas questões em uma só, de tal modo que, se o adversário responde bem a uma, pode estar certo de que responderá mal à outra.

3 – Interverte-se a ordem natural das questões.

4 – Misturam-se muitas coisas, elas são embaralhadas de tal modo que o adversário se perde e não compreende mais o que lhe dizem.

5 – Se o adversário pede uma resposta, teima-se em questioná-lo.

6 – Quando se prevê que o adversário saberá responder, rebate-se por antecipação todas as respostas possíveis por argumentos superficiais, de tal modo que, quando essa resposta aparecer na boca do adversário, parecerá ter perdido boa parte de seu valor.

7 – Em presença de uma objeção embaraçosa, fazem-se concessões aparentes para salvar o fundo da questão.

8 – Se o adversário é tímido, fala-se com ele muito alto e com um tom cortante.

9 – Quando estamos sem argumentos, devemos nos entregar a discussões de tal modo absurdas que o adversário bem educado não ousará dizer que desatinamos.

10 – Quando nada mais temos para dizer, devemos nos enfurecer.

Ao lado dos procedimentos de discussão que ficaram célebres, os últimos sofistas praticavam também o paralogismo, que assumiu, por isso, o nome de sofisma. Pois a palavra sofisma ficou para o raciocínio falso construído com intenção de enganar.

Aristóteles descreve-nos um certo número de paralogismos muito usados pelos sofistas da última época.

Ele distingue duas categorias: o paralogismo de gramática e o paralogismo de lógica.

1 – Paralogismo de gramática. Abusa-se, em tais casos, da homonímia e da anfibologia. Passa-se, por exemplo, do sentido composto ao sentido dividido e vice-versa. Ex.: esse cão é pai e esse cão é teu. Então esse cão é teu pai e você é o irmão de seus filhotes. Passa-se, aqui, do sentido dividido ao sentido composto.

2 – Paralogismo de lógica. Consiste quase sempre em exigir do interlocutor uma resposta por um sim ou por um não. Sob essa questão esconde-se este postulado: toda questão se reduz a uma alternativa e é impossível responder sim e não ao mesmo tempo.

Em outros termos, não há meio-termo entre os contraditórios. Este é um princípio falso.

<74> É assim que o sofista sustentará que não se pode aprender nada, pois não se pode aprender o que já

se sabe e aquilo de que nada se sabe, não se pode procurá-lo, já que não se sabe que ele existe.

Citemos ainda a petição de princípio, o sofisma do acidente, o *non causa pro causa*.

É nessas discussões ingênuas e sutis que a sofística se perdeu.

Trata-se, agora, de refletir sobre esse período filosófico. O que é a sofística? Qual é seu caráter geral? Que papel desempenhou?

1 – Não há dúvida de que a sofística não é uma filosofia no sentido usual da palavra. Pois o estudo empírico que fizemos das teorias professadas pelos sofistas, estudo que fizemos sem prejulgamento, nos mostra que a teoria desempenha neles um papel pouco importante.

A sofística visa antes de tudo a prática, que se trate de formar o homem para a virtude (Protágoras) ou para a arte oratória (Górgias) ou simplesmente para a discussão sutil como fazem os sofistas da última categoria, a erística.

O que se depreende igualmente é que as teorias práticas dos sofistas não são a conseqüência das teorias especulativas dos eleatas ou dos jônios. Não há dúvida de que os sofistas que, como Protágoras, como Górgias, professaram opiniões filosóficas só as ofereceram como apêndice à doutrina prática com a qual não se consubstanciam. A bem dizer, a doutrina prática dos sofistas resulta das influências sociais e políticas.

Os sofistas são os continuadores dos gnomistas, são professores de sabedoria que se filiam à grande tradição helênica. Só que tomaram de empréstimo à filosofia propriamente dita sua forma, isto é, a idéia de aplicar a discussão, a reflexão, em idéias que, até então, pareciam concernir apenas ao simples bom senso, às questões práticas, às questões morais. Eis o que devem à filosofia anterior. Tomam de empréstimo à filosofia anterior sua forma, deixando de lado sua matéria.

Isto posto, não há dúvida de que, antes de emitir um juízo sobre o valor e o papel da sofística, cabe fazer distinções. Podem-se distinguir na história da sofística vários momentos. Em Protágoras, cabe lembrar, não há princípios, mas belas doutrinas <75> sobre a sociedade e a virtude; em Górgias, mesma ausência de princípios, mas começo de psicologia e de moral muito pura.

2 – Já em Pródico, a moral está se alterando. Uma distinção se estabelece, desse modo, entre a lei escrita e a lei moral. Mas essa distinção torna-se oposição com Hípias e os sofistas de sua época.

3 – A moral, a justiça são consideradas palavras: só se cultiva a arte de ter razão na discussão. A sofística degenera em uma arte frívola que se pôde acusar, não sem razão, de imoralidade.

Se assim é, caberia guardar-se de condenar em bloco a sofística, como se fez até Hegel. Pois o que Eutidemo tem de pouco sério, Protágoras e Górgias têm em beleza moral.

Os últimos sofistas infamaram os primeiros e, ao colocá-los todos no mesmo saco, chegou-se a acreditar que a sofística não é uma filosofia.

Não há dúvida de que Protágoras e Górgias descuidaram de dar à moral um fundamento especulativo. Até certo ponto, são responsáveis pelas aberrações dos últimos sofistas; mas esse fundamento, eles não podiam oferecê-lo com os elementos de que a filosofia então dispunha. A razão, o νοῦς ainda não fora claramente distinguido e não é na sensação pura que se podia encontrar um fundamento para a moralidade.

O que se deve pensar dos juízos sobre os sofistas emitidos por Platão e Aristóteles?

Se consideramos as censuras numerosas e violentas endereçadas aos sofistas por esses dois filósofos, nota-se que podem ser reduzidas a duas principais: 1. Os sofistas visam apenas ganhar dinheiro: é uma filosofia venal. 2. A ciência que ensinam é uma falsa ciência, φαινομένη σοφία. Ora, é perfeitamente verdadeiro que os sofistas se distinguiram dos outros filósofos da Antiguidade ao fazer remunerar seu ensino. Mas notemos que os sofistas não são exatamente os continuadores dos filósofos, mas, antes, dos mestres de ginástica e de música que oferecem um ensino prático, do qual se pode retirar um proveito material. Era, portanto, natural que cobrassem suas lições.

Até que ponto se pode sustentar que sua <76> ciência era uma falsa ciência? Notemos que Aristóteles, como sempre, julga os sofistas à luz de sua própria doutrina. Aristóteles, que distinguiu a essência do acidente, aquilo que repousa sobre princípios daquilo que é empírico e não repousa sobre nada, é naturalmente levado a dizer que a ciência dos sofistas, inteiramente prática, é uma falsa ciência. Mas a distinção ainda não tinha sido feita na época de Protágoras e de Górgias e já é muito ter pressentido que as questões práticas podem tornar-se objeto de ciência como fizeram os primeiros sofistas.

É tendo fé nos testemunhos de Platão e de Aristóteles que se condenou, nos tempos modernos, a sofística.

O grande mérito de Hegel foi o de ter compreendido a evolução da filosofia grega, de ter reintegrado a sofística na história e de não tê-la considerado como um erro do espírito humano[71].

Depois de Hegel, houve exageros, e os historiadores ingleses, Grote em particular, chegaram mesmo a atribuir aos sofistas a reforma socrática. Sócrates seria apenas um sofista como os outros.

Eis, a nosso ver, o papel da sofística: a sofística não é, como por muito tempo se acreditou, uma simples dissolução. Não é uma filosofia puramente negativa. Contém elementos muito positivos: contém a idéia de dar uma forma científica ou, em todo caso, de tratar por meio da discussão e da reflexão as questões de lógica e de moral, até então relegadas ao senso comum.

Só que, quando os sofistas, perseguindo essa idéia, procuraram fundar uma dialética, uma lógica e uma moral, desembocaram progressivamente em conclusões céticas. A que se deve isso? Ao fato de que não traziam princípios sólidos, princípios especulativos sobre os quais se apoiassem; sua ciência, que partiu do empirismo puro, deveria fatalmente degenerar.

Quanto às suas doutrinas teóricas, como na maior parte do tempo não se consubstanciam com o resto do sistema, como é evidente que não trazem, a seu ver, uma certeza absoluta, como é evidente que fazem pouco-caso delas, essas doutrinas teóricas, portanto, só fizeram contribuir para encorajar o ceticismo final no qual caíram.

Mas os sofistas trouxeram à filosofia um elemento novo: a idéia de abordar as questões morais.

Mas não seria essa uma reforma de Sócrates? Esse último irá tomar de empréstimo aos sofistas as idéias fundamentais; só que, em vez de se limitar ao puro empirismo, irá inventar um método. Isso não quer dizer que Sócrates tenha sido um sofista; mas sustentamos que, sem a sofística, não teríamos Sócrates. A sofística, portanto, trazia princípios novos, mas encobertos, por assim dizer; é Sócrates que irá desentranhá-los.

<77>

XVI – Sócrates

1. Fontes

Vários dos discípulos imediatos de Sócrates haviam escrito obras sobre a vida e as opiniões de seu mestre. São Ésquines, Antístenes, Fédon, etc. Só nos restam os testemunhos de Platão e de Xenofonte a título de testemunhos contemporâneos.

Xenofonte nos fala de Sócrates nos *Ditos memoráveis* (Ἀπομνημονεύματα)[72] e no *Banquete* (Συμπόσιον).

Quanto à vida de Sócrates que se atribui a Xenofonte, é inautêntica. Platão põe Sócrates em cena em todos os seus diálogos. Quanto aos testemunhos posteriores, o único que tenha algum valor é o de Aristóteles (*Metafísica*, I, 6 e XIII, 4; *Ética a Nicômaco*, VI, 13).

Qual é o valor dessas fontes? A esse respeito, houve tanta discussão, tanta teoria e investigação que cabe dizer uma palavra.

Xenofonte mostra-nos um Sócrates bastante terra-a-terra, um homem de bom senso, um moralista popular, um Sócrates burguês, com o perdão da expressão.

Em Platão, Sócrates é um metafísico cheio de elevação, um idealista.

Durante muito tempo, Xenofonte foi considerado o único testemunho digno de fé: era a opinião de Bruck[73].

Pelo contrário, Dissen, Brandis e vários outros vieram sustentar que apenas Platão nos dava uma idéia do verdadeiro Sócrates. Essa opinião foi defendida com muita força por Schleiermacher, que não vê no Sócrates de Xenofonte senão um Sócrates exótico, por assim dizer, e declara que o Sócrates de Platão é o único que é filósofo.

Esse conflito repousava inteiramente na idéia de que, entre Xenofonte e Platão, haveria antagonismo no que concerne ao caráter de Sócrates, à sua natureza; que haveria uma diferença profunda entre os dois Sócrates.

Ora, os críticos contemporâneos: Zeller, Grote, Fouillée, considerando os textos mais de perto, chegaram a esta conclusão de que, ainda que haja uma diferença entre o personagem de Xenofonte e o personagem dos diálogos de Platão, não há contradição entre os dois testemunhos. Xenofonte não se engana acerca de nenhum ponto importante e fornece uma base suficiente para o estudo de Sócrates, desde que se tenha a boa vontade de ler nas entrelinhas, de tomar consciência de que Xenofonte não é um filósofo, <78> mas um historiador que freqüentemente só compreendeu da doutrina de Sócrates aquilo que é acessível ao bom senso.

E, freqüentemente, para ler nas entrelinhas, é preciso recorrer a Platão. Aquele que, tendo estudado o Sócrates de Platão, lê com alguma atenção os *Ditos memoráveis*, percebe que continuamente o verdadeiro pensamento de Sócrates ultrapassa infinitamente o quadro no qual Xenofonte o encerra; a idéia ultrapassa a expressão.

Nossa conclusão, portanto, será a seguinte: o Sócrates de Xenofonte não é um Sócrates inteiramente falso, pois não lhe é atribuída nenhuma opinião que não tenha sustentado realmente. Mas se Sócrates tivesse sido apenas isso, não se explicaria seu lugar na sociedade, sua condenação, etc., e sobretudo seu papel na história da filosofia. Não é um homem assim que Platão teria escolhido como mestre.

Mas, por outro lado, o Sócrates de Platão é um Sócrates idealizado. Platão cede continuamente às suas tendências, a seu temperamento idealista. Transfigura, como poeta, tudo aquilo que toca. É conhecida a anedota de Sócrates exclamando: "Quanta coisa esse jovem me faz dizer, nas quais eu nunca tinha pensado!" Seja lá qual for o valor dessa anedota, o certo é que nos diálogos de Platão, Sócrates diz uma série de coisas que repugnam a seu temperamento. Sócrates despreza a física, *a fortiori* as doutrinas puramente especulativas da filosofia propriamente dita. Ora, nos diálogos, Sócrates expõe a teoria das idéias. Assim sendo, limitar-nos-emos a interpretar Xenofonte à luz de Platão, deixando de lado, o mais das vezes, o testemunho de Aristóteles. Pois quando se consideram os textos de Aristóteles relativos a Sócrates, percebe-se que ele seguiu Xenofonte e Platão.

Ele não nos ensina nada de novo, portanto, e chega mesmo a nos apresentar as informações que colheu em Xenofonte e em Platão sob uma forma de tal modo abstrata que Sócrates resulta desfigurado. Não se deve dissimular que esse método difícil (o de Zeller, de Grote e mesmo de Fouillée[74], ainda que este último penda para um método de construção *a priori*) só consegue nos fornecer um Sócrates de traços pouco pronunciados.

Mas talvez o Sócrates real esteja <79> nesse caso. Senão, não se explicaria a diferença profunda dos juízos emitidos sobre ele, sobre sua doutrina, pelos homens que o conheceram. Não se explicaria a interpretação diferente que Platão e Xenofonte deram de suas idéias.

O próprio dos homens de gênio é precisamente reunir neles uma série de traços diferentes e quase contraditórios, apresentar conjuntamente uma série de idéias diferentes que nem sempre concordam entre si, mas que estão todas destinadas a uma certa fortuna.

2. Vida de Sócrates

Não se costuma conceder um espaço muito grande para a biografia dos filósofos. É que a filosofia grega é uma filosofia impessoal. Na maioria das vezes, as idéias desenvolvem-se por si mesmas, pode-se seguir-lhes a evolução de uma escola para a outra e a personalidade dos filósofos pouco intervém.

A coisa é diferente com Sócrates. Sócrates nada escreveu: nele, isso era um sistema. Nele, o homem tem mais importância que o filósofo. Sua personalidade, por si só, exerceu uma influência considerável sobre um grande número de filósofos (J.-J. Rousseau comparava Sócrates a Jesus Cristo)[75]. Importa, pois, conhecer com algum detalhe a personalidade desse filósofo, tal como nos podemos representá-la apoiados nos documentos que nos restaram.

Sócrates nasceu em 469 e morreu por volta de 398. Seu pai, Sofronisco, era escultor. Sua mãe, Fenarete, era parteira. Provavelmente viveu na pobreza e não conheceu o bem-estar material. Talvez não tenha conhecido tampouco a felicidade conjugal, ainda que sua mulher Xantipa tenha sido caluniada. É mais ou menos certo que Sócrates não era instruído: havia recebido o ensino tradicional da ginástica e da música. Mas não parece ter conhecido os sistemas filosóficos de seus predecessores.

O que ele diz de Heráclito, de Parmênides, dos atomistas e do próprio Anaxágoras é bem vago. Quanto à hipótese segundo a qual Sócrates teria sido discípulo de Anaxágoras, ela não repousa sobre fundamento algum. Zeller estabeleceu que relações desse tipo não puderam existir entre esses dois filósofos.

Bem cedo, Sócrates abandona a profissão de seu pai. E, ainda que tenha cumprido, durante toda sua vida, seus deveres de cidadão (será lembrada sua bela conduta em Potidéia, onde salvou Alcibíades), manteve-se <80> afastado dos negócios públicos.

Atribuiu-se uma missão: a de aperfeiçoar os outros homens, de esclarecê-los, de desmascarar a falsa ciência, enfim, de examinar, de pregar o livre exame, de ensinar os homens a darem-se conta do que fazem.

Qual é a origem dessa missão? É inteiramente religiosa. Se Sócrates se manteve afastado dos negócios públicos, é porque uma voz interior, que ouvia desde sua infância, demoveu-o desse propósito. Se procurou desmascarar a falsa sabedoria, é porque o deus Apolo encarregou-o disso.

Seu amigo Querefonte, tendo consultado o oráculo de Delfos para saber se havia um homem mais sábio que Sócrates, o oráculo respondeu que não havia nenhum. Mas Sócrates, sabendo que nenhuma sabedoria se encontrava nele, interrogou um homem reputado dos mais sábios. Percebeu que esse homem não era mais sábio que ele. Examinou, do mesmo modo, vários outros e concluiu que era o mais sábio dos homens, porque os outros, ainda que nada sabendo, acreditavam saber, ao passo que ele sabia que nada sabia.

Havia em Sócrates uma predisposição para preencher uma missão desse gênero, senão não teria ouvido voz interior e o oráculo de Delfos não teria sido escutado. Seja lá como for, para obedecer aos deuses, abandonou tudo o mais; acostumou-se a não precisar de nada e passou sua vida em Atenas mal transpondo as portas da cidade. Ensinava sem cobrar. Conversava por toda parte: no mercado, nas estradas, com seus amigos, com os estrangeiros. E aquilo que ensinava não era algo imediatamente utilizável. Procurava excitar os espíritos, fazer com que desconfiassem de si mesmos, inspirar-lhes o desprezo da falsa ciência, daquela que consiste em fórmulas já prontas. Queria trazer as inteligências para essa convicção de que uma opinião que não é acompanhada por suas razões não é válida, não tem valor. Sócrates, portanto, era inimigo da rotina, do já pronto.

A discussão de Sócrates era sutil, complicada, mas possuía um grande charme, pois ele seduzia a juventude, tinha, ao seu redor, um círculo de admiradores que sofriam sua influência e lhe eram inteiramente devotados.

Portanto, não deve ter havido fórmulas <81> socráticas; há tendências socráticas.

Se, agora, aprofundando o caráter de Sócrates, procurarmos determinar-lhe os traços essenciais (Boutroux)[76], nos encontraremos em presença de uma série de traços dificilmente conciliáveis entre si, mas que esse autor, no entanto, procurou fundir harmoniosamente uns aos outros. Primeiro, diz ele, aquilo que notamos em Sócrates é uma série de contrastes. Os Antigos já tinham sido marcados por esses contrastes que Sócrates exemplificava. Não compreendiam, como verdadeiros gregos que eram, a aliança entre a beleza moral de Sócrates e sua feiúra física. Mas pode-se notar contrastes mais marcantes:

1 – Sócrates era pio. Xenofonte nos diz que ele sacrificava e mandava seus amigos consultar o oráculo. Sabe-se que atribuía uma origem divina à sua missão.

Por outro lado, há em Sócrates algo de livre-pensador. Primeiro, sua crença na Providência, na unidade divina, não pode muito ser posta em dúvida. Depois, fato que nos gregos testemunhava uma grande liberdade de pensamento, Sócrates acreditava em um Deus que lhe era pessoal, fato sem similar na Antiguidade. Referimo-nos ao famoso demônio de Sócrates ou antes ao seu signo demoníaco.

Muito se discutiu sobre esse demônio. A Antiguidade o considerava como um gênio do qual Sócrates ouve realmente a voz e se espantava que um homem tão sensato pudesse ter inventado um demônio para uso próprio. Outros viram nisso a ironia socrática. Por fim, Lelut declara que Sócrates era louco[77]. E Egger faz do demônio de Sócrates uma alucinação[78]. Zeller, considerando os textos mais de perto, chegou a uma solução que provavelmente permanecerá definitiva[79].

Ele notou, primeiro, que os textos não nos permitem atribuir a Sócrates o menor ceticismo quando se trata do demônio: acreditou nele sinceramente.

Zeller observa, em seguida, que esse demônio não toma a palavra em circunstâncias quaisquer. Só fala a Sócrates quando se trata de assuntos que dizem respeito pessoalmente a Sócrates. Os conselhos que lhe dá são puramente negativos. Nunca lhe diz o que <82> deve fazer, mas aquilo de que deve abster-se. Por fim, deve-se notar que nunca se trata, em Sócrates, de um demônio propriamente dito, mas de um signo demoníaco.

Conclusão

O pretenso demônio de Sócrates não é senão um oráculo interior que lhe é particular e cujo papel começa ali onde cessa o da filosofia.

Quando Sócrates está embaraçado na vida prática e o raciocínio não fornece solução para agir em um sentido antes que em outro, seu demônio toma a palavra e lhe indica o que não deve fazer. Ao contrário da filosofia, abstém-se de dar razões. É, portanto, um fenômeno perfeitamente religioso, inteiramente contrário ao espírito helênico. Assistimos, aqui, a um movimento muito notável da transformação da religião em filosofia[80]. Eis um filósofo que conheceu um deus pessoal ou, melhor dizendo, uma revelação para seu uso particular.

2 – Sócrates é um homem positivo que estima apenas a prática, o útil, ele despreza a ciência teórica.

Só se deve aprender da geometria, diz ele, aquilo que é útil para medir. A ciência só tem razão de ser quando fornece resultados práticos, úteis; ele afasta a poesia, não parece ter apreciado o belo na forma. Sua linguagem visa, antes de tudo, a precisão. É cheia de repetições, de comparações triviais que chocavam seus contemporâneos, como verdadeiros gregos que eram. É nesse sentido que Boutroux o chama o Inglês ou o Americano da Antiguidade. Mas este é apenas um lado de seu caráter e, visto por outro lado, Sócrates é idealista. Xenofonte e Platão mostraram-no em êxtase. Sabemos que era indiferente à fortuna e à glória, àquilo que instiga os homens. O que há de mais belo e de mais grandioso do que sua morte?

3 – Sócrates é um homem de ação. Crê-se encarregado de uma missão e persegue-a sem descanso; por outro lado, é um contemplador. Sempre se absteve dos negócios, prega o exame de si mesmo, vive no mundo das idéias. Parece crer que a verdade <83> não precisa ser empurrada, que ela fará por si mesma seu caminho.

4 – Na política, Sócrates era um aristocrata, desdenha a assembléia do povo. E, no entanto, por seus princípios, por seus ares, é um democrata. O que há de mais democrático que seu ensino dado em pleno ar, em uma linguagem familiar, acessível a todo mundo?

5 – Sócrates é grave, sério. A luta contra os sofistas não é uma brincadeira e ele morreu por suas idéias. Por outro lado, o fato é que Sócrates passou uma boa parte de sua vida zombando de seus contemporâneos. Sua ironia é algo diferente de um simples sistema de interroga-

ção. Ele tem ares de sofista e chega a caçoar até mesmo de seu demônio.

Como explicar essa mistura esquisita de qualidades contrárias que certamente espantaram e chocaram os homens de seu tempo?

Boutroux está disposto a encontrar a chave dessas contradições na missão que Sócrates crê ter recebido de um deus. Por toda sua vida, Sócrates esteve convencido de que Apolo lhe havia confiado a missão de introduzir no mundo o exame de si mesmo e dos outros, ἐξέτασις: ele é missionário apolínico. Essa missão encerra uma contradição que nos faz compreender todas as outras. Ele fala em nome de um deus e é o livre exame que ele prega. O princípio de que parte é sobrenatural e a tarefa a cumprir é o advento da razão.

Explica-se então que:

1 – Ele respeite a religião à qual pertence o oráculo que lhe confiou sua missão e, ao mesmo tempo, ataque essa religião em nome do livre exame. Seu demônio é, para ele, uma prova que lhe é particular, pessoal, da existência de Deus. Aproximadamente como o milagre do Santo Espinho é para os jansenistas a prova fundamental da divindade de Jesus Cristo[81].

2 – Explica-se seu idealismo, pois ele crê ter uma missão, e seus ares positivos: pois essa missão é a de propagar o conhecimento de si mesmo, de ensinar aos homens aquilo que lhes é útil.

3 – Explica-se que, missionário, seja homem de ação. Mas a ação que deve cumprir é a prédica, é a exortação a dar-se conta, a viver uma vida especulativa.

<84>

4 – Explicam-se suas tendências aristocráticas por suas crenças na religião do passado, e suas tendências

democráticas, pois sua religião prescreve-lhe ensinar a todo mundo. É nessa convicção fundamental de Sócrates, na sua crença em um oráculo interior, em uma proteção particular de Apolo, que se deve procurar aquilo que Taine chama traço dominante desse caráter, a idéia-mestra de sua vida, a chave das contradições e das esquisitices de todo tipo que a análise nele deslinda.

Só nos falta dizer uma palavra sobre sua morte. Sócrates chegou até a idade de setenta anos sem ser acusado. Mas, em 398, Meleto, Anitos e o retor Licon acusaram-no, no tribunal popular, de ter introduzido deuses novos, de não acreditar nos deuses da pátria e de corromper a juventude. Sócrates não alimentou nenhuma ilusão acerca do perigo que o ameaçava, mas não quis ocupar-se de sua defesa. Não queria, dizia ele, maquilar a verdade pelo emprego de uma bela linguagem.

E, depois, seu signo demoníaco, seu demônio não lhe declarou que estava errado quando se absteve de preparar seu discurso, de onde concluiu que tinha razão em não se defender. Talvez pensasse que sua morte seria útil para sua doutrina. Pois, durante o processo, não se exprimiu como acusado, mas como um terceiro que não estaria em causa, como um amigo de seu país que quer poupar-lhe uma injustiça.

Esforça-se apenas por refutar pela dialética a tese de seus adversários. Sabe-se como foi condenado à morte após uma resposta orgulhosa.

Esteve por trinta dias em prisão, conversando com seus amigos e recusando-se a fugir.

Os atenienses parecem nunca terem se arrependido de tê-lo condenado. A verdadeira causa dessa condenação não é bem conhecida. A esse respeito, uma série de hipóteses foi levantada. Durante muito tempo, correu a opinião de que Sócrates havia sido condenado por instigação dos sofistas, que ele havia perseguido por toda sua vida. Essa opinião foi refutada. Sócrates foi condenado como sofista, e não por ter lutado contra eles. Pois na época em que Sócrates foi citado em juízo, os sofistas eram enxovalhados, odiados pelo povo.

Quais são as verdadeiras causas dessa condenação? É certo que Sócrates, por sua ironia, suas interrogações insistentes, havia impacientado seus contemporâneos. Mas isto é apenas uma causa acessória. Não se deve esquecer que Sócrates, ao substituir a tradição religiosa pelo raciocínio <85> filosófico ou então pelas sugestões especiais de um deus pessoal, de um oráculo interior, punha em perigo as instituições do país.

É igualmente certo que suas opiniões religiosas davam-lhe, na política, certas tendências de que falávamos há pouco e que eram de natureza a torná-lo suspeito. Ora, são evidentemente suas opiniões religiosas e morais, do ponto de vista político, que foram a causa de sua condenação.

Mas essa condenação não teria sido pronunciada se, no ano 399, o estado de Atenas não estivesse em uma situação muito especial, sem análogo em sua história. Após a condenação dos Trinta Tiranos, havia-se notado um enfraquecimento moral, uma decadência evidente dos costumes.

Procurou-se um bode expiatório, um homem que pudesse ser responsabilizado pela decadência da pátria. Acreditou-se que a sofística devia ser acusada, e Sócrates foi condenado como o maior e o último dos sofistas.

Assim, pode-se dizer que, do ponto de vista da legislação ateniense, essa condenação não foi injusta; foi conforme às leis, Sócrates estava juridicamente errado. Mas, dado o estado das crenças na Grécia por essa época, Sócrates nunca teria sido condenado sem as circunstâncias políticas especiais que fizeram com que os atenienses acreditassem exculpar-se ao sacrificá-lo.

1. A filosofia[82] de Sócrates

A questão que se coloca agora para nós é a seguinte: Existe uma filosofia socrática?

Até Hegel, admitiu-se que a filosofia de Sócrates havia sido puramente popular. Não se ia além das palavras de Cícero, segundo o qual Sócrates teria feito a filosofia descer do céu para a terra.

Essa opinião desapareceu a partir de Hegel, que reposicionou Sócrates na evolução geral da filosofia. É verdade que se foi, então, longe demais. Viu-se nele um metafísico. É a esse excesso que Zeller é levado em mais de um trecho. Zeller, considerando unicamente a influência de Sócrates sobre Platão, faria de bom grado de Sócrates um idealista no gênero do discípulo. Mas com freqüência ocorre que uma idéia vaga e indecisa no mestre se determine no discípulo, assuma nele uma forma especial.

É verossímil que Sócrates tenha apenas dado um impulso e que a doutrina propriamente dita – a teoria das <86> Idéias – pertença inteiramente a Platão.

Isto posto, perguntemo-nos qual é, segundo Sócrates, o objeto das investigações filosóficas. Importa, primeiro, distinguir claramente o objetivo de Sócrates do objetivo perseguido: 1/ pelos antigos físicos; 2/ pelos sofistas.

1 – No que concerne à antiga física, a opinião de Sócrates é muito clara. Primeiro, ele toma as investigações físicas (hoje metafísicas: questões relativas à constituição do universo) por *impossíveis*.

A prova disso está nas contradições nas quais se desembocou, uns pondo o ser na unidade, outros na multiplicidade, uns no movimento, outros na imobilidade, etc. Em segundo lugar, essa física é *inútil*. Pois para nosso uso pessoal basta conhecer os efeitos, é inútil procurar aprofundar as causas. Acaso alguma vez conseguimos produzir os ventos, as chuvas, as estações? Enfim, essa física é sacrílega, pois o homem só deve ocupar-se das coisas humanas. Quanto às coisas da natureza, são obra dos deuses, é apenas a estes, portanto, que cabe preocupar-se com elas. É por isso que Sócrates trata Anaxágoras e os outros físicos de loucos.

2 – Mas Sócrates distingue-se igualmente dos sofistas, alguns dos quais haviam professado opiniões análogas sobre a física. Distingue-se deles pelo fato de os sofistas só se preocuparem com as questões práticas e morais das coisas humanas do ponto de vista da utilidade imediata, ao passo que Sócrates procura voltar até os princípios. Os sofistas só faziam a teoria da prática de seu tempo, Sócrates faz a teoria da vida humana em geral.

E agora é fácil compreender o alvo particular da filosofia socrática. O objetivo é aprofundar as coisas humanas, investigando que educação deve ser dada ao homem para que este possa cumprir sua função essencial, que é a de bem-falar <87> e de bem agir. Mas, para chegar a tal resultado, é preciso fazer tábua rasa da rotina, do sentimento, do instinto.

É preciso dar-se conta do que se faz, *conhecer as razões*. É preciso agir não mais por natureza, mas por sabedoria, οὐ φύσει ἀλλὰ σοφίᾳ. Esse ensinamento pode ser inteiramente resumido nessa célebre fórmula: conhece-te a ti mesmo, γνῶθι σεαυτόν. Essa máxima estava inscrita no templo de Delfos. Sócrates gostava de repeti-la.

Não se deve acreditar que Sócrates tenha sido o inventor da Psicologia. Aquela fórmula tem um sentido bem mais prático do que se poderia pensar. Ela significa para Sócrates: dê-se conta do que você pode fazer e do modo pelo qual você deve proceder antes de se lançar em uma empresa. De modo que, se quiséssemos definir com precisão a reforma operada por Sócrates, poder-se-ia dizer que ele retirou do grande Todo que a filosofia estudava até então as coisas humanas, as que interessam ao homem na prática. Até então, o homem havia sido relegado a segundo plano. Sócrates afirmou a possibilidade de uma ciência do homem que se basta a si mesma. Os sofistas já haviam tido essa idéia de considerar à parte as coisas humanas, as coisas da prática. Mas eram empíricos, não lhes havia ocorrido a idéia de constituir uma ciência tão metódica quanto a dos antigos físicos, cujo objeto era tão diferente do deles.

2. Método

Qual é o método adotado por Sócrates para esse estudo das coisas humanas?

a) Critério da ciência

O critério da ciência, segundo Sócrates, é a possibilidade de explicar aos outros o que se sabe e fazê-los aceitar. Com efeito, só se pode convencer os outros de sua opinião e fazê-los aceitá-la quando regressamos ao princípio dessa opinião, de modo que se trata de reconduzir a coisa da qual se procura a explicação ao seu princípio, εἰς ὑπόθεσιν.

O que é esse princípio, <88> essa ὑπόθεσις?

Não é nada além daquilo que Zeller chama, não sem razão, de conceito, isto é, a idéia geral implicada no juízo particular que se enuncia.

Reconduzir as coisas à ὑπόθεσις é simplesmente reconduzir a espécie ao gênero, é definir.

Nisso reside a originalidade do método socrático. Sócrates não inventou a idéia de gênero, mas foi o primeiro a compreender que a ciência certa, sólida, é aquela que faz encaixar as espécies nos gêneros, e estes, por sua vez, nos gêneros mais elevados.

O erro dos antigos físicos [foi o]* de elevar-se de saída ao gênero mais vasto, de dizer: tudo é movimento ou ainda tudo é unidade ou tudo é átomos, etc.

A verdadeira ciência, pelo contrário, considera casos particulares, abarca-os em uma proposição geral, depois toma várias proposições gerais e as reconduz a uma outra mais geral que ela, e assim por diante, indefinidamente, elevando-se pouco a pouco para generalidades superiores, e isto sempre procurando qual é a proposição mais geral que é seu fundamento, ὑπόθεσις.

b) Procedimentos gerais desse método

Esses procedimentos são a dialética e o Amor.

1 – A dialética é a discussão, a conversação[83]. Esse procedimento não é um puro acidente na filosofia de Sócrates: consubstancia-se com a doutrina. É que, para fazer brotar o geral do particular, a contradição é necessária. É preciso que as opiniões particulares dos interlocutores venham chocar-se entre si, por assim dizer, e separa-se dessas opiniões contrárias o que lhes é co-

---

* Inserção do tradutor.

mum, isto é, a proposição mais geral implicada numa e noutra. Esse procedimento tornar-se-á bem mais claro para nós quando analisarmos a definição e a indução socráticas.

Por enquanto, indiquemos a forma geral que a dialética assume em Sócrates.

Dois procedimentos caracterizam-na, a ironia e a maiêutica.

Ironia. A ironia consiste em interrogar sem nunca responder e levar assim o interlocutor a confessar que não sabe o que acreditava saber.

Maiêutica. Quanto à maiêutica, ela é descrita no *Teeteto*[84]. O próprio Sócrates declara que é estéril na sabedoria, que nada sabe, mas <89> que ajuda os outros através de suas perguntas a dar à luz aquilo que têm no espírito sem ter consciência disto.

Tendo assim extraído do espírito deles aquilo que ali se encontrava, discerne o que há de bom e o que há de mau nas opiniões assim produzidas.

Como se vê, esse duplo procedimento, ironia e maiêutica, resulta imediatamente do fato de que Sócrates se considera ignorante.

O que pensar dessa ignorância de Sócrates? Hegel a considera sincera. Sócrates, diz ele, foi o primeiro a compreender as condições da verdadeira ciência e, comparando a ciência de seu tempo com esse ideal, compreendeu que nada sabia. Essa opinião de Hegel é exagerada. Sócrates não se crê tão ignorante quanto o pretende, uma vez que, no *Teeteto,* declara-se capaz de distinguir a boa da má opinião. Mas o que deve ser dito é que Sócrates considera seus adversários absolutamente ignorantes, visto que não possuem método nenhum. Com o empirismo puro nada se pode saber. Então, quando discutir com os empiristas, ele lhes dirá: nada sei *se* me coloco do ponto de vista de vocês, *se* me abstenho com vocês de regressar aos princípios, isto é, em outros termos: vocês nada sabem. Portanto, a origem desse duplo procedimento socrático está nessa idéia de Sócrates: que nada saberemos enquanto não concordarmos em fazer uma investigação sistemática das idéias gerais, da ὑπόθεσις.

2 – A esse duplo procedimento, junta-se o Amor, ἔρως. Qual pode ser o papel do Amor em um método científico? Fala-se dele o tempo todo na conversação de Sócrates e nos escritos de seus discípulos. De onde se pode conjecturar que o amor tem, para ele, uma importância capital. Não se deve esquecer que, segundo Sócrates, não se chega à ciência sozinho; a ciência supõe a discussão, o choque das opiniões contrárias, a contradição. É portanto a duas ou mais pessoas que se faz ciência. E, seguindo então o fio da analogia, não há como evitar de comparar a geração intelectual da ciência com a geração física. É pelo Amor, pela união das almas que se chega à verdade.

3 – Isto posto, só nos resta indicar os procedimentos particulares do método socrático, entrar no detalhe de sua aplicação.

Disse-se, não sem razão, que Sócrates tem por alvo chegar à <90> definição e que a indução é o procedimento pelo qual se eleva até ela. O objetivo de Sócrates é a definição, dizíamos. Com efeito, trata-se de repartir as coisas em gêneros. É assim que, a acreditar em Xenofonte, ele procurou a definição da piedade, da beleza, da prudência, da coragem, etc. Note-se que se trata sempre de coisas humanas. E compreende-se então que Sócrates espere chegar a elas pela discussão pura e simples. Basta, com efeito, dar-se conta claramente do que se quer dizer quando se usam as expressões.

É inútil recorrer à observação, uma vez que não se trata de objetos exteriores. A dialética só se tornou uma fonte de erros mais tarde porque foi aplicada às coisas físicas. Era legítima tal como entendida por Sócrates, restrita às coisas morais.

Como chegar a essa definição? Que caminho a dialética deve seguir para consegui-la de modo mais seguro?

É preciso que a dialética se restrinja ao trajeto indutivo, ἐπαγωγή. Não se deve pensar que a indução socrática se assemelhe, um pouco que seja, à indução baconiana, que consiste em passar do fato à lei pelo estabelecimento de uma relação de causalidade.

A indução socrática poderia ser definida: um método de correções sucessivas. Trata-se, por exemplo, de definir a injustiça. Sócrates endereça-se a seus interlocutores. Pergunta a cada um deles que idéia têm da injustiça. O homem injusto, diz Eutidemo, é aquele que mente, engana, rouba, etc. Mas, responde Sócrates, é permitido roubar, enganar seus inimigos. Cabe então corrigir essa definição e dizer: o homem injusto é aquele que ilude, rouba seus amigos. Mas eis o que ainda vai nos fazer refletir. Um general não comete uma injustiça quando dá coragem a seu exército com a ajuda de uma mentira, nem um pai que faz com que seu filho tome um medicamento com a ajuda de algum ardil. É preciso, portanto, corrigir novamente nossa definição e dizer: o homem injusto é aquele que ilude, rouba, engana seus amigos para prejudicá-los. E a definição, assim, é irrepreensível.

Como se vê, esse método consiste em pôr uma série de definições provisórias que corrigimos respectivamente umas por meio das outras, eliminando de cada uma delas aquilo que é acidental, isto é, o que convém ao caso examinado, mas não convém a um outro caso que apomos ao primeiro. <91> A indução socrática consiste, assim, para empregar a expressão de Platão, em reduzir o múltiplo ao uno, eliminando dos casos múltiplos os acidentes que estão na própria origem dessa multiplicidade.

Conclusão. A invenção desse método faz de Sócrates o maior reformador da filosofia. Ele inaugurou, sem percebê-lo, uma nova era da história da metafísica.

Até ele, havia-se pensado, sem dúvida, em reduzir o múltiplo ao uno (jônios, eleatas, Anaxágoras, Empédocles, Demócrito), mas era sempre no terreno das coisas físicas que se permanecia.

Sócrates, considerando apenas as coisas morais, encontrou na idéia de *gênero* uma conciliação, que sem dúvida não procurava, entre a unidade e a multiplicidade: pois o gênero é uno e múltiplo ao mesmo tempo; uno em si mesmo, múltiplo pela infinidade dos indivíduos ou das espécies que contém. O *gênero* de Sócrates não é senão a idéia de Platão, com esta diferença de que o gênero socrático contém sempre apenas elementos que interessam ao homem, ao passo que a Idéia platônica é um artifício metafísico que se aplica a todos os objetos, quaisquer que sejam. Platão não fez mais que estender ao problema colocado pela antiga física o método inventado por Sócrates para as coisas morais.

Agora conhecemos o método de Sócrates. Só nos falta estudar os resultados aos quais esse método o conduziu: Sócrates é, antes de tudo, um moralista: é em uma moral que ele desemboca.

Quais são as grandes linhas dessa moral? Procuremos determiná-las fundando-nos sobretudo no testemunho de Xenofonte.

A moral, para Sócrates, como aliás para os sofistas, não é realmente mais que a arte de se virar na vida, de se safar e de viver feliz. Notemos que, de um lado, há artes mecânicas, isto é, artes que propõem ao homem um certo fim particular muito determinado, e, por outro, uma religião que propõe ao homem um fim extremamente geral, a imitação da divindade. O objetivo de Sócrates foi o de intercalar entre as artes mecânicas, de um lado, e a religião, do outro, uma ciência ou uma arte intermediária, cujo fim é mais geral que o das artes mecânicas e menos geral que o da religião.

Trata-se da moral, a qual prescreve a <92> justiça, a temperança, etc., motivos de ação de uma generalidade intermediária entre as duas categorias acima enunciadas.

Quais são os princípios dessa moral?

1 – A moral é uma ciência; a virtude é objeto de ensino. Essa teoria é desenvolvida em uma série de teses (*Metafísica*, III, 9, 4; *Ética a Nicômaco*, VI, 13; *Ética a Eudemo*, I, 5). Sócrates nos diz com todas as letras, toda virtude é ciência, raciocínio, λόγος. Cada um, diz ele, é sábio, σοφός, nas coisas que sabe e mau, κακός, nas que ignora. Até aqui, o homem remeteu-se seja ao acaso, seja à natureza, τύχη, φύσις. Ora, o acaso é incapaz de nos fornecer uma regra e, quanto à natureza, ainda que nos predisponha ao Bem, ela é incapaz, sozinha, de nos conduzir a ele. É preciso que a reflexão, φρόνησις, se acrescente. Compreende-se, a partir de então, a frase atribuída a Sócrates[85] por Platão e Aristóteles: ninguém é mau voluntariamente, οὐδείς ἑκὼν πονηρός. Com efeito, a virtude é uma ciência e, pelo próprio fato de que a conhecemos, praticamo-la. É que, para as artes mecânicas, podemos, a rigor, conhecê-las sem aplicarmos o que sabemos. Mas, quando se trata da virtude, isto é, da felicidade, seria absurdo que, conhecendo nosso interesse, nos abstivéssemos de persegui-lo.

Como se vê, essa teoria repousa inteiramente sobre a concepção que Sócrates tem do objetivo da moral; a moral tem por fim a felicidade do indivíduo, εὐπραξία. E é verossímil que, nessa identificação da boa conduta e da vida feliz, Sócrates tenha sido guiado pela etimologia (εὐ πράττειν, ser feliz e fazer o bem). E, em apoio de sua tese, vale-se de comparações. Não vemos nós, diz ele, que aqueles que sabem são os que agem bem. Quer-se conduzir um navio, é a um piloto que este será confiado. O médico conhece o doente e é porque o conhece que pode curá-lo. Assim, a partir do momento em que se conhece, pode-se, e aquele que conhece o bem irá praticá-lo. A ciência é a tal ponto necessária que o mesmo objeto é um bem ou um mal conforme saibamos ou não saibamos nos servir dele, por exemplo, o dinheiro.

Mas, dirão, um homem, mentindo e sabendo que o faz, será mais justo que aquele que <93> mente sem o saber. Assim é, responde Sócrates: aquele que mente sabendo só comete uma mentira exterior. No fundo conhece a verdade e poderia um dia conduzir-se bem, ao passo que aquele que ignora não poderá nunca corrigir-se. Assim, a virtude é uma ciência.

2 – A virtude é ao mesmo tempo una e múltipla.

Os sofistas haviam discutido esse ponto: há uma virtude? Há várias? Sócrates, de fato, distingue virtudes diversas; no entanto, diz com todas as letras que todas as virtudes perfazem uma só. Onde uma virtude existe, todas as outras também se encontram. Isso se compreende perfeitamente. Se refletimos, é que possuímos em nós o que é preciso para sermos homens de bem, o que é preciso para praticar a virtude em sua totalidade. Ora, se noto em um homem uma certa virtude, é que esse homem a reflete; ele é capaz de realizar a virtude por inteira.

Mas essa virtude, una em seu princípio, pode ser múltipla em suas manifestações.

3 – Uma vez que a virtude é una em seu princípio, em que consiste? O que é o Bem segundo Sócrates?

O que dissemos já sugere que, em Sócrates, o Bem moral não é claramente distinguido do útil. Com efeito, todos os textos que resistem à discussão concordam a esse respeito. O temperante, diz ele, vive melhor que o intemperante. Devemos nos endurecer no sofrimento porque isso nos dá uma melhor saúde. Devemos ser modestos porque a vaidade nos atrai humilhações. Devemos viver em harmonia com nossos irmãos e irmãs porque eles podem nos prestar serviços (*Memoráveis*, III, 12-17; II, 3-19). Por outro lado, existem textos, sobretudo em Platão, dos quais parece resultar que Sócrates se elevou acima dessa concepção do Bem, que ele conferiu à alma, como função suprema, a perfeição de sua natureza.

Não há contradição absoluta entre esses textos diversos. Não há dúvida de que a identificação do Bem moral com a utilidade compõe o fundo do pensamento de Sócrates, mas também não há dúvida de que, ao aprofundar essa concepção do útil, ele acabou por distinguir graus e como que uma hierarquia no seio das coisas úteis. A perfeição da alma, para ele, não é realmente nada além do desenvolvimento da alma no sentido da maior utilidade. Deve-se, aliás, reconhecer que o útil tem, em Sócrates, um sentido bastante vago. É um termo um tanto mal definido. Sem esse vago não se compreenderia que, da escola de <94> Sócrates, tenham saído a escola cínica e a escola cirenaica, que entendem a utilidade de duas maneiras opostas. Seja lá como for, resulta dos princípios gerais da filosofia de Sócrates que, quando este identificou o Bem com o útil, não correu o risco de cair em uma moral relativa, variável, inteiramente subordinada ao temperamento ou aos instintos do indivíduo.

Precisamente porque erige a virtude em objeto de ciência, precisamente porque procura o geral em todas as coisas e pretende chegar a uma definição universal, descobre, ao colocar o útil como princípio e como fim de nossas ações, leis universais que são leis da moral. O método, portanto, serviu-lhe mais, talvez, que o ponto do qual partiu. E, graças a essa preocupação de chegar ao geral, chegou a uma moral que nada tem de relativo, ainda que partindo de um princípio que parecia dever conduzir a uma moral pessoal e variável.

4 – Essa virtude una em seu princípio é diversa em suas manifestações. Quais são as diversas formas que pode assumir? Segundo Sócrates, há três formas principais de virtude:

1 / uma, individual: a temperança;
2 / outra remete à vida social: a amizade, φιλία;
3 / a terceira, por fim, remete à vida política, a justiça, δικαιοσύνη.

1 – A temperança, ἐγκράτεια, é a independência do homem em face de seus sentidos (*Memoráveis*, I, 5, 4; I, 6, 5; II, 1). A temperança desempenha um papel considerável na moral socrática. Sócrates chega até mesmo a dizer que é a própria essência da virtude. Por meio de que raciocínio aprendemos a praticar a virtude? Basta perceber que: 1. A temperança é vantajosa. Sempre se preferirá o homem temperante àquele que é escravo de seus desejos. 2. Que a temperança nos leva a assemelharmo-nos à divindade, pois assegura a liberdade da alma, e o que caracteriza a divindade é precisamente o fato de bastar-se a

si mesma. O que nos faz compreender o verdadeiro sentido da palavra ἐγκράτεια em Sócrates.

A temperança é a posse completa de si mesmo, não é de forma alguma o ascetismo cristão. O cristianismo prega a renúncia, a privação. Sócrates não quer que ninguém se prive de nada. O essencial é que permaneçamos senhores de nós mesmos. Sabemos por Xenofonte e Platão que Sócrates não era de modo algum puritano. Acontecia-lhe de passar a noite bebendo. Mas gabava-se de nunca se embriagar, permanecia senhor de si. De modo que Sócrates era largo no que concerne à satisfação dos sentidos. Admite tudo que se concilia com a tranqüilidade. Pode-se seguir a natureza conquanto se permaneça senhor de si, de modo que possa se deter quando quiser.

Sócrates recomenda o trabalho, <95> pondo-se assim em oposição às idéias de seu tempo. Gostava de repetir esse verso de Hesíodo: "Nada é vergonhoso, fora o ócio."

2 – A amizade.

A amizade é a virtude social. Sócrates demonstra-lhe a necessidade e sobretudo a utilidade. Em Sócrates, a questão de método é uma questão importante. Ora, o método socrático é um método de discussão, e a discussão filosófica só é possível entre amigos. A amizade é erigida em método científico. A palavra φιλία, pela qual Sócrates designa a amizade, tem um sentido mais amplo que a palavra amizade. Sócrates inclui nela o amor. Digamos, a esse respeito, que ele partilha o sentimento dos gregos com relação ao casamento, sentimento bastante pouco elevado e que consiste em considerar a mulher legítima como desprovida de poesia e insuficiente para o homem. Portanto, é falso sustentar que Sócrates escapou aos preconceitos de seu tempo.

A essa doutrina da amizade, vincula-se uma questão bastante interessante levantada pelo Críton. É-nos dito, nesse trecho, que é sempre mau e vergonhoso retribuir o injusto com o injusto.

Por outro lado, encontramos em Xenofonte (*Memoráveis*, II, 6, 35) um texto contrário: "A moralidade consiste em ultrapassar seus amigos no bem que se faz e seus inimigos no mal."

E é dito, em outro trecho dos *Memoráveis*: não se deve dar o nome de inveja, φθόνος, à tristeza que se sente ao ver o bem de um inimigo, mas à tristeza que temos ao ver o bem de um amigo. A contradição é fácil de ser esclarecida. É possível que a primeira idéia pertença inteiramente a Platão; a segunda está mais alinhada à tradição grega.

3 – A Justiça.

A justiça é a virtude política. Disse-se freqüentemente que Sócrates teria distinguido leis escritas e leis não-escritas e faria repousar as primeiras sobre as segundas. Não se encontra nada de semelhante nos textos. Sócrates distingue realmente dois tipos de leis, humanas e divinas, mas não concede a umas a superioridade sobre as outras; limita-se a mostrar que umas e outras repousam sobre um mesmo princípio que em suas opiniões* lhes é sem dúvida anterior: é a justiça. É justo aquele que discerne as leis humanas e as leis divinas, que são apenas duas expressões da δικαιοσύνη eterna.

Essas duas categorias só diferem pelo fato de que aquele que viola as leis divinas não escapa nunca à punição <96>, ao passo que aquele que viola as leis humanas pode delas escapar.

O que resulta daí? Que se deve sempre obedecer à lei do país, que cabe não se deixar perturbar pelo espetáculo das modificações incessantemente trazidas.

---

* "qui dans ses opinions". (N. do T.)

Fiel a seu princípio, Sócrates justifica por considerações de utilidade a obediência constante às leis escritas. Nada de pior que a anarquia, e é melhor dobrar-se à lei imperfeita, ainda que se deva sacrificar sua vida, do que insurgir-se contra ela. A essa doutrina prende-se a de Sócrates sobre a arte política.

Sem dúvida devemos servir ao Estado, diz ele, mas na medida de nossas forças. É preciso conhecer-se a si mesmo, saber aquilo de que se é capaz, antes de aventurar-se a governar os outros. Numa palavra, Sócrates, aqui como sempre, exige a ciência. De onde uma teoria em oposição à dos gregos em geral e dos atenienses sobretudo.

Sócrates não admitia que a soberania resultasse da força, do acaso, nem mesmo do voto popular; ela só pode repousar sobre a inteligência.

Poderíamos, então, nos colocar a questão: Sócrates aprovou a escravidão? Parece que esse culto consagrado à inteligência deveria tê-lo levado a tratar como os outros homens aqueles que são, afinal de contas, como os outros homens, inteligentes. Esse respeito pela inteligência deveria tê-lo levado ao respeito pelo homem. Talvez pensasse assim, mas não há texto que o afirme positivamente. Aristóteles, em sua *Política*, não pronuncia o nome de Sócrates ao nomear aqueles que falaram contra a escravidão.

Aliás, a teoria de Sócrates sobre a lei escrita (ele diria que ela é sempre justa) não lhe permite desaprovar uma instituição que é a base das constituições antigas.

Só nos falta dizer uma palavra acerca das opiniões de Sócrates sobre a religião e, de um modo geral, sobre o que os alemães chamavam teleologia.

Em Sócrates, há uma teleologia, o que significa que, renunciando à física e à procura das causas eficientes, admite, no entanto, a investigação das causas finais, mas em um sentido restrito. Não se trata de aprofundar os fins do universo em geral, mas simplesmente de elucidar a finalidade externa das coisas, sua utilidade com relação ao homem. Sócrates mostra que a água, o fogo, o ar, etc. parecem feitos expressamente para nos servir. Os astros permitem-nos medir o tempo, a terra nos alimenta, o calor <97> e o frio temperam-se mutuamente.

Ele admira sobretudo a estrutura do corpo, os órgãos dos sentidos, as mãos. Insiste particularmente na inteligência, na memória, na linguagem, no instinto religioso dispostos pelos deuses para a felicidade do homem. Por fim, e esta é uma idéia dominante em Sócrates, ele tem um profundo respeito pela divinação; os oráculos nos avisam que iremos cumprir atos nocivos. Isto posto, qual é a natureza da divindade? Normalmente, Sócrates fala dos deuses, e não há nenhuma razão para crer que haja aí uma simples concessão aos preconceitos antigos. Mas, mesmo crendo nessa multiplicidade, ele deve ter tentado, aqui, reduzir o múltiplo ao uno e apreender sob a multiplicidade um princípio divino único. De resto, não há nada de novo nisso (Heráclito, Anaxágoras). O que há, evidentemente, é a reunião de duas doutrinas que, hoje, não nos parecem poder coexistir. Mas a contradição não era forte para um antigo. De resto, as conseqüências extraídas por Sócrates são puramente práticas. O homem deve honrar os deuses, ter confiança neles e ser pio, de uma piedade muito elevada e conforme à tradição.

É difícil afirmar que o νοῦς de Anaxágoras tenha tido ou não influência sobre a concepção socrática da Providência. Não obstante, há muito pouco nexo entre as duas coisas. O νοῦς de Anaxágoras é um princípio físico. A Providência de Sócrates tem uma ação moral. Devemos nos limitar a escutá-la quando nos avisa por oráculos.

Sobre a imortalidade da alma, a opinião de Sócrates não parece tão claramente decidida quanto em geral se sustenta. Ele certamente colocou-se a questão e, segundo o *Fédon*, teria respondido de forma positiva.

Não obstante, na *Apologia de Sócrates*[86], descobrimos que, após sua condenação, Sócrates fala com grande circunspecção da imortalidade da alma (*Ciropédia*, VIII, 7-19, texto análogo que confirma o primeiro e que nos mostra Sócrates hesitando sobre a questão). Seja lá como for, o que nos acontecer será certamente para o nosso bem, pois os deuses sabem se sobreviver é bom ou mau para nós. Esta é a idéia diretriz de Sócrates: a confiança nos deuses.

Conclusão

Resumamos essa filosofia e atribuamo-lhe um lugar na história do espírito humano.

Sócrates é um inventor de método e de doutrina. O objeto que estuda, toma-o de empréstimo <98> à sofística. É o homem considerado do ponto de vista moral, o homem em sua conduta de todos os dias, entregando-se a ocupações, perseguindo a felicidade e o bem.

Mas, enquanto os sofistas entregaram-se ao estudo empírico dessas questões morais, Sócrates traz-lhes um método de generalizações sucessivas que desemboca em princípios, em verdades gerais estáveis.

Transforma, assim, a erística dos sofistas em dialética, sua retórica, em moral. Mostra que, para raciocinar, não basta ter procedimentos: é preciso dar-se conta de seu raciocínio; mostra que, para persuadir, não basta ter a eloqüência exterior; é preciso ser cultivado*, é preciso conhecer aquilo de que se fala. A moral substitui a retórica.

---

* "honnête homme". (N. do T.)

Assim, abordando a matéria estudada pelos sofistas antigos, transformou-lhes, por seu método, a opinião e desembocou em uma doutrina moral, doutrina à qual falta elevação em seu princípio, que é a utilidade; mas doutrina que, em suas conseqüências, é bem admirável, porque Sócrates corrige na explicação aquilo que poderia ser baixo em seu princípio.

A doutrina e o sistema tiveram uma fortuna diferente na história da filosofia e desembocaram nos cínicos e megáricos, de um lado, e nos cirenaicos, do outro.

E se considerarmos que da escola cínica saiu a escola estóica e da escola cirenaica, a escola epicúria, veremos que Sócrates é o pai dos grandes sistemas de moral da Antiguidade.

Precisamente porque, nele, o bem é muito mal definido, sua doutrina podia ser interpretada seja no sentido da moral do prazer, seja no sentido da moral estóica. Quanto a seu método, renovou a física ou, melhor dizendo, a metafísica.

Vimos, com efeito, que os filósofos anteriores a Sócrates haviam procurado uma conciliação entre o múltiplo e o uno, haviam procurado um princípio universal que explicasse a totalidade das coisas. Este é o objetivo dos filósofos gregos até os sofistas. Com os sofistas, esse problema foi abandonado. O próprio Sócrates o declara insolúvel.

Mas, tendo-se apegado à solução dos problemas morais, inventa, para resolvê-los, um método dialético de discussões, de correções e de generalizações sucessivas que o conduzem não a *um* princípio universal, mas a um número muito grande de princípios gerais que respondem a diversas questões, e esses princípios são *gêneros*.

A filosofia posterior a Sócrates irá perguntar-se se essa idéia de gênero não poderia fornecer à metafísica o

princípio universal que, até então, fora em vão procurado no mundo físico. Tal é a idéia platônica; é por esse meio (uma hierarquia de idéias vindo agrupar-se em torno de uma idéia única: a idéia do bem) que Platão irá explicar a totalidade das coisas, transportando assim para a metafísica o método que Sócrates havia aplicado às questões morais.
<99>

XVII – Platão

1. Bibliografia[87]

A bibliografia de Platão é extremamente complicada. Ela pode ser encontrada pronta em Neberweg (*Grundriss der Geschichte der Philosophie*).

Digamos, simplesmente, que remeteremos sempre à edição de Henri Étienne. Quanto ao texto, a melhor edição é a de Stallbaum.

2. Biografia

Platão nasceu provavelmente em 427 a.C. Pertencia a uma família rica e aristocrática. É verossímil que tenha recebido uma brilhante educação. Era eminentemente artista, mesmo quando se tornou filósofo. Parece ter tido, de início, a intenção de consagrar-se exclusivamente à arte, à poesia. Escreveu várias poesias.

Logo cedo, sofreu a influência da filosofia. Crátilo, o discípulo de Heráclito, parece ter tido, por um instante, sua preferência. Mas no dia em que Platão conheceu Sócrates, sua vocação revelou-se. Durante os longos anos que passou na intimidade do mestre, penetrou pouco a pouco em seu espírito.

A erudição de Platão é mais considerável que a de Sócrates. Conheceu e praticou o pitagorismo. Parece conhecer os físicos, seus predecessores. Não se sabe se escreveu algo enquanto Sócrates era vivo. A morte de seu mestre foi um golpe terrível para ele. Tentou em vão defendê-lo e, após a condenação de Sócrates, deixou Atenas. Viajou para a África, a Magna Grécia, a Sicília. É na Sicília, sobretudo, que parece ter aprofundado a filosofia pitagórica. É lá que teve aventuras romanescas como poucos filósofos tiveram. Após uma estada na corte de Dionísio o velho, foi entregue por este ao embaixador de Esparta, Pallis, que o vendeu como escravo. Por felicidade, foi recomprado por Allicaris* de Cirene e voltou para Atenas.

É só nesse momento que parece ter tido discípulos. Seguindo o exemplo de Sócrates, procurava nos ginásios e alhures jovens inteligentes, nos quais despertava o gosto pela filosofia. Reuniu-os, de início, no ginásio, depois no jardim de Akademos, de onde o nome de acadêmicos conferido a seus discípulos. Expunha uma filosofia nova, e não ficou de forma alguma demonstrado que essa filosofia tenha diferido da dos Diálogos, como sustentam, sem fundamento, aqueles que atribuem a Platão um ensino privado diferente do ensino público. Não obstante, Platão não parece ter nunca abandonado inteiramente a idéia <100> de exercer uma influência sobre os assuntos políticos. E, ainda que nunca se tenha ocupado dos negócios públicos em Atenas, a preocupação em fazer passar suas idéias para a prática desponta nos seus diá-

---

* Provavelmente Anicéride. (N. do T.)

logos e se manifesta em sua vida, a julgar pelos detalhes que seus biógrafos deixaram.

É talvez em vista de um objetivo desse gênero que empreendeu uma nova viagem para a Sicília. Foi bem recebido por Dionísio, o Jovem, mas em pouco tempo já não era tolerado. Voltou para Atenas, de onde parece ter partido para uma terceira viagem para Siracusa. Sobre o fim de sua vida não temos detalhes precisos; morreu provavelmente em 347. Pretende-se que tenha morrido em um repasto de núpcias.

3. Diálogos de Platão

Tocamos, aqui, num problema interessante e difícil. Em que ordem Platão escreveu seus diálogos? Esta é uma questão importante, pois as contradições, pelo menos aparentes, são numerosas em Platão. É de se perguntar se suas idéias não se teriam modificado em muitos pontos. Assim, muitos problemas relativos à teoria das idéias seriam iluminados por uma nova luz se determinássemos com certeza a data dos diversos diálogos. Infelizmente, estamos reduzidos a conjecturas.

Já na Antiguidade, gramáticos, Urasymus e Albino[88], entre outros, haviam procurado classificar os diálogos de Platão. Mas essa classificação era arbitrária. Schleiermacher[89] foi o primeiro a ter estabelecido uma classificação sistemática. Segundo ele, os diálogos de Platão não seriam mais que os capítulos de uma obra perfeitamente organizada, cada um dos diálogos tomando como premissas as conclusões do diálogo precedente. De onde resultaria que essas diferentes obras formam uma cadeia ininterrupta e que basta, para classificá-las, arrumá-las numa ordem tal que aquilo que é demonstrado na precedente seja admitido na seguinte. Schleiermacher distingue: 1. Diálogos elementares; 2. Diálogos de investigação; 3. Diálogos de construção e de exposição.

Hermann[90] sente-se antes inclinado a acreditar que houve uma evolução no pensamento platônico. As idéias de Platão teriam amadurecido pouco a pouco. Distingue, em conseqüência, diálogos puramente socráticos, depois diálogos de discussão e, por fim, diálogos de construção.

Zeller, menos sistemático que seus predecessores, parece mais próximo da verdade quando <101>, sem idéias preconcebidas, examina cada um dos diálogos e procura determinar-lhes a data graças às alusões que neles sejam feitas a acontecimentos contemporâneos, mas também graças aos traços apresentados pela exposição e pela discussão. Não se pode admitir que Platão não tenha aperfeiçoado seu modo de escrever. Alguns diálogos são inferiores a outros e testemunham uma menor experiência.

Por fim, a biografia de Platão nos ensina que ele começou por ser inteiramente devotado às idéias socráticas.

Portanto, é verossímil que, se encontramos, entre seus diálogos, diálogos puramente morais e que estão bem no espírito e no modo de Sócrates, eles sejam anteriores àqueles nos quais a teoria das Idéias, teoria própria de Platão, é construída e exposta. Aliás, não há dúvida de que essa teoria das Idéias não se delineou da noite para o dia.

Os diálogos nos quais ela é exposta com sua maior clareza e a maior precisão devem ser posteriores àqueles nos quais é apenas esboçada.

Fundando-se nessas considerações, Zeller coloca:

1 – *Hípias, Lísis, Cármides, Laques, Protágoras, Eutífron, Apologia de Sócrates, Críton*, diálogos puramente so-

cráticos, nos quais se trata da grande luta de Sócrates contra os sofistas.

2 – *Fedro, Górgias, Mênon, Teeteto, Eutidemo*, nos quais já se encontram os dados fundamentais da teoria das Idéias.

3 – *Crátilo, Sofista, Político, Parmênides*, vinculam-se a esse período.

Por fim, mais tarde escreveu *O banquete* e *o Filebo*, que testemunham uma maior maturidade de espírito.

A república, Timeu e *Crítias* seriam as últimas obras de Platão.

Qual é, de um modo geral, a forma desses diálogos? Sócrates é o principal interlocutor. Não apenas é ele quem dirige a conversa, mas alguns desses diálogos são consagrados tanto ao retrato de sua pessoa quanto ao desenvolvimento de sua doutrina.

Essa intervenção de Sócrates em todos os diálogos de Platão é como que um traço de união que os une entre si, que lhes perfaz a unidade. Mas não é apenas para homenagear seu mestre que Platão o põe continuamente em cena.

Quanto mais estudamos o platonismo, mais observamos que, para Platão, a ciência não se separa da pessoa; é algo <102> que vive, que se desenvolve ao mesmo tempo em que a personalidade se desenvolve. Era preciso, portanto, que a doutrina de Platão fosse personificada. E Sócrates não é senão a personificação do platonismo. Esse é um primeiro traço característico.

Há um segundo, mais específico de Platão: o uso freqüente dos mitos[91]. Platão é levado aos mitos pelas tendências poéticas de seu espírito, mas também pelas exigências de sua filosofia.

Zeller estabeleceu que Platão recorria às fábulas em dois casos: 1. Quando se trata de explicar a origem das coisas materiais; 2. Quando o objeto que se propõe a descrever não tem nenhuma analogia com as coisas que conhecemos. Assim, a cosmogonia do *Timeu* é apresentada sob uma forma toda mitológica. E assim, também, a história da origem da humanidade e aquilo que diz respeito à vida futura apresenta-se sob uma forma puramente poética. A razão disso é bem simples: a linguagem abstrata era incapaz de fornecer a Platão expressões convenientes; era preciso recorrer às imagens.

Uma última questão ainda precisa ser resolvida: Qual é o papel da discussão? Em que sentido a discussão ou percurso dialético se consubstancia com o sistema platônico? Mas essa questão só poderá ser tratada quando soubermos em que consiste a dialética.

Para tanto, será preciso aproximar muitos textos.

Por enquanto, digamos que os últimos diálogos, considerando apenas a forma superficial da discussão, são mais concisos que os primeiros.

Nos primeiros, uma série de questões acessórias vêm enxertar-se sobre a questão essencial. Há digressões. A parte anedótica e descritiva é considerável. O diálogo é mais vivaz, talvez, mas menos filosófico.

Sócrates acaba por ficar praticamente só em cena; não obstante, a forma do diálogo é sempre conservada. Por que essa forma foi adotada por Platão? E que papel sua dialética desempenha no conjunto de sua filosofia?

4. Definição da ciência.
Refutação das teorias sensualistas

Antes de abordar o estudo da dialética platônica, devemos nos perguntar que idéia Platão tinha da <103> ciência. É, com efeito, a crítica da ciência tal como a entendiam os sofistas que levou Platão à dialética e à teoria das Idéias.

Essa questão, em que consiste a ciência, é tratada, pelo menos na sua parte negativa, no *Teeteto*. Sócrates faz a Teeteto a seguinte pergunta: O que é que a ciência te parece ser? τί σοι δοκεῖ εἶναι ἐπιστήμη (146c, ed. H. Ét.)[92].

A primeira definição que é oferecida é a seguinte: a ciência é a sensação, αἴσθησις. As coisas só são, para cada um, dizia Protágoras, aquilo que lhe parecem ser, de onde resulta que toda percepção seria verdadeira. Essa doutrina repousa, ela própria, em última análise, sobre a filosofia de Heráclito, segundo a qual tudo estaria em movimento, tudo seria relação.

Platão recusa com muita fineza e força essa tese sensualista. Mostra, primeiro, que as objeções endereçadas a Protágoras não têm muito valor.

Por que o homem, dizem-lhe, seria a medida de todas as coisas antes que o porco, por exemplo, e, além disso, por que o sábio seria superior ao ignorante?

Tudo o que parece a cada um é verdadeiro para cada um. Todos os homens possuem a verdade. Para que servem os sofistas e por que cobram seu pagamento?

O sofista poderá responder que, sem dúvida, todas as opiniões são igualmente verdadeiras, mas que não são todas igualmente boas para nos tornar felizes. O sofista pretende fazer-nos ver as coisas pelo lado que as fará parecer boas e úteis. Portanto, essa objeção não é decisiva.

Mas eis o que se pode e deve responder:

1 – Protágoras sustenta que cada coisa é, para cada um, aquilo que ela lhe parece. Portanto, toda opinião é verdadeira. Mas é uma opinião admitida que a ciência difere da ignorância. Devemos, portanto, declarar que a ciência difere da ignorância, que o sábio sabe mais que o ignorante. Ora, isto contradiz a opinião de Protágoras,

segundo a qual todo o mundo está de posse do verdadeiro; portanto, Protágoras contradiz-se a si mesmo (140 A).

2 – Protágoras distingue o verdadeiro e o bom: todas as opiniões são verdadeiras mas não são igualmente boas. Mas, no que concerne ao bem, há duas coisas a distinguir: o bem do momento, isto é, <104> o prazer da sensação, e o bem futuro. É nesse bem futuro que Protágoras pensa quando pretende nos ensinar sobre o útil. Ora, prever o futuro é conhecer o curso das coisas, as leis da natureza, elevar-se acima da sensação. Portanto, o conhecimento do útil ele próprio ultrapassa a sensação atual (179 C). A ciência, portanto, não é a sensação.

Seria a ciência o juízo verdadeiro? ἀληθὴς δόξα. Essa segunda teoria tem, sobre a primeira, a vantagem de abrir algum espaço para a atividade da alma: esta, em vez de ser puramente passiva, reagiria e pronunciaria juízos e a ciência seria apenas o juízo verdadeiro. Mas essa doutrina tem o inconveniente de não poder explicar o erro. É no *Teeteto*[93] que o problema do erro é abordado pela primeira vez na filosofia. Como distinguir o juízo verdadeiro do juízo falso? O juízo falso remeterá ou àquilo que é conhecido ou àquilo que é desconhecido.

Se remete àquilo que é conhecido, é um juízo verdadeiro, uma vez que o juízo verdadeiro confunde-se, por hipótese, com o conhecimento; e, por outro lado, não pode remeter àquilo que é desconhecido, porque acerca daquilo que é desconhecido não temos nenhuma opinião, a opinião verdadeira sendo conforme ao conhecimento.

Se quisermos pôr essa objeção sob uma forma mais precisa, diremos, com Platão (*Teeteto*, 190 C), que se definimos a ciência: a opinião verdadeira, o erro só pode ocorrer por confusão: 1. De um objeto conhecido com outros objetos conhecidos; 2. De um objeto conhecido com objetos desconhecidos. Ora, se prestarmos atenção, veremos que essas duas confusões são inconcebíveis. Pois se confundo um objeto conhecido com um outro objeto conhecido, é preciso que eu pareça dirigir-me o seguinte discurso: tal objeto confunde-se com tal outro objeto que conheço também: esse cavalo é um boi.

Sobra a segunda hipótese: seria preciso que eu me endereçasse um discurso interior pelo qual eu identificaria uma coisa que conheço e uma outra que não conheço. Mas, se não a conheço, como confundi-la com aquela que conheço?

Portanto, as duas hipóteses são igualmente <105> inadmissíveis. Existe, é verdade, um terceiro meio de se safar, que é o de fazer intervir a memória e a utilidade. Diremos que o erro se explica da seguinte maneira: há, de um lado, percepções atuais e, de outro, uma memória que agrupa, acumula, superpõe sensações passadas, de onde resulta que temos tipos no espírito, um quadro no qual inserimos nossas sensações e, quando nomeamos um objeto, não fazemos mais que aplicar a uma percepção ativa um termo geral que preexiste em nosso espírito.

O erro se explica então facilmente, isto é, subsumimos uma sensação ativa a um termo geral ou signo, σημεῖον, que não lhe convém; isto é, inserimos uma espécie em um gênero ao qual ela é alheia.

Essa teoria satisfaz bastante Platão; e deve-se notar que ela contém em germe a teoria das Idéias. Esses tipos gerais, esses σημεῖα, tornam-se Idéias platônicas.

No entanto, essa explicação do erro abre o flanco a graves objeções, pois há erros que não entram na categoria precedente. Há erros que se produzem sem que tenha havido comparação entre a sensação e o σημεῖον. Assim, na matemática, o espírito só lida com puras idéias. A subsunção à idéia geral não ocorre e, no entanto, o erro é possível.

Se examinarmos as diferentes críticas endereçadas por Platão a essa teoria da ciência, veremos que ele a censura por não ter atribuído ao espírito uma iniciativa suficiente. Se concebemos a inteligência como um receptáculo de idéias, em vez de intervir para fixá-las, essa inteligência será incapaz de distinguir o verdadeiro do falso. Todo juízo será um juízo verdadeiro, pois no mundo da matéria não há meio-termo entre o ser e o não-ser.

Sobra uma última definição da ciência; é a definição precedente, corrigida.

A ciência seria a opinião verdadeira acompanhada de uma razão, ἀληθὴς δόξα μετὰ λόγου (*Teeteto*, 201 C).

Platão alude, aqui, às teorias lógicas dos Cínicos: estes haviam <106> transportado para a lógica o mecanicismo de Demócrito. Esse mecanicismo lógico é criticado ao longo de todo o *Teeteto*. Mas só indicaremos as opiniões generalizadas por Platão contra essa definição da ciência. Se entendemos por λόγος os elementos de uma coisa, e é nesse sentido que se compreendeu até aqui a explicação, se, portanto, entendemos por λόγος os elementos do objeto que se considera, chegamos a uma ciência inteiramente insuficiente, visto que em um todo há algo além dos elementos. Há, além disso, aquilo que Platão chamará mais tarde a Idéia, isto é, aquilo que preside à ordem e ao arranjo das partes. Assim as letras σ e α não bastam para dar conta da sílaba σα. Há em σα algo diferente do que há em cada uma das letras, uma vez que a final resultante dessa justaposição dá um som novo.

Assim, essa última definição da ciência seria excelente se pudéssemos dar do λόγος uma definição precisa, e isto não foi feito.

Aliás, todas as vezes que se fizer intervir a opinião em uma definição da ciência, estaremos no mau caminho. A opinião, nos diz Platão no *Mênon*, só dá o incerto, a ciência nos põe de posse do estável, da verdade.

No *Timeu*[94], Platão declara que a opinião e a ciência são obtidas por dois processos diferentes; a ciência pela instrução, a opinião, mesmo verdadeira, pela simples persuasão. Há uma arte especial para produzir a opinião, é a retórica.

Por fim, na *República*[95], Platão declara que a ciência tem como objeto o ser, ao passo que a opinião está confinada a um domínio intermediário entre o ser e o não-ser.

Portanto, todas as teorias apresentadas até aqui sobre a ciência são teorias viciosas, desconhecem o quinhão do espírito no conhecimento.

5. As condições da ciência e as faculdades intelectuais

Resulta da crítica feita por Platão às doutrinas sensualistas que a ciência só pode existir com a condição de ser válida para todo o mundo.

No sistema de Protágoras, vimos que a sensação era insuficiente. Portanto, é necessário que <107> haja, acima da sensação, uma faculdade especial capaz de conhecer o universal, faculdade que Platão chama νόησις. Em que consiste essa νόησις? Aqui, novamente, a refutação das teorias sensualistas fornece-nos uma resposta. Demonstramos que o erro não podia nunca residir nos termos. Só pode, portanto, existir na relação desses termos entre si. Mas não basta explicar a ligação dos termos, é preciso explicar por que se encadeiam. Portanto, descobrir os termos, explicar sua ligação, eis a νόησις e a principal demonstração da ciência. Perguntemo-nos qual é o objeto da ciência e em que consistem os termos a serem ligados em seguida.

Vimos que a operação lógica que é própria à ciência deve ser independente do objeto. Portanto, o ser ou o objeto que a ciência visa deve ser universal, isto é, não depender do indivíduo, ter uma outra natureza própria. Em segundo lugar, é preciso que o ser seja inteligível, isto é, que não esteja em contradição consigo mesmo. Ora, resulta que o objeto da ciência não poderia ser uma coisa material. O objeto material, primeiro, é para cada um de nós aquilo que parece ser; em segundo lugar, sobretudo, o objeto material é contraditório, pois os contrários coexistem nele: é ao mesmo tempo grande e pequeno, quente e frio. De onde resulta que o objeto da ciência deve ser um objeto supra-sensível.

É o que Platão nos diz no *Fedro*[96].

Há, portanto, uma definição das substâncias supra-sensíveis que a ciência estuda. O objeto da ciência não é apenas supra-sensível, ele tem outras qualidades. É preciso que seja múltiplo, pois da unidade absoluta não se poderia retirar nada além dela mesma. Ora, só há realmente um único meio de conciliar essas diversas exigências, é ver como objeto a Idéia.

Essa Idéia é supra-sensível, pois o objeto material é um objeto individual e aquilo que é universal ultrapassa a esfera da sensação; esse objeto é ao mesmo tempo uno e múltiplo, pois o gênero é uno, enquanto gênero, e múltiplo enquanto exprime uma multiplicidade de indivíduos.

Podemos, agora, ter uma idéia precisa da concepção platônica <108> da ciência.

Até Sócrates, nas concepções de Heráclito, etc., de Protágoras, em particular, o objeto da ciência é o fenômeno. Essa doutrina não leva em conta as exigências do espírito humano; o espírito visa o uno, o imóvel, o que é universal, e uma ciência que fosse apenas a imagem, desdobrando-se no espírito, de uma série de fenômenos substituindo-se uns aos outros não seria uma ciência.

O espírito tem exigências próprias; essas exigências, a doutrina eleática as levava em conta e chegamos, aqui, à segunda concepção da ciência.

Segundo os eleatas, só se pode conhecer o uno, o imóvel, o universal. Mas os eleatas tropeçam em uma grave dificuldade. Podia-se recriminar sua ciência por não ser mais a realidade e, de fato, eles haviam entrado em contradição com o senso comum ao negar o movimento e a multiplicidade.

Após os jônios e os eleatas, esforços infrutíferos foram tentados para conciliar as duas doutrinas.

A originalidade de Platão foi efetuar essa conciliação transportando-se para um domínio diferente daquele no qual se havia, até então, permanecido.

Ele se perguntou se, ao explicar as coisas não por elementos materiais, mas por conceitos, não se contornaria essa dificuldade aparentemente insolúvel.

Com efeito, suponhamos, por um lado, que a matéria tenha uma certa realidade, a realidade de uma aparência, a realidade de uma sombra, e, por outro lado, que haja idéias, isto é, gêneros realizados em algum lugar, oriundos de uma existência supra-sensível e dos quais os objetos materiais não seriam mais que uma sombra projetada. Explica-se, então, que tudo seja mudança e que tudo seja imóvel, de um lado, unidade, de outro, multiplicidade.

Mas o homem de ciência e o filósofo não estudam a sombra, mas a realidade, não as qualidades sensíveis, mas as qualidades concebidas pela razão. O domínio do homem de ciência é, portanto, o domínio do universal, do imóvel, do uno, o domínio dos gêneros, ao passo que o domínio da sensação é o domínio das individualidades.

E explica-se <109> assim que, por um lado, a sensação e a percepção do mundo material só nos dêem a mudança e o múltiplo; e, por outro lado, que a ciência verdadeira só possa ter como objeto o imóvel e o universal, ao considerar que com o imóvel e o universal desembocamos em contradições. O mecanicismo, por assim dizer, é corrompido por uma infiltração de dinamismo.

Mas a idéia de Platão foi criar um mundo da ciência que não é o da realidade sensível mas que não é habitado por quimeras.

Notemos que essa teoria é a de todos os homens de ciência. Concordamos em dizer que a ciência visa leis gerais e que essas leis são apenas concepções do espírito. Admitimos todos que há um mundo da ciência inteiramente diferente do mundo das idéias sensíveis e que, não obstante, o conhecimento do mundo superior é eminentemente o conhecimento das coisas sensíveis.

Só que Platão, como veremos, confere a suas idéias uma existência distinta daquela do espírito que as concebe. Teremos ocasião de aprofundar essa questão. Por enquanto, preocupemo-nos apenas com as condições da ciência. Perguntemo-nos, portanto, apenas quais são as relações das idéias entre si.

Segundo Platão, o grande erro dos sofistas e de seus predecessores foi o de não fazer nenhuma distinção entre o outro e o contrário, τὸ ἕτερον καὶ τὸ ἐναντίον. Os contrários nada têm em comum, ao passo que as coisas outras têm elementos comuns. Ora, enquanto nos atemos às coisas sensíveis como à única realidade, só percebemos contradições, pois a sensação não nos mostra nada de comum entre duas qualidades diferentes. Entre o vermelho e o violeta, por exemplo, o que há de comum, se nos atemos à percepção pura[97]? Mas se nos postamos do ponto de vista da razão, percebemos que têm algo de comum, uma vez que são cores. Se encaramos as coisas desse segundo ponto de vista, percebemos que uma série de termos separados uns dos outros e, por conseguinte, contrários, tornam-se simplesmente *outros*, e não mais contrários, e podem ser ligados por <110> se manterem em uma mesma categoria.

Assim, vê-se resolvido o grande problema de saber se as coisas têm relações entre si. Os jônios pretendem que sim; segundo os eleatas, pelo contrário, o múltiplo não é, há confusão de tudo com tudo, confusão geral; a verdade está entre os dois.

Algumas coisas são capazes de manter relações entre si e mesmo de serem identificadas; as outras não podem. Mas essas últimas são contrárias e, por conseguinte, sem relações entre si.

Conclusão

A conclusão, portanto, é que o objeto da ciência consiste nas *Idéias*; a Idéia é supra-sensível, una e múltipla ao mesmo tempo e participa de certas outras idéias; ela é una e pode conter outras.

Em outros termos, quando deixamos o domínio sensível para nos elevarmos às idéias gerais, percebemos que uma série de coisas que parecem impossíveis tornam-se possíveis. Tal é o fundo estrito da teoria das Idéias.

1. As faculdades intelectuais e a dialética

Para compreender a dialética platônica, é necessário conhecer a divisão platônica das faculdades da alma. Não se pode dizer que Platão tenha conhecido a psicologia propriamente dita. Essa ciência é apenas um corolário de sua metafísica.

Platão falou da alma de dois modos: de um modo mítico no *Fedro* e no *Timeu*, de um modo científico no *Fédon* e na *República* (IV, VI, VII).

O Deus superior, quando criou as raças mortais, pôs duas partes na alma: uma mortal, a outra imortal. Mas o que importa mais ao conhecimento da dialética platônica é a teoria de Platão relativa à decaída da alma.

A alma, ao entrar no corpo, decai; resulta daí que não pode mais ver as coisas tais como são; corrompe-as, altera-as. É precisamente por isso que se deve procurar um método e começar a desaprender o falso. Toda alma humana é decaída <111>; assim sendo, aprender não é senão relembrar.

Contemplamos outrora as Idéias em sua pureza, e a ciência não tem outro alvo senão o de nos devolver a esse estado anterior e superior. Ora, essa simples consideração nos explica a possibilidade da ciência. Parece, com efeito, que aprender seja impossível, pois não se aprende o que já se conhece e não se pode procurar conhecer aquilo de que nada se conhece, uma vez que não se conhece sua existência. Mas, graças a essa hipótese de uma vida anterior e melhor, pode-se sustentar que temos uma vaga reminiscência do belo, do bem, do verdadeiro, de tudo que é objeto da ciência.

Essa reminiscência, ἀνάμνησις, explica, portanto, a possibilidade de aprender e dá conta igualmente da concepção que temos das coisas superiores aos conhecimentos dos sentidos, pois, afinal, sem ela, como representar-se que o homem pense em outros objetos além daqueles que tem sob os olhos? Poderíamos nos perguntar em que consiste, no final das contas, esse conhecimento anterior. No *Fedro*, nos é dito que esse conhecimento foi uma visão, ὄψις[98]; parece que se trata de uma percepção verdadeira, a alma sendo posterior e recebendo o conhecimento imediatamente de Idéias imutáveis; será, portanto, um conhecimento supra-sensível.

Essa decaída da alma não se manifesta apenas pela reminiscência, mas ainda pelo amor, ἔρως.

O amor, nos diz Platão, é filho da pobreza e da abundância. Com efeito, o amor é o estado de uma alma que não possui o que deseja, mas que já dá um passo na direção da posse.

Assim como a reminiscência é o estado de uma inteligência que não sabe e que, no entanto, tem um começo de ciência, uma vez que procura aprender e sabe que há algo para se saber, assim é o amor.

O que a reminiscência é para a inteligência, o amor é para a sensibilidade. A reminiscência é como que o impulso que recebemos na direção do bem; o amor é um impulso para o belo; e o belo e o bem, para Platão, são apenas aspectos diversos de um <112> mesmo objeto.

Isto posto, a vida intelectual apresenta quatro faces, correspondentes a quatro graus da realidade.

Platão distingue, com efeito, dois mundos muito diferentes: o mundo visível, palco do devir, γένεσις; é o mundo das coisas sensíveis; e o mundo intelectual, que é o único que existe realmente.

Cada um desses dois mundos pode, de resto, subdividir-se em duas partes, o mundo visível compreendendo as imagens e os corpos, o mundo inteligível compreendendo as coisas matemáticas e as Idéias propriamente ditas.

Teremos ocasião de definir claramente esses quatro termos, quando falarmos da hierarquia das Idéias. Limitemo-nos a dizer que as imagens são esse conhecimento bem vago das coisas materiais que o vulgo possui, a saber que os corpos são objetos materiais eles próprios dotados de um mínimo de existência; que as coisas matemáticas já são dotadas de uma realidade substancial, uma vez que servem para os filósofos de ponto de apoio para elevar-se até às Idéias. Quanto às Idéias elas próprias, são as únicas coisas que existem, os arquétipos, ou modelos perfeitos, dos quais as coisas ditas materiais não são mais que uma representação enfraquecida. A esses quatro graus da realidade e do ser correspondem quatro faculdades intelectuais:

1 – A fantasia, εἰκασία, ou opinião, δόξα, corresponde às imagens.

2 – A fé, πίστις, ou opinião verdadeira, ἀληθὴς δόξα, corresponde aos corpos, σώματα.

3 – A inteligência discursiva, διάνοια, que chamaríamos hoje de raciocínio abstrato, corresponde à matemática, μαθηματική.

4 – O νοῦς, razão pura, faculdade metafísica por excelência, faculdade de contemplar as puras Idéias. Não é a razão abstrata, é a intuição superior.

A arte do dialético consistirá em partir da sensação, αἴσθησις, e elevar-se por graus até a intuição pura, até o conhecimento metafísico.

O exercício da sensação é o ponto de partida, o exercício do νοῦς é o ponto de chegada.

2. A dialética

O ponto de partida da dialética platônica parece ter sido a consideração seguinte (*República*, VII, p. 123*a*)[99]: "Entre as sensações, algumas há que não convidam ao pensamento, à reflexão, porque a sensação basta para explicá-las. Mas há outras que provocam nossa reflexão ao nos espantar porque não nos oferecem nada de inteligível... Eis, por exemplo, um objeto sensível, um dedo; se nos atemos à percepção que nos fornece, não suscita em nós idéias contraditórias. Mas se perguntamos: ele é grande ou pequeno? Então, as idéias fornecidas pelos sentidos serão contraditórias, pois o dedo será grande ou pequeno segundo o termo de comparação." E, em diversas ocasiões, Platão repete que aquilo que mais incita a refletir é o espetáculo dessas contradições inerentes à matéria: a mesma coisa sendo grande ou pequena, quente ou fria, segundo o termo de comparação. Que deve fazer a alma para escapar desse absurdo? Ela se perguntará se o juízo contraditório versa realmente sobre uma única coisa ou se não versaria sobre duas coisas diferentes. Dividindo, então, aquilo que a sensação confundia, o espírito considera como existindo à parte aquilo que parecia ser um objeto apenas e suprime assim a contradição: diremos, por exemplo, que no caso presente o grande é algo existente por si e o pequeno também, e que eles como que marcaram um encontro nesse objeto que declaramos falsamente grande e pequeno, visto que na realidade não há objeto único; há o grande e o pequeno reunidos. E o mesmo para o quente e o frio.

E, assim, ao passo que tudo está em contradição se atribuímos realidade aos objetos, essa contradição é suprimida se atribuímos a realidade não aos objetos, mas às suas qualidades; são as qualidades que existem por si mesmas, quente, frio, grande, pequeno, etc.[100].

É o que chamamos gêneros ou, melhor, Idéias.

<114> Portanto, a dialética consiste em separar aquilo que a sensação nos oferecia como confundido, de modo que não se viole o princípio de não-contradição. Mas isto

não é tudo. Essas Idéias que o pensamento isola, distingue umas das outras, diremos nós que não têm nenhuma relação, ou que participam todas entre si? Nem uma nem a outra dessas duas soluções extremas é possível.

O que se deve dizer é que algumas Idéias se excluem, que outras se unem. Há gêneros que são capazes de entrar em outros gêneros e há gêneros que não são capazes disso, de modo que o objetivo da dialética não é apenas de separar, mas também unir. Ela procura, como diz Platão, o múltiplo no uno, mas sobretudo o uno no múltiplo.

O que é o mesmo que dizer que ela determina: 1/ as Idéias; 2/ suas relações.

Quais são os procedimentos pelos quais conseguiremos separar as Idéias e determinar suas relações?

A dialética, nos diz o próprio Platão (*Crátilo*, 390), é uma conversação entre pessoas que sabem interrogar e responder. É, portanto, um diálogo metódico. Põe-se à prova uma certa tese, e a dialética é como que uma pedra de toque para descobrir o verdadeiro valor de uma afirmação.

O dialético força seu adversário a fazer concessões que acabam por derrubar seu sistema; a esse respeito, a dialética não deixa de manter uma certa analogia com a sofística. Mas, ao passo que o sofista contradiz por contradizer e faz da discussão um fim, o dialético a considera como um meio, e só contradiz para chegar ao verdadeiro.

A esse procedimento geral vincula-se um outro, todo especial, que o historiador inglês Grote[101] explica, o *Cross examination*. É o nome que se dá, na jurisprudência inglesa, a um debate contraditório entre acusado, juiz e advogado, debate no qual se examina não apenas a tese em questão, mas também a tese contrária.

Ora, esse método é comumente aplicado nos diálogos de Platão.

Com efeito, uma tese tendo sido posta, se pudéssemos conseguir demonstrar a tese contrária, resultaria disso que a primeira, em vez de ser verdadeira, seria simplesmente possível. Se percebemos que uma das duas teses não pode ser demonstrada, a verdade de uma é confirmada pela falsidade da outra. Por fim, se podemos provar que a tese e a antítese são ambas falsas, então, das duas, uma: ou elas são de tal modo contraditórias que não há meio-termo entre elas <115>, não há meio de conciliá-las; então a hipótese de que ambas derivam é falsa; ou então há um meio-termo possível entre a tese e a antítese, e então cabe examinar se não se elimina a contradição modificando um pouco a hipótese, de modo que, de qualquer maneira, temos interesse em discutir tanto a tese quanto a antítese: isto é, as duas proposições contrárias.

Isso, quanto à forma.

Passamos, agora, ao fundo.

Como dizíamos, a dialética visa determinar os gêneros e as espécies e indicar também as relações entre as coisas. Isto implica que o artifício da dialética é duplo. Cabe primeiro reduzir a uma única idéia as coisas esparsas da realidade, dar definições gerais; em seguida, assim que se tiver encontrado a idéia geral, caberá separá-la em suas espécies, dividi-la segundo suas articulações naturais, sem quebrar nenhum membro como faria um cozinheiro inábil.

Tocamos, aqui, no ponto essencial do platonismo. O mundo sensível, segundo Platão, nos oferece sem dúvida a imagem das Idéias, mas o que percebemos das Idéias no mundo sensível está em desordem. As Idéias estão, por assim dizer, quebradas, os elementos estão embaralhados, e isso provém, como veremos, do fato de que um elemento estranho, ininteligível, o τὸ ἄπειρον, mistura-se às Idéias propriamente ditas, transtorna-as, desorganiza-as.

Um objeto material é um amontoado de qualidades colocadas atabalhoadamente, sem organização sistemática. O objetivo da dialética é reconstituir, por assim dizer, os organismos dos quais as Idéias são os elementos. Trata-se de construir um mundo das Idéias que corresponda à verdade, mundo no qual as Idéias só se separam umas das outras por abstração, porque suas relações naturais terão sido respeitadas. Ora, o duplo procedimento que acabamos de indicar: análise e síntese, não tem outro objetivo senão o de efetuar essa dupla operação. Partindo do mundo sensível, elevamo-nos por generalizações sucessivas até uma Idéia, depois, quando nela chegamos, dividimos essa Idéia, mas os elementos que nela encontramos não são aqueles dos quais havíamos partido, pois estes estavam em desordem, ao passo que quando analisamos a Idéia, uma vez encontrada, respeitamos suas articulações naturais; dividimo-la em suas espécies, e essas espécies serão, por sua vez, divididas.

Só nos falta, agora, para obter uma idéia precisa da dialética, indicar a ordem das questões de que o dialético se ocupa.

Partiremos do mundo sensível, da sensação e da opinião, αἴσθησις e δόξα, depois, por generalizações operadas sobre esses elementos, elevar-nos-emos até as idéias matemáticas, <116> τὰ μαθηματικά, aquelas às quais corresponde a operação intelectual chamada διάνοια. Essas idéias matemáticas ainda não são Idéias puras. Com efeito, supõem imagens, o matemático recorrendo a figuras, uma < >¹⁰² de sensação ou, pelo menos, de opinião. No entanto, deve-se notar que, para o matemático, as figuras não são mais que símbolos, auxílios para o pensamento. O objeto da matemática, portanto, já é algo ideal, a figura só intervindo como um símbolo para sustentar o pensamento.

O dialético passa pela matemática, mas eleva-se mais alto que a matemática; a matemática, para ele, é apenas um ponto de apoio, um trampolim sobre o qual apoiará o pé para elevar-se então até as Idéias puras, as Idéias propriamente ditas, aquelas que são isentas da mistura de elementos sensíveis.

Assim, simples imagens, idéias matemáticas, Idéias puras, eis os três andares, por assim dizer, pelos quais o dialético passa, os degraus inferiores não tendo outra utilidade, nem outra razão de ser, além de nos conduzir ao topo.

Mesmo entre as Idéias propriamente ditas, há uma hierarquia. Qual é o critério? É difícil dizer. No livro IV.º da *República*, vemos que a superioridade da Idéia prende-se à sua antiguidade e à sua força, πρεσδεία e δύναμις. Uma idéia é tanto mais elevada quanto se pode considerá-la como precedendo as outras.

Alhures, Platão irá nos dizer que uma Idéia é tanto mais alta quanto mais se aproxima da Idéia do Bem. O que é certo é que o Bem ocupa o primeiro lugar nessa hierarquia. Mas quanto à posição respectiva das Idéias inferiores, Platão não parece seguro.

O Verdadeiro vem após o Bem. O Belo seria inferior ao Verdadeiro? É uma questão difícil de decidir. No *Fedro*, o Belo é definido pelo esplendor do Bem. Seria, então, apenas o Bem visto de um certo modo. Alhures, no entanto, o Belo parece ser algo distinto do Bem e abaixo dele. Seja lá como for, podemos agora obter uma idéia suficientemente precisa da dialética em seu conjunto. A dialética é um esforço do espírito para encontrar a razão última das coisas: o absoluto.

É uma operação metafísica ao mesmo tempo que lógica. Essa operação consiste em determinar: 1/ as Idéias das coisas, isto é, os gêneros ou qualidades ou tipos segundo os casos; 2/ as relações das Idéias entre si.

As Idéias são os elementos qualitativos das coisas puras* de toda mistura, quando as consideramos à parte, imutáveis e simples. As relações <117> são as relações internas, o parentesco verdadeiro entre as Idéias, as relações que derivam da própria natureza das Idéias que se considera, e não da intervenção do acaso ou da necessidade, como no mundo sensível.

No mundo sensível, com efeito, intervém uma causa de perturbação: aquilo que Platão chama o indefinido, τὸ ἄπειρον, ou ainda a necessidade, ἀνάγκη, ou ainda o não-ser, τὸ μὴ ὄν, algumas vezes até mesmo o grande e o pequeno.

Ora, da intervenção dessa causa resultam relações acidentais, absurdas, entre as Idéias.

A dialética tem por objetivo eliminar esse elemento de desordem e classificar as Idéias segundo suas afinidades próprias na ordem em que se classificariam a si mesmas, por assim dizer, se fossem livres**.

Essa empresa nada tem de quimérico. A ciência não faz nada além disso. O mundo do individual, do particular, no qual os fenômenos se sucedem em virtude daqui-

---

* O texto traz "pures" (puras), mas fica mais claro se lermos "purs" (oralmente indiscernível de "pures"), isto é, "puros". (N. do T.)

** "si elles étaient libres"; mais provavelmente "si elles en étaient libres": *se pudessem ou se fossem livres para fazê-lo.* (N. do T.)

lo que, à primeira vista, parece ser acaso ou capricho, ela o substitui por um mundo diferente, o das leis gerais que se encadeiam umas às outras em virtude das relações matemáticas, fazendo, por conseguinte, entre elas, uma espécie de mundo ideal no qual as coisas nos aparecem com suas verdadeiras relações.

3. Da natureza das Idéias. Relações com a matéria

Esse estudo da dialética levanta uma questão grave. Trata-se de saber até que ponto o mundo das Idéias é distinto do mundo material.

As Idéias têm uma existência separada, transcendente, fora do mundo sensível? Ou então o mundo sensível seria o próprio mundo das Idéias, só que corrompido por um elemento de desordem? Caso em que, sem dúvida, a dialética desembocaria em um mundo mais científico, mais bem organizado que o mundo sensível, mas no qual a organização seria puramente ideal, obra do homem de ciência, obra do dialético, que já não corresponde mais à realidade?

A esse respeito, os historiadores estão muito divididos.

Há, para Platão, dois mundos distintos, ou um só? O mundo sensível não seria mais que a conjunção das Idéias? O mundo inteligível não seria mais que o conjunto ideal, concebido pelo homem de ciência, dos elementos simples de que o mundo sensível é a mistura? Ou então haveria um mundo de idéias à parte e o mundo sensível desempenharia apenas o papel de excitação para lançar a inteligência na reunião das Idéias? Há pelo menos três soluções possíveis:

1 – Platão seria idealista, o que equivale a dizer que teria confundido um no outro o mundo sensível e o mundo inteligível. Se houvesse apenas um mundo, visto diferentemente pelo vulgo e pelo homem de ciência, o vulgo nele perceberia as Idéias misturadas entre si, doravante confusas. O homem de ciência as separaria e as classificaria hierarquicamente.

2 – Platão seria dualista. <117> Ele teria acreditado em dois mundos distintos, um de desordem, o outro de harmonia.

3 – Pode-se sustentar que Platão foi, ao mesmo tempo, um e outro, ora idealista, ora dualista.

Com freqüência ele é hesitante, indeciso, sem saber, ele próprio, até que ponto atribuir a transcendência às Idéias. Consideremos, sucessivamente, essas diversas questões[103].

NOTAS

Todas as referências às *Oeuvres* de Bergson remetem à *Édition du Centenaire*, Paris, PUF, 1959.

1
Notas do
Curso sobre Plotino

Observação preliminar

Bergson menciona* uma tradução alemã de Mueller, excertos traduzidos para o inglês e a tradução francesa de Bouillet. Extremamente crítico com relação a esta última – "é menos uma tradução do que uma paráfrase" –, praticamente não a utiliza quando cita trechos de Plotino; pelo menos não se encontra nenhuma citação literal da tradução de Bouillet. Bergson era bom helenista e o falecido Philippe Soulez possuía uma tradução francesa do livro Λ da *Metafísica* de Aristóteles realizada pelo próprio Bergson. O mais provável é que Bergson tenha traduzido diretamente, e a seu modo, do grego para o francês. Quando pareceu necessário complementar a referência às *Enéadas* com o próprio texto, é a tradução de É. Bréhier que é citada. No presente momento (1996), uma

---

* Ver pp. 13-4 (Ms., pp. 25-7).

nova tradução das *Enéadas*, por P. Hadot, está sendo publicada (três volumes publicados: *Tratado 38*, Paris, 1988; *Tratado 50*, Paris, 1990; *Tratado 9*, Paris, 1994).

1. "Plotino é um grego que se inspirou apenas nos gregos". Este é um tópico sobre o qual Bergson hesitou. O curso de Clermont-Ferrand, vol. IV, p. 147, toma partido pela influência do cristianismo; o curso no Liceu Henri-IV, neste volume, p. 146, ms., p. 192 <117>, prefere tomar partido pela influência do judaísmo; este curso, na École Normale Supérieure, sustenta, pelo contrário, a tese da autarcia helênica; a última posição de Bergson com relação a essa questão encontra-se em *Les deux sources de la morale et de la religion*, p. 1161: "A filosofia de Plotino, na qual esse desenvolvimento desemboca e que é tão devedora de Aristóteles quanto de Platão, é incontestavelmente mística. Se ela sofreu a ação do pensamento oriental, muito vivo no mundo alexandrino, o próprio Plotino não o percebeu e acreditou não fazer mais que condensar toda a filosofia grega para opô-la, justamente, às doutrinas estrangeiras".

2. Porfírio, *Vie de Plotin*, ed. e trad. fr. É. Bréhier, Belles Lettres, proêmio de *Ennéade* I, pp. 1-31. Ver também J. Pépin, com a colaboração de L. Brisson, M.-O. Goulet-Cazé, R. Goulet, D. O'Brien, *Porphyre, la vie de Plotin*, vol. 1 (1982) e II (1992), Paris, Vrin.

3. Eunápio, *Vida dos sofistas*, ed. e trad. W. C. Wright, Londres, Loeb Classical Library, 1961.

4. Eudoxo de Cnido, *Fragments*, ed. F. Lasserre, Berlim, 1966.

5. "Um sistema que iria reunir todas as idéias-mestras da filosofia grega." Essa tese sintética esclarece a concepção que Bergson tinha da filosofia grega. Ela permite determinar o sentido da atenção consagrada a Plotino: não apenas atenção a um autor particular, mas ao autor total que condensa em si e resume toda a filosofia grega. Tendo, desse modo, reduzido a infinita diversidade histórica ao determinado e ao finito, Bergson vai abandonar a simples erudição para proferir um juízo crítico e firme não apenas sobre a filosofia grega, mas sobre todos aqueles que, em tempos mais recentes, "não fizeram mais que repetir Plotino" (*Mélanges*, p. 1076). Sobre a constância dessa tese sintética em Bergson, ver acima, neste volume, Introdução, pp. XVII-XVIII. Contra, ver abaixo, nota 64.

6. Nemésio de Emesa, *Sur la nature de l'homme*, ed. e trad. fr. G. Verbecke e J. R. Moncho, Leyde, 1973.

7. Hiérocles, *Fragments et témoignages sur le traité de la providence*, in Photius, Bibliotheca, ed. e trad. fr. R. Henry, t. III, cod. 251, Paris, 1974.

8. Alusão a Amônio em Porfírio, *Vida de Plotino*, § 3.

9. *Vida de Plotino*, §§ 20-21: longa citação de um trecho da obra de Longino, *Sobre o fim*.

10. Kirchner, *Die Philosophie des Plotinos*, Halle, 1854. Veja-se também Zeller, *Philosophie der Griechen*, t. 2, pp. 474-5, nota.

11. O manuscrito é falho. Pela menção a "Gordiano", podemos presumir uma alusão à *Vida de Plotino*, § 3; seu interesse pelo pensamento persa e hindu leva Plotino a acompanhar o imperador Gordiano até a Pérsia: "... Mas Gordiano foi derrotado na Mesopotâmia. Plotino escapou com muito custo e refugiou-se em Antioquia."

12. Hegel, em sua história da filosofia, louva os cortesãos por não terem permitido a fundação de Platonópolis.

13. Sobre Amélio: L. Brisson, "Amélius, sa vie, son oeuvre, sa doctrine, son style", *in Aufstieg und Niedergang der Römischen Welt (ANRW)*, II, 36, 2, Berlim-Nova York, 1987, pp. 793-860.

14. Na de Plotino, evidentemente. Preservamos essas marcas de estilo oral, em que a palavra traduz um pensamento vivo, que persegue sua idéia e não cuida de "completar o tracejado".

15. Embora a grafia não seja muito legível, o manuscrito parece realmente trazer "Tudo o que ele experienciava". Pode tratar-se de um lapso para "tudo o que ele escrevia", ou então era realmente o que Bergson pensava, ou talvez o lapso seja revelador.

16. Nas notas do aluno, encontramos: "Il apportait aux choses pratiques la même pénétration que dans ses écrits". [N. do T.: o editor alterou o texto para "Il *portait dans* les choses pratiques..."; essas expressões, "porter" e "apporter", são equivalentes neste contexto; o que muda é a regência, que era defeituosa no manuscrito e motivou a intervenção do editor.]

17. *Vida de Plotino*, § 10.

18. *Vida de Plotino*, § 2.

19. Eunápio, *op. cit.*, pp. 358-9, "ὁ μὲν γὰρ Πλωτῖνος τῷ τε τῆς ψυχῆς οὐρανίῳ καὶ πῷλοξῷ καὶ αἰνιγματώδει τῶν λόγων, βαρὺς ἐδόκει καὶ δυσήκοος".

20. Nesta frase, os termos *outro* e *ainda* não figuram no manuscrito.

21. Sobre a ordem dos tratados de Plotino, veja-se a introdução de P. Hadot ao *Tratado* 38, Paris, 1988.
22. *En.* V, 8: "Da beleza inteligível".
23. *En.* II, 9 – título do tratado na tradução de Bréhier: "A ceux qui disent que l'auteur du monde est méchant e que le monde est mauvais." ["Àqueles que dizem que o autor do mundo é maléfico e que o mundo é mau."]
24. Von Kleist, *Plotinische Studien. Studien zur IV Enneade*, Heidelberg, 1883.
25. Comparar com *Cours*, vol. 3, pp. 107-8.
26. É também este o tema principal de *L'évolution créatrice*.
27. Comparar com a lição sobre Platão, no curso de filosofia grega, pp. 105-17 (Ms., pp. 107-31ss.).
28. *En.* III, 2, 15-16.
29. *En.* VI, 7, 11.
30. Pode-se comparar todo esse parágrafo com *L'évolution créatrice*, p. 578.
31. Falta uma palavra no manuscrito. Pode-se completar, talvez, com "decaída", que seria, então, retomada algumas linhas abaixo. Ver, abaixo, nota 33.
32. *Matière et mémoire*, p. 302; *Les deux sources de la morale et de la religion*, p. 1199.
33. *En.* III, 8, 4: "Por toda parte veremos que a produção e a ação são ou um enfraquecimento ou um acompanhamento da contemplação", citado em *La pensée et le mouvant*, "La perception du changement", p. 1374.
34. *En.* IV, 8, 1 – texto citado à p. 46 (Ms., p. 93).
35. "O êxtase é uma das formas da simpatia, não a única." Pode-se flagrar o progresso da reflexão bergsoniana se compararmos essa formulação com as da lição sobre a Escola de Alexandria, p. 176 (Ms., p. 184). É em tais formulações que se compreende a unidade orgânica do pensamento bergsoniano através de seus desenvolvimentos. Veja-se, por exemplo, Introdução, pp. XVII-XVIII.
36. Falta uma palavra no manuscrito.
37. Ver nota 38.
38. Trata-se, na verdade, de um tratado de Porfírio, endereçado a Jâmblico; o trecho mais próximo da citação de Bergson poderia ser encontrado em Estobeu, XXI, 27, *Cometário do Alcibíades*,

prefácio (ed. Segonds, t. I, pp. 3-7). Ao que parece, essa idéia não comparece no *Comentário do Timeu*.

39. *En.* II, 9, 6.
40. *En.* IV, 8, 1.
41. *En.* II, 4, 7.
42. *Ibid.*
43. *En.* IV, 7, 8.
44. *En.* V, 4.
45. *En.* V, 1, 8: "Nossas teorias, portanto, nada têm de novo e não datam de hoje; foram enunciadas há muito tempo, mas sem serem desenvolvidas e, hoje, somos apenas os exegetas *(exegetás)* dessas velhas doutrinas, cuja Antiguidade nos é atestada pelos escritos de Platão."
46. O manuscrito traz: *didático*.
47. *Fedro*, 259 *b-d*.
48. *Rep. III*, 415 *a-b*.
49. *Fedro*, 246 *a-d*.
50. Adivinha-se com facilidade que é precisamente essa parte mítica que irá interessar mais de perto a Bergson, já que trata do devir não reduzido à fixidez das Idéias. Sobre a última frase desse parágrafo, ver o fim da lição sobre Zenão de Eléia no Caderno Preto: "seja lá como for, é sempre preciso admitir, em presença do movimento, ou que a realidade é absurda ou que ela é ilusória" (p. 215; Ms. p. 35).
51. Tese latina de Couturat, *De platonicis mythis*, 1896.
52. *En.* IV, 2, 2.
53. Eis a frase em questão, tal como citada por Plotino: "Na essência indivisível e sempre idêntica a si mesma, com a essência que se torna divisível nos corpos, o demiurgo fez, ao misturá-las, uma terceira espécie de essência" (*Timeu*, 69 *d*).
54. Nesta frase, o termo *todo* não comparece no manuscrito,
55. *En.* III, 5, 9. Pode-se comparar com o texto traduzido por Bréhier: "Os mitos, se são verdadeiramente mitos, devem separar no tempo as circunstâncias da narrativa e distinguir com freqüência uns dos outros seres que estão confundidos e que só se distinguem por seu nível ou por suas potências... Mas, após nos terem instruído como mitos podem instruir, deixam-nos a liberdade, se os compreendemos, de reunir seus dados esparsos."

56. *En.* V, 7, 1.

57. O manuscrito traz: "No fundo, é a marcha moderna." É, pelo menos, a de Bergson em *L'évolution créatrice*, pp. 489-90.

58. Frase esclarecedora para a compreensão da sutura entre *Matière et mémoire* e *L'évolution créatrice* como dois aspectos do mesmo problema, a consciência pessoal sendo primeiramente reinserida nas condições da vida do indivíduo *(M. et M.)* e, depois, nas condições mais gerais de todo o sistema dos viventes *(EC)*.

59. Reconhecem-se, aqui, facilmente, as duas roupas de confecção de que fala *L'évolution créatrice*, p. 493. Mas cuidemos de não concluir apressadamente, sem ter lido a lição 9 desse curso e, notadamente, suas últimas páginas.

60. Estobeu, *Eclogae philosophorum*, 4 vols., reed. Berlim, ed. C. Wachsmuth, O. Hense, Berlim, 5 vols., 1884-1923; reed. em 4 vols., 1958, t. I, p. 488.

61. *Timeu*, 34 *d*-36 *e*.

62. Bergson disse o contrário em seu curso de história da filosofia grega no Liceu Henri-IV, p. 170 (Ms. p. 192 <117>): "Na alma do mundo (em Plotino), reconhecemos sem dificuldade a φνχή dos estóicos." As duas asserções, no entanto, talvez não sejam tão opostas quanto parece. Sem dúvida, enquanto juízos versando sobre a história das idéias, temos a passagem de uma tese à tese oposta. Mas, na medida em que esses temas plotinianos servem de suporte para a reflexão do próprio Bergson, essa evolução mostra mais que um progresso de sua erudição e de sua exegese, mostra um aprofundamento de seu pensamento. O primeiro ponto de vista é, *grosso modo,* integrado em *Matière et mémoire*; o segundo já se move na perspectiva de *L'évolution créatrice* e prepara talvez o espaço de investigação que será o das *Deux sources*.

63. Frase hipotética. O manuscrito traz: "Mais ce défaut de production dans le devenir, le logos n'ayant pas pris le dessus, mais ce qui l'a emporté ç'a été une détérioration de l'idée que le logos apportait avec lui par le hasard" ["Mas esse defeito de produção no devir, o *lógos* não tendo prevalecido, mas o que levou a melhor foi uma deterioração da Idéia que o *lógos* trazia consigo pelo acaso."] – O que não parece inteligível.

64. Sob este título, Bergson cita as *Aphormai pròs tà noetà* (Pontos de partida para os inteligíveis), mais conhecidas sob seu tí-

tulo latino: *Sententiae ad intelligibilia ducentes*, ed. E. Lamberz, Leipzig, 1975.

65. *En*. II, 3, 17: "Essa matéria é como que o depósito amargo deixado pelos seres superiores; ela espalha esse amargor e o comunica ao universo." – Note-se que a expressão "lia amarga", empregada por Bergson, talvez seja aqui tomada de empréstimo da tradução de Bouillet (vol. I, p. 192): "A matéria que o (universo) compõe é, de certa forma, uma lia amarga dos princípios superiores..."

66. A palavra *afastada* foi acrescentada pelo editor.

67. *En*. III, 6, 19.

68. Falta uma palavra no manuscrito ["il la compare à la < > qui demeure sans cesse"].

69. *En*. II, 3, 18: "A alma do universo deve contemplar os seres excelentes e dirigir-se sempre para a natureza inteligível e para Deus."

70. A frase completa é: "διενόθη, ὃ ὅυ νοῦ ἔργον, ἀλλὰ ψυχῆς μεριστὴν ἐνέργειας ἐχούσης ἐν μεριστῇ φύσει" "Refletir é a função, não da inteligência, mas da alma cujo ato se divide em uma natureza divisível."

71. *Essai sur les données immédiates de la conscience*, pp. 133-4. Ver, também, a lição sobre Espinosa em *Cours*, vol. III, pp. 86-9.

72. Pode-se aproximar essa expressão do ampliamento da percepção, que será tematizado em *La pensée et le mouvant*. "La perception du changement", p. 1370.

73. Bergson já aludiu, acima, a esse texto. Ver nota 34.

74. *En*. VI, 9, 9.

75. *En*. VI, 9, 9.

76. F. Zeller, *A filosofia dos gregos*, III, 2, Plotino, § 4, O *Noûs*. – Bergson critica Zeller com certa freqüência nesse curso, ms. pp. 81, 91, 124, 148, 161, etc. Isto não o impede de lhe dever muito, como teremos ocasião de assinalar. Ler, aliás, uma elogiosa anotação sobre Zeller acerca de suas idéias sobre Sócrates, *infra*, no Caderno, manuscrito, p. 81. Cabe lembrar que o fundo do ensino recebido por Bergson em filosofia grega é constituído pelos cursos de Émile Boutroux na École Normale Supérieure – dos quais foram publicados três volumes (*Leçons sur Socrate, Leçons sur Platon, Leçons sur Aristote*), recentemente, nas Éditions Universitaires, sob os cuidados de Jérôme de Gramont. Ora, Boutroux havia sido, logo após a guerra de 1870, aluno de Zeller, do qual havia mesmo

traduzido para o francês o primeiro volume de sua *Philosophie der Griechen*. Seria, por outro lado, interessante comparar cuidadosamente os dois métodos, de Bergson e de Boutroux, em história da filosofia. Nenhum deles separa erudição de especulação. Querem reencontrar cada pensamento histórico ao mesmo tempo como um pensamento vivo e como uma verdade possível, no quadro de um debate no qual a exegese é constantemente desdobrada no interior de uma interrogação sobre o fundo da questão. Mas, ao lado disso, Boutroux tem uma personalidade mais discreta, uma atitude mais comunitária e um andamento tão sutilmente insinuante que com frequência não se sabe muito bem o que ele pensa. Bergson, pelo contrário, engaja-se mais pessoalmente e mobiliza os pensadores a serviço de sua própria reflexão.

77. Sobre o ensaio de uma gênese dos corpos, ver *L'évolution créatrice*, pp. 653 ss.

78. Este é o sentido bergsoniano, ver *L'évolution créatrice*, pp. 718 ss., notadamente pp. 722-3.

79. Bréhier traduziu esse trecho de IV, 4, 19 como segue: "A dor é um conhecimento de um recuo do corpo que está sendo privado da imagem da alma que possui; o prazer é o conhecimento que o animal toma da reinstalação no corpo da imagem da alma."

80. *En.* IV, 4, 4.

81. *En.* IV, 4, 6. Esse texto, sem dúvida o mais antizenoniano (no sentido de Bergson) de Plotino, é um dos que podem dar crédito à tese de uma influência antiga de Plotino sobre Bergson.

82. *En.* IV, 4, 24: "Cabe então conferir-lhe (ao universo) um sentido íntimo de si mesmo, análogo àquele que temos de nós mesmos."

83. Sobre a exposição e a crítica dessas concepções, ver, por exemplo, *Mélanges*, pp. 1056 e 1059.

84. *Aphormai*, ver acima, nota 64.

85. *L'évolution créatrice*, pp. 413-4

86. *Ibid.*

87. As páginas que precedem são, como se há de convir, um documento de primeira ordem e insubstituível para flagrar a gênese das teses de *L'évolution créatrice*.

88. Eis a tradução de Bréhier: "A vinda das almas não é, portanto, voluntária, e não foram enviadas; ou, pelo menos, sua vontade não consiste em uma vontade de escolha; movem-se para o

corpo sem reflexão, como se pula por instinto ou como se é levado sem reflexão a desejar o casamento."

89. As expressões destacadas por travessões são observações de Bergson, que ele insere na citação.

90. *En.* III, 1, 8.

91. Ver a bibliografia do próprio Bergson, pp. 13-5 (Ms., pp. 27-8).

92. Palavra ilegível. Completar com *engendra* ou *produz*.

93. Comparar com a tradução de Bouillet: "Empédocles diz que é uma lei para as almas pecadoras cair cá para baixo, que ele próprio, tendo-se afastado de Deus, veio para a terra para aqui ser escravo da discórdia furiosa."

94. Bergson, aqui, certamente alude a *En.* IV, 8, 6, mas a remissão não é excessivamente clara.

95. Ler *En.* IV, 3, 6.

96. *En.* IV, 7, 1-2.

97. *Sic.* [Essa nota da edição francesa se justifica pelo deslize (que se perdeu na tradução): "L'âme va s'insérer dans le corps qu'il est nécessaire"; N. do T.]

98. *Timeu*, 34 d-e.

99. *Timeu*, 37 d.

100. *Fedro*, 248 a-249 b; *Leis*, X, 892 a-899 d.

101. Bergson já citou, acima, esse trecho e os seguintes, Curso sobre Plotino, ms. pp. 103-4.

102. As duas frases citadas por Bergson estão, no texto de Plotino, na ordem inversa.

103. Não se poderia marcar melhor do que o faz o próprio Bergson a diferença entre ele e Plotino.

2
Notas do
Curso no liceu Henri-IV

Observação bibliográfica: Com relação aos pré-socráticos e aos sofistas, vejam-se os textos traduzidos e as referências bibliográficas fornecidas em *Les Présocratiques*, ed. J.-P. Dumont, Paris, 1988. – O Caderno Preto trata das filosofias pré-socráticas de forma mais detalhada.

1. Mesma questão inicial que no curso sobre Plotino.
2. "Nossa inteligência só se representa claramente a imobilidade" (*L'évolution créatrice*, p. 627).
3. Sobre Heráclito, ver *La pensée et le mouvant*, Introduction à la métaphysique, p. 1420, acerca da frase "Essa realidade é mobilidade", nota de pé de página: "Mais uma vez, de modo nenhum afastamos, com isso, a *substância*. Afirmamos, pelo contrário, a permanência das existências. E cremos ter-lhe facilitado a representação. Como puderam comparar essa doutrina (a do próprio Bergson) com a de Heráclito?"
4. O mecanicismo dos eleatas: essa caracterização pode surpreender, mas exprime de maneira extremamente exata o pensamento de Bergson. Sobre mecanicismo e dinamismo, ver *Essai sur les données immédiates de la conscience*, p. 93.
5. Bergson, que, em sua obra, faz ao todo uma única alusão, fugaz, a Hegel (*La Pensée et le mouvant*, p. 1290), parece, no entanto, ter apreciado seus textos sobre a história da filosofia.
6. Polymathe, *poly-mathès*: muito sábio.
7. Platão, *Eutid.*, 273 *a*.
8. Alusão ao artigo de Émile Boutroux, "Socrate fondateur de la science morale", incluído em *Études d'histoire de la philosophie*, 1.ª ed. 1897, Paris; 4.ª ed., Paris, F. Alcan, 1925, pp. 11-94. Toda essa lição é tributária das lições de Boutroux sobre Sócrates na École Normale Supérieure, cujo texto foi editado por Jérôme de Gramont (*Leçons sur Socrate*, Éditions Universitaires, Paris, 1990).
9. Talvez *Mênon*, 92 *a* 3-4.
10. *Teeteto*, 148 *e*-151 *d*.
11. Ver *Cours*, vol. III, pp. 61-64.
12. *Protágoras*, 345 *e*.
13. *Cours*, vol. III, p. 57, nota de Bergson.
14. *República*, VII, 523 *b*.
15. *Fédon*, 100 *c*.
16. *Fédon*, 100 *e*-101 *b*.
17. *Mênon*, 82 *c*-84 *a*.
18. *Timeu*, 27 *c*-29 *c*.
19. *Fédon*, 67 *c-d*.
20. *Teeteto*, 176 *b*.
21. *República*, XI, 609 *a*.

22. Toda essa página é extremamente sugestiva para a préhistória de *L'évolution créatrice*. Encontramos aqui, de um lado, uma comparação, uma aproximação, ainda não claramente problemática, entre a ação da natureza e a da arte (*op. cit.*, p. 532); por outro lado, uma idéia de finalidade, certamente aristotélica, mas já retrabalhada, e que inclui entre seus possíveis aprofundamentos a idéia de um finalismo *à la* Bergson (*op. cit.*, pp. 528 ss.), isto é, onde o ato criador é um ato análogo ao ato do artista, e não mais àquele do operário, um ato que visa a obra ela própria como fim e não mais um fim exterior à obra, do qual a obra seria apenas o meio, um ato, por fim, que tende para a perfeição da obra através de múltiplos esboços.

23. Resumindo, Bergson, discípulo, nesse ponto, de Ravaisson, estuda de Aristóteles sobretudo a *Metafísica*. Vê em Aristóteles aquele que, corrigindo Platão, tornou novamente possível a filosofia da natureza. Mas a forma aristotélica permanece ainda por demais uma idéia platônica, isto é, para Bergson, uma idéia geral hipostasiada, para poder preencher todas as funções de princípio imanente do devir natural. De onde o interesse pelos estóicos, que voltam, em certo sentido, aos pré-socráticos, estes últimos sendo compreendidos como físicos.

24. *Ética a Nicômaco*, 1177 *b*, 32-36.

25. Ver acima, pp. 103-5 (Ms., pp. 104-28).

26. Uma obra doravante facilita o acesso aos textos e fragmentos de filósofos cínicos: *Les cyniques grecs, fragments et témoignages*, seleção, introdução e notas de L. Paquet, Apresentação de O. Goulet-Cazé, Paris, 1992. Além dos elementos bibliográficos apresentados nesse volume, pode-se recorrer a O. Goulet-Cazé, *L'ascèse cynique. Un commentaire de Diogène Laërce*, VI, 70-71, Paris, 1986.

27. Antístenes, fragmento 18, *op. cit.*, pp. 92-3 (Diógenes Laércio, VI, 27).

28. Antístenes, fragmento conservado por Diógenes Laércio, VI, 12: "Tudo o que é mau, considera-o como alheio a ti mesmo."

29. Diógenes o Cínico, fragmento conservado nos *Diatribes* de Epicteto, III, 24, 67 (*Les cyniques grecs, fragments et témoignages*, trad. de L. Paquet, p. 73).

30. Talvez não tenha sido à toa que Bergson tenha terminado sua obra publicada durante sua vida pela edição de um texto

sobre "A vida e a obra de Ravaisson" em *La pensée et le mouvant*, p. 1451-81.

31. Diógenes, fragmento 18, *op. cit.*, pp. 92-3.

32. Fórmula de Diógenes o Cínico, conservada por Diógenes Laércio.

33. Bergson evidentemente não pôde conhecer em 1895 a coletânea dos fragmentos estóicos: *Stoïcorum Veterum Fragmenta*, ed. von Arnim, Leipzig, 3 vols. 1903-1905 (reimpr. Stuttgart, 1968). Por outro lado, não existe nos cursos nenhuma indicação bibliográfica de Bergson dizendo respeito especificamente aos estóicos. O Caderno Preto cita, todavia, Cícero, Diógenes Laércio, Plutarco, etc. "Com essas fontes, acrescenta Bergson, foram escritas numerosas histórias da filosofia na Alemanha, França, Inglaterra (Ms., p. 5)." Textos traduzidos em francês por É. Bréhier e editados sob a direção de P. M. Schuhl sob o título *Les Stoïciens*, Paris, Gallimard, col. "La Pléiade", 1962.

34. Ravaisson, *Essai sur la Métaphysique d'Aristote*, III parte.

35. Sobre essa noção central em *Matière et mémoire*, ver, ali, as pp. 308-9, 337-44, 376-7, etc.

36. Retomada e variação sobre o tema em *L'évolution créatrice*, pp. 702-5. Para permitir uma interpretação precisa dessa interpretação por Bergson dos estóicos, podem ser lembrados dois elementos: 1. A *psykhé* não é o Uno: "Eu falo de Deus (pp. 268-72 de *L'évolution créatrice* – ref. de Bergson) como da fonte de onde saem sucessivamente, por um efeito de sua liberdade, as "correntes" ou "elãs", cada um dos quais irá formar um mundo: ele é, portanto, distinto deles..." (carta, de 12 maio 1908, a J. de Tonquédec, *Mélanges*, pp. 766-7); 2. Bergson rejeita o panteísmo. "De tudo isso (minhas obras) resulta, por conseguinte, a refutação *do* monismo e do panteísmo" (carta do 20 de fevereiro de 1912, à mesma pessoa, *Mélanges*, p. 964).

37. *L'évolution créatrice*, p. 702.

38. *Matière et mémoire*, p. 355.

39. Esta é, tanto quanto saibamos, a única alusão que Bergson faz, em seus cursos, às doutrinas hindus. Trata-se, aqui, do bramanismo e de sua teoria do *karma*, que foi fortemente acentuada por Gautama Buda e que, sob essa forma, influenciou, de volta, a própria visão bramanista, para resultar naquilo que chamamos de hinduísmo. Mas, a nosso ver, Bergson pensa na Índia bem mais do

que fala (*Les deux sources*, 1163-1168). Em todo caso, opõe-se fortemente a Schopenhauer, "necessariamente panteístico" (*La pensée et le mouvant*, 1290-1291), do qual sabe que as idéias tendem a reproduzir as dos *Upanixades*. O Ocidente zenoniza, mas bem menos que o Oriente, onde Parmênides obteve uma vitória total. A grande crítica da idéia de Nada, em *L'évolution créatrice* (pp. 728-47), não visa a idéia de criação *ex nihilo*, mas o niilismo schopenhaueriano, budista, etc. O que hoje torna especialmente interessante o pensamento de Bergson é seu caráter (virtual mas incontestável) de diálogo planetário, e não apenas de discussão intra-ocidental.

40. Pode-se levantar a questão de uma possível oposição, em Bergson, entre uma teoria da tensão, que tende a reduzir as diferenças de natureza a diferenças de grau, e a recorrência da fórmula "Não é uma diferença de grau, é uma diferença de natureza" (por ex., em *Matière et mémoire*, entre lembrança e percepção, p. 368; ou, em *Les deux sources de la morale et de la religion*, entre amor pela pátria e amor pela humanidade, p. 1002). Com toda certeza, é de se acreditar que Bergson quis edificar uma teoria da tensão isenta de efeito reducionista, mas caberia ainda dizer com precisão por que é que ela é fato isenta desse efeito. O que é claro é que a doutrina da tensão visa reduzir o dualismo cartesiano, ao passo que a insistência nas diferenças de natureza visa refutar o materialismo e o monismo panteístico. Bergson, desse modo, opõe-se ao mesmo tempo ao monismo e ao dualismo. Ele luta nos dois flancos.

41. Essa frase introduz uma certa obscuridade em todo o parágrafo. Convém, sem dúvida, corrigi-la. Deve-se supor um lapso ou imaginar um hiato entre o parágrafo na sua totalidade, que expõe o pensamento dos estóicos, e essa frase isolada, que seria uma resposta pessoal de Bergson a uma questão?

42. Sobre a sensação como concentração, ver, por exemplo, *Matière et mémoire*, pp. 340-1.

43. Sêneca, *Cartas a Lucílio*. Ver *Livro VIII*, carta 71, 19, ed. Reynolds (Oxford), p. 214. (Bergson cita de memória.)

44. Flagra-se, aqui, a razão da primeira tomada de posição de Bergson com respeito à moral de Kant. Antes de se tornar o crítico acerbo (é a moral da "formiga", cf. *Les deux sources*, p. 995), foi o comentador respeitoso, porque a aproximava da ética estóica, da qual apreciava as especulações sobre a tensão e a alma do mundo.

Depois, elaborou com clareza sua distinção das duas fontes. Em termos de filosofia helênica: acima da moral que encontra sua fonte na solidariedade universal, há a moral que tem sua fonte no Uno. O que confirmaria, se preciso fosse, que o elã vital bergsoniano não é Deus.

45. Sobre o sentido da *apátheia* nas diferentes tradições filosóficas, ver o estudo de Spanneut, "Apatheia ancienne, apatheia chrétienne", 1.ª parte, L'apatheia ancienne, *in Aufstieg und Niedergang der Römischen Welt*, II, 36.7, Berlim-Nova York, 1994, pp. 4641-714.

46. O manuscrito traz: "Por um progresso físico."

47. Essa observação inicial deve ser comparada com o fim dessa mesma lição, sobre o Uno e a teologia judaica. Bergson oscila de forma mais ou menos consciente entre duas concepções monoteístas do ser e de Deus.

48. Trecho importante para uma correta compreensão das idéias de Bergson sobre Deus. Não há nada menos bergsoniano do que essa tentativa racionalista de unificação de tudo por meio de uma "dedução necessária". A "verdadeira concepção da divindade" não implica, portanto, a "unidade do ser".

49. Trecho importante para compreender a ontologia de Bergson. Bergson faz uma leitura minimalista das teses de Plotino sobre o Uno para além do ser. Essa leitura o situa, assim como a idéia que tem de Plotino, antes do lado da *analogia entis* do que do lado do apofatismo agnosticizante.

50. Bergson não poderia marcar de forma melhor do que nesse trecho sua diferença com respeito a Plotino.

51. Pode-se ver que não há nenhum tipo de alusão a qualquer autonegação no Absoluto.

52. *En.* IV, 8, Da descida da alma no corpo.

53. Ver acima, nota 47, e Introdução, pp. XVII-XVIII.

3
Notas do
Curso do Liceu de Clermont

1. Mesma apreciação no Caderno Preto, p. 188 (Ms. p. 8).

2. Sobre o êxtase, ver *Les deux sources de la morale et de la religion*, pp. 1161-3 e pp. 1171-3. Sobre o êxtase de Plotino, "Foi-lhe

dado ver a terra prometida; mas não pisar no seu solo. Ele foi até o êxtase, um estado em que a alma se sente ou acredita sentir-se em presença de Deus, sendo iluminado por sua luz...", *op. cit.*, p. 1162. Cf. também, acima, nesse volume dos *Cours*, pp. 170-1, o fim das lições no Liceu Henri-IV, (Ms., p. 193 <118>).

3. "O pensamento alexandrino desemboca em uma negação da ciência. Ele substitui a investigação científica pelo êxtase." Essa conclusão abrupta contrasta com a simpatia do desenvolvimento precedente. É bem possível que Bergson queira atacar pelos dois flancos, mas não saiba como fazer.

4. "A doutrina do didaskaléion" ["didaskale" na edição francesa]: "A doutrina cristã de Clemente e de Orígenes" (ver Curso sobre Plotino, *supra*, p. 3, Ms., p. 4).

5. "Tant du coûter de peines/ Le long enfantement da la grandeur chrétienne." Pastiche do texto de Virgílio (*Eneida*, I, 37). *"Tantae molis erat romanam condere gentem"*, traduzido por Delille: "Tant dut coûter de peines/ Le long enfantement de la grandeur romaine." [Tantas dores custou/ O longo parto da grandeza romana.] O estilo dessas frases, mais para o retórico, não se assemelha muito ao estilo do resto da lição. Ver, acima, Introdução deste volume, pp. XIX-XX.

6. "Embabuinado pela ciência divinatória", Montaigne, *Essais*, II, 19, capítulo: "De la liberté de la conscience", ed. Villey, PUF, 1965, p. 671, a expressão é aplicada ao imperador Juliano o Apóstata.

4
Notas do
Caderno Preto

1. Sempre retomar uma doutrina antiga como uma verdade possível, ou uma verdade parcial, eis uma constante no método exegético-especulativo de Bergson.

2. Por distinção do sujeito e do objeto, Bergson entende, com muita freqüência, a distinção do material e do espiritual (ver *Cours*, vol. III, pp. 201-2). Bergson coloca-se sempre do lado dos modernos. A título de confirmação, ver o *Cours sur les théories de l'âme*,

vol. III, pp. 217 ss.; e, também, o fim do Curso sobre Plotino, pp. 80-1, etc.

3. *Philosophes Grecs*, ed. Didot-Mulhac, s./d. Ao que parece, é o livro de texto de que os alunos de Bergson podiam dispor.

4. A frase inteira é duvidosa. O manuscrito, ininteligível, traz: "Il faut de critiquer son témoignage." [Em vez de "Il faut critiquer son témoignage"; o que há de ininteligível nessa frase é a presença do vocábulo *de*, resultando em algo como "é preciso de criticar seu testemunho" – N. do T.] A expressão "ce qu'il y a de nécessaire dans ces écrits" [o que há de necessário nesses escritos] também não é muito clara nesse contexto.

5. O manuscrito trazia: "Auquel il ne faut pas avoir grande confiance." [O editor substituiu "avoir", *ter*, por "accorder", *conceder*; o manuscrito trazia, portanto, um erro de regência, algo como "Ao qual não se deve ter grande confiança" – N. do T.]

6. Sobre as *Placita*, ver o artigo "Aetius", *Dictionnaire des philosophes antiques*, sob a direção de R. Goulet, vol. I, Paris, 1989.

7. Classistes: *sic*.

8. Bergson cita notadamente Zeller, Boutroux, Brandis, Roeth, Grote, e, de um modo geral, todos aqueles que Zeller menciona nas bibliografias de sua *Philosophie der Griechen*.

9. "Uma irresistível atração devolve a inteligência a seu movimento natural e a metafísica dos modernos às conclusões gerais da metafísica grega" (*L'évolution créatrice*, p. 773).

10. Essa apreciação, enunciada no quadro de um curso um tanto erudito na Universidade de Clermont, corresponde, quanto ao fundo, à apreciação apresentada nas lições mais elementares no liceu de Clermont dois anos mais tarde. O que tende a autenticá-las.

11. O leitor terá notado a importância das considerações biológicas e místicas em toda essa lição.

12. Com relação a todo o capítulo concernente aos pré-socráticos, lembremos a coletânea dos textos editada por H. Diels e W. Kranz, *Die Fragmente des Vorsokratiker*, Berlim, 3 vols., 1903; a tradução francesa dos textos reunidos nesses volumes constitui um volume da coleção "La Pléiade": *Les Présocratiques*, edição estabelecida por J.-P. Dumont, com a colaboração de D. Delattre e de J.-L. Poiret, Paris, 1988. Com relação aos trechos citados por

Bergson, oferecemos as referências a essa tradução (abreviação: *Pl.*). O leitor pode também reportar-se à seleção de textos publicada por G. S. Kirk, J. E. Raven e M. Schofield, *Les philosophes présocratiques*, trad. fr., Friburgo (Suíça) – Paris, 1995.

13. A. Gladisch, *Heraklitos und Zoroaster. Eine historische Untersuchung*, Leipzig, 1859. A referência a Gladisch é utilizada por Zeller ao longo de todo o capítulo sobre Heráclito (na edição de 1963, 7.ª ed., II, 1, p. 935, n. 1, discussão da afirmação de Gladisch).

14. Sobre Röth, cf. Zeller, *op. cit.*, t. I, pp. 34-5.

15. Evidentemente, deve se tratar aqui da doutrina judaica sobre a criação na época de Anaxágoras. Bergson evoca essa doutrina nesse estado de seu desenvolvimento e parece ter dela uma idéia muito clara. Ele evoca, também, no curso do liceu Henri-IV, a "verdadeira concepção da Divindade", p. 159 (Ms., p. 181 <106>).

16. Tales, A, XXII, *Pl.*, p. 21.

17 Anaximandro, B. III, *Pl.*, p. 39.

18. Bergson cita, mais abaixo, um excerto desse trecho, ms. p. 13, vol. IV, p. 163.

19. Ver *L'évolution créatrice*, pp. 585, 609, etc.

20. Sobre H. Spencer, ver *La pensée et le mouvant*, pp. 1254 ss. Esse texto do Caderno Preto é extremamente iluminador no que diz respeito ao evolucionismo do jovem Bergson em Clermont, antes da tomada de consciência da intuição da duração.

21. Com relação aos fragmentos concernentes à vida de Anaxímenes, ver A, I-VI, *Pl.*, pp. 41-3.

22. *De caelo*, III, 5. É a teoria de Anaxímenes, que Aristóteles apresenta assim: "Aqueles que só admitem como único elemento a água, o ar, ou um corpo mais sutil que a água e mais denso que o ar, e que, em seguida, a partir desse corpo, engendram todo o resto por condensação e rarefação, não percebem que põem, eles próprios, outra coisa antes do elemento" (trad. fr. J. Tricot). Se aproximamos aquilo que é dito aqui daquilo que foi dito mais acima (ver nota 20), concluímos, ao que parece, que apenas o evolucionismo dinamista é consistente.

23. Ver Heráclito, B. LXXXVIII, *Pl.*, p. 166.

24. Lassalle, *Die Philosophie Herakleitos des Dunkeln*, 1882, 2 Bde: a obra é citada por Zeller ao longo de todo seu capítulo sobre Heráclito, *Die Philosophie der Griechen*, II, 1.

25. Heráclito, B. XXII, *Pl.*, p. 144.

26. A oposição ao panteísmo é uma constante dos *Cursos* de Bergson. Ver também a carta a J. de Tonquédec, em *Mélanges*, p. 964. Bergson nota, logo em seguida, com profundidade, a coerência lógica entre o panteísmo e a dialética dos contrários.

27. Isso ainda não é Bergson. Falta, aí, a duração.

28. Ideu ou Idaios, ver *Pl.*, pp. 697-8.

29. Mesmo juízo no Curso de história da filosofia grega no liceu Henri-IV, ms. p. 80, *Cursos*, p. 84.

30. Todo esse parágrafo é ao mesmo tempo uma prova da autenticidade bergsoniana do Caderno Preto e um documento interessante sobre a gênese da intuição da duração. Da realidade profunda como mudança, passa-se à noção de movimento. Chegar-se-á à idéia de tempo quando, dialeticamente, os eleatas tiverem chamado sua atenção para a idéia de eternidade lógica (a "eternidade de morte", que não é a "eternidade de vida", cf. *La pensée et le mouvant*, Introduction à la métaphysique, p. 1419). É a reflexão sobre o sistema preciso dos eleatas que permite a Bergson compreender a fundo Spencer e a ciência moderna (*op. cit.*, pp. 1254 ss.). Mas há ainda outras vias, convergentes, de acesso à duração, notadamente pela crítica da noção kantiana do tempo como forma.

31. Pseudo-Aristóteles, *Sobre Melissos, Xenófanes e Górgias*, *Pl.*, pp. 98-103; sobre as dificuldades vinculadas a essa obra de um autor desconhecido, ver o estudo, *Pl.*, p. 1216.

32. Toda essa lição é capital para precisar corretamente o sentido da crítica bergsoniana da idéia de nada (*L'évolution créatrice*, pp. 728-47), e à qual realmente não se deve fazer dizer o mesmo que Zenão e Parmênides.

33. A crítica do imobilismo eleático é indissoluvelmente a crítica do racionalismo, aqui definido com precisão. Nem por isso há irracionalismo bergsoniano.

34. A crítica do imobilismo eleático é ainda a crítica do monismo. A duração bergsoniana não é um avatar da substância espinosista.

35. O aluno havia anotado "idealista".

36. Deixamos o texto tal como se encontra no manuscrito. Oralmente, Bergson tinha, por vezes, essas frases bem pesadamente subordinadas.

37. Ver Zenão, A, XXVIII, *Pl.*, pp. 288-9.

38. *Pl.*, A, XXVI, p. 288.

39. *Loc. cit.*, A, XXVII.

40. *Loc. cit.*, A, XXVIII.

41. É fácil prolongar o raciocínio de Bergson, que ainda permanece condicional: se, portanto, a realidade não é uma ilusão, então a realidade não é homogênea. É o que diz Évellin na citação que segue. Por outro lado, o raciocínio de Zenão é rigoroso; se, portanto, Zenão se engana apesar de tudo, é que o racionalismo não é racional e que não se pode proceder assim *a priori*. Por fim, se não há instante indivisível, é a duração que vem a sê-lo. Mas se a duração é indivisível? Como pode ser uma forma? E, se o racionalismo não vale, como essa forma, já impossível, poderia ser uma forma *a priori*? O que é, então, esse tempo que pode no entanto funcionar como forma? Não seria a duração?, etc.

42. *Essai sur les données immédiates de la conscience*, p. 76.

43. P. Bayle, *Dictionnaire historique et critique* (1696).

44. Problema do qual Bergson só escapa pela intuição da duração.

45. Melisso, *Pl.*, pp. 308-15, B. I a X, conjunto de fragmentos transmitidos por Simplício.

46. Bergson sempre vê o materialismo, com precisão, como uma metafísica eleática. Ver, acima, nesse Caderno Preto, pp. 209-10 (Ms., p. 29).

47. *L'évolution créatrice*, pp. 726, 728 ss., etc.

48. Filolau, *Pl.*, p. 503, B. v.

49. Estobeu, p. I, cap. 10, § 302; ed. A. Meineke, Teubner, 1860, t. 1, p. 80.

50. Brandis, *Geschichte d. Entwicklungen d. Grieschiechen Philosophie*.

51. Esse trecho é interessante, como outros análogos em que Bergson emprega a palavra *precisão*: "Platão não se preocupa muito com a precisão", p. 4; Aristóteles, pelo contrário, fornece "informações precisas" sobre os autores, p. 4; "o motivo da doutrina de Parmênides é indicado com precisão", p. 28; aqui, "extrema precisão de Aristóteles sobre os pitagóricos"; outros textos de Aristóteles "mais precisos", pp. 23, 40, 44, etc. Essas ocorrências podem ajudar a apreender melhor aquilo que Bergson entende por pre-

cisão e esclarecer o texto importante de *La pensée et le mouvant*, p. 1253.

52. "Retter". Sem dúvida, um erro no manuscrito. Ler, antes, Ritter, cuja *Geschichte der pythagorian Philosophie* (1826) é citada por Zeller em sua bibliografia sobre Pitágoras.

53. Aristóteles, *Metafísica*, M, VI, 1080 *b* 16.

54. E Bergson nunca voltará atrás na oposição a esse tipo de representação e ao panteísmo em geral.

55. Ver o fragmento de Estobeu citado *Pl*, p. 504.

56. Filolau, B. XII, *Pl.*, p. 506.

57. *La pensée et le mouvant*, pp. 1277-8.

58. Com relação ao conjunto dos fragmentos acerca de Empédocles, ver *Pl.*, pp. 319-39.

59. Empédocles, B. XVII, *Pl.*, p. 379 (fragmento citado por Simplício, *Comentário da "Física" de Aristóteles*).

60. Empédocles, B. LXI, *Pl.*, p. 398 (citado por Aristóteles, *Física*, B, 7, 198 *b*).

61. Anaxágoras, *Pl.*, pp. 615-81.

62. Sobre as homeomerias, ver, por exemplo, os excertos de Lucrécio (*De natura rerum*, I, 830-79, *Pl.*, p. 637) e de Simplício, *Pl.*, p. 670.

63. Anaxágoras, B. XI, *Pl.*, p. 675.

64. Bergson, portanto, ao que parece, concebe o Deus dos judeus como pessoal. Ora, ele nos diz alhures (Curso de história da filosofia grega no liceu Henri-IV, p. 171, Ms., p. 192 <117>) que o Uno é o Deus inefável da teologia judaica. Se, portanto, 1/ Bergson não mudou no meio-tempo e se 2/ o Deus dessa "teologia judaica" de que fala Bergson alhures é realmente o "Deus dos judeus" de que fala aqui, resulta que o Uno é pessoal e que a transcendência não é, aos olhos de Bergson, exclusiva do pensamento ou do amor em sua significação mais alta. E tal é, sem dúvida, aquilo que Bergson chama alhures (curso citado, ms. pp. 181-106) "a verdadeira concepção da Divindade", isto é, em todo caso, aquela à qual ele adere. E, se assim for, compreende-se que *Les deux sources de la morale et de la religion* não façam mais que explicitar o fundo do pensamento que Bergson sempre abrigou no fundo de seu coração, sem todavia tê-lo revelado antes de ter encontrado sua plena justificação racional.

65. Ver *Pl.*, pp. 729-936; os fragmentos dos atomistas são reunidos em P.-M. Morel, *Démocrite. L'Atomisme ancien*, revisão da tradução de Solovine, Paris, 1993.

66. Pode-se comparar com *L'évolution créatrice*, p. 694. "Ele oscila, incapaz de fixar-se, entre a idéia de uma ausência de causa final e a de uma ausência de causa eficiente."

67. Estobeu. Na verdade, segundo Aécio, que atribui a fórmula a Leucipo; *Pl.*, p. 746 (DK, Leucipo, B.2).

68. F. A. Lange, *Geschichte der Materialismus und Kritik seiner Bedeutung in der Gegenwart*, 3.ª ed., 1874, t. I, p. 25.

69. Citado em Platão, *Teeteto*, 151 *e*.

70. Falta uma palavra, no manuscrito, no lugar o espaço é deixado em branco.

71. G. W. F. Hegel, *Vorlesungen*, vol. VII: *Vorlesungen über die Geschichte der Philosophie, grieschiche Philosophie* (1825-1826), teil 2, ed. F. Meiner, Hamburgo, 1989, pp. 110 ss.

72. O título hoje em vigor é *Memoráveis* (Bergson o cita um pouco adiante sob esse título, pp. 76-7).

73. No manuscrito, o aluno escreveu "Bruck", O fim da palavra é ilegível. Trata-se, sem dúvida, de Brucker, cuja *História da filosofia* é citada por Zeller.

74. A. Fouillée, *La philosophie de Socrate*, Paris, 1874, 2 vols.

75. Sobre seu paralelismo em Bergson, ver *Les deux sources*, p. 1028.

76. Ver É. Boutroux, *Leçons sur Socrate*, editado por Jérôme de Gramont, Éditions Universitaires, Paris, 1989, Lição IV. Nesta lição de Bergson, reconhecemos facilmente o essencial da de Boutroux sobre o mesmo assunto. Mas Bergson não se limita a repetir, ele simpatiza com Sócrates e se identifica com ele. Podemos compreendê-lo, através desse retrato de Sócrates, inclinado ao misticismo e no entanto metódico, crítico mas respeitoso das crenças religiosas, inimigo do já pronto, sutil e cheio de charme, de temperamento aristocrático.

77. L.-F. Lelut, *Du démon de Socrate, spécimen d'une application de la science psychologique à celle de l'histoire*, nova ed., Paris, 1856.

78. Egger, *Sur la parole intérieure. Essai de psychologie descriptive*, Tese, Paris, 1881.

79. Zeller, *A filosofia dos gregos*, t. II, pp. 74 ss.

80. *Les deux sources de la morale et de la religion*, p. 1028. Ver também *La pensée et le mouvant*, pp. 1347-8.

81. *La pensée et le mouvant*, p. 1472.

82. O manuscrito traz, em letra redonda, "A sofística de Sócrates".

83. *La pensée et le mouvant*, pp. 1319 ss.

84. *Teeteto*, 148 *e*-151 *d*.

85. *Protágoras*, 345 *e*; *Leis*, V, 731 *c-d*.

86. *Apologia de Sócrates*, 40 *c*-42 *a*.

87. Atualização regular da bibliografia platônica na revista *Lustrum*, n.° 4, 1959; 5, 1960; 20, 1970; 25, 1983; 30, 1988.

88. Ver o verbete consagrado a Albinios no *Dictionnaire des philosophes antiques*, sob a dir. de R. Goulet, ed. do CNRS, vol. I, Paris, 1989.

89. Referência a Schleiermacher em Zeller, *op. cit.*, pp. 496 ss.

90. Hermann, citado em nota por Zeller após Schleiermacher, *op. cit.*, p. 496. Bergson trabalha com o livro de Zeller aberto na sua frente.

91. Ver, acima, curso sobre Plotino, p. 26 (Ms., p. 50).

92. Henri Étienne, ver, acima, p. 242.

93. *Teeteto*, em particular 166 *a*-171 *c*.

94. *Timeu*, 51 *d-e*.

95. *República*, V, 477 *b*.

96. *Fedro*, 247 *c-e*.

97. Sem, aqui, atribuir a essa expressão de *percepção pura* seu sentido especificamente bergsoniano (*Matière et mémoire*, 212 ss.), deve-se registrar aqui sua primeira aparição.

98. *Fedro*, 250 *b*.

99. *República*, VII, 523-4; Bergson fornece a referência à tradução de Étienne, do qual ele cita exatamente o texto.

100. Mesma apresentação no curso de história da filosofia grega no liceu Henri-IV, pp. 105-9 (Ms., pp. 107-31 a 111-35).

101. G. Grote, *Plato and the other companions of Socrate*, 3 vols., 3.ª ed., Londres, 1875.

102. Falta uma palavra, espaço deixado em branco no manuscrito.

103. O curso não vai além. Deve-se notar que os sucessivos alunos anotaram todos o curso na página da direita do caderno, deixando virgem a página da esquerda que comporta por vezes anotações manuscritas de Jean Guitton. Todavia, as cinco últimas linhas da presente lição estão inscritas no verso da última folha, portanto, à esquerda. É provável que, a lição estando para se acabar, pareceu preferível não encetar por tão pouco um novo caderno. Outras hipóteses são imagináveis.